每一个士兵都是视死如归的勇士

红魔哥曼德

英国特种部队

晓　树★编著

★ 解读世界上最精锐的特种部队 ★

台海出版社

图书在版编目（CIP）数据

红魔"哥曼德"：英国特种部队 / 晓树编著. —北京：台海出版社，2011.7

ISBN 978-7-80141-846-3

Ⅰ. ①红…　Ⅱ. ①晓…　Ⅲ. ①特种部队－介绍－英国
Ⅳ. ①E561.56

中国版本图书馆 CIP 数据核字(2011)第 138366 号

红魔"哥曼德"：英国特种部队

编　著：	晓　树		
责任编辑：刘　硕		装帧设计：天下书装	
版式设计：盛文林文化		责任印制：蔡旭	

出版发行：台海出版社
地　址：北京市景山东街 20 号，　邮政编码：100009
电　话：010－64041652（发行，邮购）
传　真：010－84045799（总编室）
网　址：www.taimeng.org.cn/thcbs/defauit.htm
E-mail：th-cbs@163.com

经　销：全国各地新华书店
印　刷：中国电影出版社印刷厂
本书如有破损、缺页、装订错误，请与本社联系调换

开　本：787×1092　1/16	
字　数：200 千字	印　张：18
版　次：2011 年 9 月第一版	印　次：2011 年 9 月第一次印刷
书　号：ISBN978 - 7 -80141-846-3	

定　价：36.00 元

前　言

FOREWORD

特种部队——它那神秘莫测、惊险刺激、紧张曲折的雷霆出击，令人震撼！它那威猛无比、骁勇善战、临危不惧的战斗风采，令人折服！它那在大大小小的战场和复杂纷纭的战争舞台上演出的一幕幕传奇佳话，令人惊叹！

顾名思义，特种部队是指经过特殊训练，执行特种作战任务的武装集团。特种作战也就是非正规作战，通常是在秘密的时间、地点和空间进行的特殊作战。这种非正规作战，主要指侦察谍报、秘密渗透、扰乱敌后、袭击破坏等游击战、心理战、敌占区安抚和颠覆以及反恐怖、反劫机、紧急营救等等，它往往与"达成有限战略目的"密切相关。

特种部队"特"在它严酷高难的特种训练、精良高效的特制武器和装备、机动灵活的特殊编组、急难险重的特别任务。正是由于有了这些特殊之处，才造就了这些名副其实的尖刀之兵、精锐之旅、王者之师。

英国是世界上最早成立特种部队的国家。第一支特种部队"哥曼德"诞生于战火纷飞的二战时期。"哥曼德"成立后展开的一系列有效的突袭作战，在当时英军战局不利、士气低落的情况下，大大振奋了英国的民心士气，而且迫使德军分散了大量的兵力。"哥曼德"的行动把希特勒搞得神经过敏，焦躁不安。

英国特别空勤团（SAS）成立于二战最艰难的时期。他们在纳粹非洲军团的后方进行暗杀、破袭和营救盟军战俘的行动，在一年的时间里，成功地炸毁了德国空军的 250 架飞机和数十个弹药库。这支当时头戴红色贝雷帽的部队凭着勇敢和机智，在德军后方给其以沉重的打击，威震四方，被德军惊恐地称为"红色恶魔"。

素有"两栖作战部队的耳目"之称的英国特别舟艇中队（SBS），在二战时期几乎参加了所有战区的海上战斗行动。大战结束后，只要可能涉及水上特种作战的行动，也都有它的身影。近年来，SBS还加入英国的缉毒行动，多次成功地突袭拦截住携带重型武器的毒品走私船。英国人称SBS队员为"扁舟勇士"。灵活精悍、行动诡秘是这支突击部队的特点。"不靠强力，靠诈术"是它的行动口号。

在不同的地区采用不同的作战方式，让英国特种部队积累了特种作战的丰富经验，并成为世界各国特种部队的开路先锋。

随着人类社会的多样化发展趋势，世界上各种矛盾错综复杂，日益尖锐，由此产生的恐怖活动、暴力活动十分猖獗，特种部队的作战外延已大大扩大，反劫机、反暗杀、营救人质等也成了特种部队的重要作战内容。同时，保卫政府首脑、要人及来访国宾，也成了特种部队的重要任务。

正是由于特种部队具有超强的单独作战能力、战场渗透力、战场生存力、战场应变力，能够在特殊条件下执行特殊任务，以较少的人力物力发挥巨大的作战效能，以较小的代价获取重大战果，能在解决国家政治、军事、外交危机的过程中，达到其他作战部队所难以达到的效果，因此，特种部队越来越受到各国军事统帅部门的青睐。

目 录

CONTENTS

英国特种部队中的劲旅

在英军特种部队发展史上，有两个名字是不应被忘记的。一个是达特莱·克拉克，另一个是戴维·斯特林。前者创造性地首先使用小规模特种部队攻击敌后薄弱环节，向世人展示了在强敌面前勇气究竟可以蕴含多大力量，创造多少奇迹。后者使特种作战发生了一场真正意义上的革命，他所独创的四人组合模式为英军特种部队日后的成功奠定了基础。可以说，没有克拉克，就没有"哥曼德"，也没有今天的特别舟艇中队（SBS）；没有斯特林，就没有如今的特别空勤团（SAS）。

特种部队鼻祖——"哥曼德"

现代特种部队起源于英国，英国海军陆战队突击部队"哥曼德"是特种部队的鼻祖。英国皇家海军陆战队司令爱丁堡公爵说："皇家海军陆战队突击部队的存在本质与价值在于，他们能在紧急动员的情况下，前往任何地域进行任何形式的军事行动。"

"哥曼德"（Commando）这个名字，现在已成了突击队、特种部队的统称。而当初，它是英国人给非洲布尔人起的名字。

1899～1902 年，在非洲南部的阿扎尼亚（南非），爆发了一场争夺霸权的布尔战争。实力雄厚的殖民主义国家英国，为了独霸南非这块三面环海、面积达 100 多万平方千米的黄金产地，向先到这里的荷兰殖民主义者发起了凶猛的进攻。在这场战争中，荷兰人的后裔布尔人，凭着熟悉地形的有利条件，化整为零，组成五人一群、十人一队的袭击队，用简陋的武器，对 25 万之众的英军频频发起攻击，来无影去无踪，打了就跑，给英军造成了很大的损失。初来乍到的英国人对此大伤脑筋，他们把这些布尔人叫做"哥曼德"。后来英国在组建自己的特种部队时，由于对被他们称为"哥曼德"的布尔人的灵活机动的作战特点印象深刻并且有意模仿，于是就起用了这一名称。

从二战中走出的"哥曼德"

在第二次世界大战初期的欧洲战场上，英法军队在纳粹德国装甲集群的突击下损失惨重。1940 年 5 月，德军占领荷兰、比利时和卢森堡，绕过马奇诺防线侵入法国，大败法军和英国远征军。英法军队残部 30 余万人于 5 月底 6 月初，经敦刻尔克横渡英吉利海峡，撤到英国本土。

昔日不可一世的"日不落"帝国，如今被打得不敢出门。英伦三岛人心惶惶，士气低落。丘吉尔首相对英军的劣势痛心不已。6 月 6 日，他在给参谋长联席会议主席伊兹梅尔将军的信中说："防御作战必须到此结束。我期待英军对整个德军占领区发动积极而又连续的反攻。"丘吉尔认为，德军下一个目标很明显将是英国本土，要阻止其占领英国，只有一个办法，就是向欧洲大陆发起反攻。

丘吉尔

然而，敦刻尔克大溃败使英军元气大伤，几乎所有的重装备都丢弃了，幸存的兵力，只有损失尚不大的海军舰艇部队和残存下来的 59 个空军飞行队。为了对付德军即将发起的进攻，必须尽快整顿空军，重建陆军。

这一时期，在中东和非洲的英军，也都受到了德军的猛烈进攻，损失惨重，要求增援。在这种情况下，英军根本无力考虑如何越过海峡大举攻击被德军占领的法国西海岸,更无力远袭德军重兵把守的丹麦至挪威北部一带的海岸线。但英国的战时内阁已经认识到,当时唯一能重创敌人的办法,就是沿北呷至比利牛斯之间绵长的海岸线,以一连串的突袭行动来骚扰德军。最先提出这一建议的,是陆军参谋长约翰·格里尔·迪尔上将的副官达特莱·克拉克陆军中校。

6月5日,即从敦刻尔克撤退即将结束时,克拉克便提出,以少数非正规部队偷袭挪威西海岸的纳尔维克至法国比利牛斯山脉一线的德军阵地。陆军参谋长同意了这一方案,并于第二天呈报给了丘吉尔。

丘吉尔当时虽然要求参谋长联席会议主席组织反攻,但同时又反对以大兵团实施反攻。因而,克拉克的方案在6月8日就得到丘吉尔的正式批准。在遭到巨大损失的局势下,一些人称克拉克的构想是"以卵击石"。但丘吉尔坚持认为,这种破坏性的袭扰,如果计划周密、实施得当的话,就能迫使敌人回过头来加强自己的防线,抽调大量部队去加强威胁地区的防务,这样势必削弱敌军在其他战场上的战斗力。同时,这种做法还能使敌人疲于奔波,造成军心、民心的不安,进而影响其整个政局的稳定性。

丘吉尔提议将此部队称为"奇袭部队"或"豹部队",队员可编1万人。遵照首相的指示精神,总参谋部立即着手组建这支新部队。但为了尊重众多英国士兵的意见,这支新部队建成后,取名为"哥曼德"。

专门从事执行特种任务的"哥曼德"部队,有其独特的军队编制,最初的"哥曼德"编制是这样的:

整个"哥曼德"编成10支分队。每支分队辖两个小队,每小队配编有3名军官,47名士兵。以后,"哥曼德"根据实战需要,进行了重大的整编,10支分队缩减为6支,每一小队的士兵从过去的47名增至62名,使"哥曼德"整体更为精干,小队的战斗力更为提高。

原先的"哥曼德"是由陆军和海军陆战队组成的混合部队,并由陆军总参谋部直接管辖,指挥部设在停泊于英国汉布尔港中的大型快速艇"梅利珊"号上。由于"哥曼德"主要是执行水陆两栖奇袭作战的特种部队,二次大战后便划归由英国皇家海军陆战队领导。司令部也移至英国南岸著名的军港——普利茅斯。

英国特种部队中的劲旅

普利茅斯港

"哥曼德"从诞生之日起，就一直是以跨海偷袭为作战形式，所以，它又拥有许多袭击舰只。大型突击航空母舰"竞技神号"于1973年开始执行这一特殊作战任务。该舰可容纳800～1000名特种兵，还载有16架"韦塞克斯"号直升飞机和4艘登陆用舟艇。另外两艘新型的"无敌"号和"勇猛"号两栖攻击艇分别可载纳300名突击队员。这两艘航速快、火力强的攻击艇平时有一艘处于高度戒备状态，以便在出现突发事件后，能够以最快的速度把"哥曼德"特种部队迅速运载到预定地点。

"哥曼德"成立后展开的一系列突袭作战振奋了英军的民心士气，而且迫使德军分散了大量的兵力。突击兵的行动把希特勒搞得神经过敏，焦躁不安。从1942年3月23日发布的"元首作战指示第40号"，可以看出他对这种袭击所造成的挫败的关心程度，丝毫不亚于他对盟军在西岸可能的大规模登陆行动的忧虑。到1942年10月，"哥曼德"的袭击已把他弄到了近于疯狂的地步。在10月18日，他发布了著名的"根绝命令"，即"第46号指示"。希特勒在该命令中丧心病狂地规定，对于英军的"破坏部队"，无论是否穿制服，无论是否有武装，务必"在战斗中予以斩尽杀绝"；或者，如果是间接地捕获，则必须交给武装党卫军处置，这

二战中的"哥曼德"队员

同前者的结局并无两样。结果，的确有一部突击队员在被捕后立刻就被处决。但是大部分德军指挥官没有执行那份指示，因为他们或者基于良心反对它，或者认为那种违背战争常规的疯狂作法，只会无可避免地造成以牙还牙的后果。

后来，随着盟军在欧洲战场上逐渐占了上风，突击兵的角色，也逐渐由原先的一支突袭部队转变成为盟军两栖登陆攻击作战的先锋。而"哥曼德"部队也由于数支皇家海军陆战突击队的加入而更为强大。

哥曼德的几个小支队

沙漠鼠

"沙漠鼠"是由第7、第8和第11"哥曼德"部队组成的专门在沙漠中进行特种作战的部队。他们在非洲还招募了一批志愿人员，编成第51、第52部队，也由莱伊克中校指挥。他们经常神出鬼没地给德军以沉重打击。

1941年春天的一个夜晚，地中海上有三艘没有任何国家标志的袭击艇，在夜幕掩护下，劈波斩浪向北非的利比亚行驶。

当时，地中海沿岸国家几乎都被德国和意大利军队控制。"德国非洲军"的最高指挥官是号称"沙漠之狐"的隆美尔，他到达利比亚后，指挥机械化部队向英军发起大规模进攻，并把一支英军部队包围在利比亚的托卜鲁克要塞，使英军蒙受了巨大损失。

在这危急关头，"哥曼德"中校莱伊克，受命前去袭击和骚扰驻利比亚的德军，以解托卜鲁克英军之围。他将自己带领的"哥曼德"第7、第8和第11支队取代号为"沙漠鼠"。

4月21日，"沙漠鼠"突然袭击了托卜鲁克附近的巴尔迪亚港。莱伊克中校指挥"沙漠鼠"切断了德军的军用通讯线，然后，用燃烧弹点燃了德军几个巨大的军用仓库，冲天的大火浓烟滚滚而起，自认为不可一世的德军刹那间惊慌失措、乱成一团。急电迅速发到了驻在利比亚海岸城市拜达的隆美尔总指挥部："一支不明身份的突击部队，今天凌晨猛烈袭击

英国特种部队中的劲旅

了巴尔迪亚港。我军通讯设施及军用物资受到了极大的破坏！"

隆美尔得到消息后，立即命令所属部队对这支身份不明的部队实施包围。可是，"沙漠鼠"就好像钻进了茫茫沙海之中，竟无影无踪了。

几个月后，这只"沙漠鼠"又突然冒了出来。一支由75人组成的小分队，在夜间猛烈地袭击了托卜鲁克要塞外围的德军和由

隆美尔元帅（左）

隆美尔指挥的意大利军队，意大利军队的几个据点被"沙漠鼠"用燃烧弹击中，大火熊熊，映红了半边天。告急电话又在半夜里把隆美尔吵醒了，他抄起电话机，一听又是"不明身份的突击部队"，不由得恼怒万分，大骂道："这批墨索里尼肥猪养出来的无用废物！"可是隆美尔怎么也没有想到，莱伊克中校率领的"沙漠鼠"，下一个袭击的目标竟然会是他！

11月17日夜间，德军在拜达的总指挥部里，灯火通明。"嘀嘀嗒嗒"的电报声和汽车、摩托车声交织在一起，显得紧张而忙碌。这时，"沙漠鼠"在莱伊克中校的带领下，悄悄摸进了德军总指挥部。莱伊克中校决心用突袭的方式，刺杀这只曾给英军以重创的"沙漠之狐"。

德军巡逻兵来回巡逻，警戒森严。莱伊克中校命令三名"沙漠鼠"队员潜入德军总指挥部中侦察，并命令部队做好强攻的最后准备。只见三名队员弯着腰悄悄地淹没在浓重的夜幕之中。过了很久，还不见他们回来。

"怎么啦？"莱伊克中校心急如焚，"难道他们被德国人抓住了？"正想着，突然听见一阵激烈的枪声，顿时，德军总指挥部内骚动起来，警笛声和叫喊声大作。莱伊克中校知道三名队员暴露了！于是立即命令向前方的一幢黑色大楼发动攻击，爆炸声响起了，到处都是一片火光，在熊熊的火光中，莱伊克看见了三名队员跌跌撞撞地跑了回来。

"怎么回事?"莱伊克中校大声问道。

"报告队长,这幢大楼中什么也没有发现!"

原来,那天晚上,隆美尔不在德军总指挥部,到前线视察去了。

"沙漠鼠"又迅速消失在沙漠之中。

在东非的撒哈拉大沙漠里,也有一支"沙漠鼠"特种部队。这支特种部队是由英军拉罗佛·巴古诺鲁德少校组建和指挥的。他们常常驾着特制沙漠越野吉普,用架设在车上的机关枪扫射德军,然后又一阵风似地在沙漠中不见了。由于沙漠缺乏水源,队员们都终年不刮胡子,满脸的络腮胡子成了这支富有传奇色彩的部队的特征,于是,他们有了一个俏皮的称呼"约翰的长胡子"。

连续不断的袭击作战使"沙漠之鼠"部队损失很大,兵员未能得到补充,尽管莱伊克中校做了努力,但"沙漠鼠"部队还是被迫解散了。

英国特种部队中的劲旅

亲迪队

在东方战场,英军总参谋部委派温盖特少将在印度组建了一支名叫"亲迪队"的特种部队。"亲迪"的意思就是印度传说中宝塔的守护者——狮子和大猩猩。温盖特将军把部队分成7个支队,每个支队400名官兵,配100头骡马。"亲迪队"的主要突袭目标是曼德勒至密支那的铁路干线。但是这条被称为"生命之线"的主要补给线,是日军重兵防守的目标,仅凭"亲迪队"的兵力是难以突破日军防线的。于是,温盖特将军便设下一计,他命令一小队"亲迪队"去袭击佯攻远离铁路的日军据点,以便调开防守铁路的日军。温盖特瞅准日军调防后在铁路线上出现的空隙,以快速的行动,拔掉了铁路沿线的日军据点,炸毁了数段铁路,并破坏了铁路上的一切工程设施。这一下,使日军大吃一惊,侵占缅甸的日军指挥官连连惊呼:"太意外了!太意外了!"

"亲迪队"的渗透袭击作战,破坏了日军通往缅北的主要补给线,打乱了日军进一步侵占南亚次大陆的战略计划。

神犬部队

"神犬部队"是二战中专门用于在缅甸战场进行渗透作战的部队。行动时以行军或空降方式隐蔽地进入目的地，此后就完全依赖空投补给品以保障继续执行任务。其称号来自一种石雕看门狗，这种石狗通常出现在缅甸庙宇的门口，就如同中国建筑门前的石狮一样。这支部队牵制了为数众多的日军，使其无法分身。

"沙漠鼠"、"亲迪队"和"神犬部队"这三支特种部队，在不同的地区采用不同的作战方式，为"哥曼德"积累了特种作战的丰富经验，并成为世界各国特种部队的开路先锋。

今日"哥曼德"

第二次世界大战以后，英军将"哥曼德"划归海军陆战队。

执行任务的英国特种兵

目前，英国海军陆战队共有7000人，由"哥曼德"部队、"哥曼奇"支队、海上特勤队、训练部队、预备队司令部、募集班等组成。从这种编制和海军陆战队的训练及执行任务的特殊性来看，整个海军陆战队实际上都是"哥曼德"部队。

"哥曼德"部队由海军陆战队司令部（驻普利茅斯）指挥。其兵力包括第3"哥曼德"旅、第95"哥曼德"前线观测团、特别舟艇袭击队和

"哥曼德"补给团，总共约3000人。

第3"哥曼德"旅除司令部以外，还编有第40、第42、第45"哥曼德"营，第29"哥曼德"轻炮兵团，第59"哥曼德"独立中队，第3"哥曼德"旅飞行中队以及旅直特种巡逻队。

1962年以前，"哥曼德"营的标准编制，除营部及管理机构外，由5个步兵小队、1个重火器小队编成。

现在，标准的"哥曼德"营由35名军官、655名士兵组成。营长之下，除营部连外，还辖有1个管理连、1个支援连、3个步兵连。支援连配有6门81毫米迫击炮、6门无坐力反坦克炮，还可能配备便携式反坦克导弹和地对空导弹。

第3"哥曼德"旅在1945～1971年间部署在地中海及苏伊士运河以东地区，担负维护治安、平定骚乱等任务。1971年撤回本国，以备将来参加在欧洲爆发的常规战争。该旅目前的任务是派往北约组织，担任英国水陆两栖部队的尖兵。他们在执行任务时，有时派出一个"哥曼德"营，有时则出动整个旅的兵力。"哥曼德"部队要执行水陆两栖作战、直升机升降作战以及同海军部队的协同作战。"哥曼德"有时还作为陆军的突击部队执行任务，因而有时受陆军领导。

从1957年开始，第3"哥曼德"旅担任巡防北爱尔兰的任务，以应对爱尔兰共和军的暴力行动。

"哥曼德"部队经常与作为北约军队主体的美军水陆两栖部队相互派遣人员，作为对方部队的成员进行训练，同时也与挪威、荷兰的军队进行协同和相互交叉的训练。

海湾战争后新组建的旅直巡逻队由4个支队组成，每个支队有6名士官和几名军官，使用的武器装备根据不同任务而随时确定或更换，单兵基本武器是M—16A2"马驹"自动手枪。据说，这种手枪在极热或极冷的环境下更具优越性。所有巡逻队员都将随身携带一套安全可靠的高保真通信器材。该巡逻队的主要任务为远程侦察、激光目标确定及有限武力攻击等。

英国组建旅直巡逻队的想法始于1982年的英阿马岛战争，正式确定

组建是在 1991 年英国参加伊拉克北部军事行动之后。那时，英海军陆战队根据战区情况需要创建了一支远距离侦察先遣队，前往伊拉克北部的库尔德人地区侦察伊军阵地，并为英空军的"美洲虎"攻击机提供激光目标。此后，旅直巡逻队便名正言顺地成立了。

英国皇家海军陆战队最近证实了一支曾高度保密的特种部队的存在。该部队于 1993 年 5 月在英格兰首次露面，它就是负责保护英国核武库的"哥曼奇"支队。

"哥曼奇"支队于 1980 年组建，由 350 人组成，成员是从皇家海军陆战队的"哥曼德"部队中精心挑选而来。但"哥曼奇"支队并不是"哥曼德"的下属部队。

北极星潜射战略导弹

该支队的主要任务是保护英国海军的"北极星"级和"三叉戟"级核潜艇及其携带的核弹道导弹。同时，它还负责看管皇家空军的核武器和陆军的"长矛"核导弹弹头以及 155 毫米 M109 核炮弹。该支队训练十分严格，是目前皇家海军陆战队中仅有的一支每天二十四小时处于戒备状态的部队。

如今，"哥曼德"三个字在国际上已成为勇猛剽悍与高效率的代名词。他们头上的绿色贝雷帽代表着极其严格的挑选与训练过程；手中的战刀则象征着冷酷无情、每战必胜的决心。就某种程度而言，在大战的最后几年里，"哥曼德"的血战史就等于大战本身的战史。从西西里到缅甸，从诺曼底登陆到横越莱茵作战，"哥曼德"战士几乎无处不在，无战不上。他们那种义无反顾、视死如归的精神，冷静沉着、严密周详的作战方式，不仅赢得了世人由衷的敬佩，日后更成为世界各国特种部队效仿的典范。

英国特种部队作战特点

　　半个多世纪以来，英军为特种作战贡献了许许多多的经典之作。我们可以从特种部队教科书中找到各种样式的战例，包括敌后渗透、袭扰、破坏、侦察、佯攻、强攻、反恐怖、防暴、维和等；可以找到各种类别的特种行动的登陆方式，从海上，从空中，从陆上；可以看见各种型号的先进武器装备，诸如枪支、弹药、交通工具、通讯设备、测向仪器和特种装具等。

战场上特种兵的英姿

　　英军特种部队的历次战斗，主要有以下几个特点：

　　第一，在战前和战争初始阶段就使用特种部队。这一点在马岛战争、海湾战争中表现地尤为突出。特种部队规模小、调动快，往往能在最短的时间里对战争和可能发生的战争做出反应。英军一般在战事之初就将特种部队派往敌后，侦察前沿阵地情况，搜集目标资料，破坏敌军重要设施，通过袭扰和佯攻，吸引、牵制敌方力量，为大部队进攻起到先导和配合作用。当主力部队地面进攻正式展开后，特种部队一般不再承担任务。

第二，投入的方式灵活多样。投入的方式是特种作战的关键环节，成败往往在投入的一瞬间就已经确立。英特种部队掌握了多种投入的技术。水面进入可以使用冲锋舟、大型军舰或靠泅渡、蛙人等方式；陆地进入可以搭乘摩托车、侦察巡逻车或用步行、高山攀登等方法；空中进入可以用直升机或运输机投送或实施伞降、滑翔等；而入室行动则有屋顶绳降、强击破门、爆破取口等形式。

第三，以局部打击为主。由于特种部队规模较小，火力强度也受到限制，一般只选择重点目标打击，在打击完成后迅速撤离，很少承担固守阵地的任务。

第四，以小部队分散行动为主。特种部队一般接受的都是连级以下的战术任务。在战斗中，多是化整为零，以小组、小支队、支队为单位行动。马岛战争中，英军特种部队使用四人侦察支队，海湾战争中是八人步行侦察支队，而解救伊朗驻英使馆人质时特种部队是两人为一组。

第五，战斗准备状态高。英军特种部队可以始终保持临战状态，这一点通常用Ａ、Ｂ队轮换的方式实现。当Ａ连处于较高一级战斗准备状态时（如执行驻北爱尔兰地区的反恐怖任务），Ｂ连即处于较低一级准备状态（如在直布罗陀执行治安警戒任务）。两支部队定期换防，以防止第一线的队伍出现疲劳。在战斗行动中，也有类似的分工。如特空团到达伊朗使馆人质事件现场后，有一队人员处于随时进行攻击的准备，而另一队人员则准备在更长一段时间后采取行动。

第六，讲求作战效益。除非确信以较小代价就可以换得较大的战果，英军特种部队不轻易出击，更鲜有自杀式的行动。

第七，使用先进的武器装备。这在现代战争中尤为突出。在解救伊朗使馆人质

反坦克导弹

行动中，英特空团使用了闪爆弹和专用弹药、装具；在海湾战争中特空团使用激光定向仪和红外成像仪使其掌握了夜间作战的主动。英军部队还普遍使用了多型长短枪、轻机枪、手榴弹发射器、火箭筒、反坦克导弹等，大大提高了攻击力。

第八，协同作战。英特种部队与其他军兵种协同作战的趋势日趋明显。在马岛战争中，特种小支队为海军舰炮及炮兵指示目标方位，而在海湾战争中，特空团则与空袭部队保持着密切联系。

英军特种部队虽然取得过令人瞩目的显赫战果，但也存在自身的弱点。在英军中，几乎所有的部队都有自己的侦察支队。当特种部队承担侦察任务时，它一般隶属总司令部或前线指挥部直接指挥，在与友军侦察部队协调方面往往不尽如人意，甚至出现过误伤事件。在后勤保障方面，执行长途侦察任务。进入敌境较深的特种部队总会遇到些麻烦，很多情况下，特种部队要依赖自己的野战生存能力。因为即使有先进的武器装备，也可能因为弹药以及零部件补给跟不上而成为废铁。投入的方法仍是特种部队所面临的最危险的一关。由于特种部队大多是在战争最初阶段参战，有关进入地区的情况往往知之甚少，加上对地理环境不熟悉，失败率较高的问题尚未得到最终解决。

英国特种部队中的劲旅

"红色恶魔"——特别空勤团

英国特别空勤团（SAS，Special Air Service）成立于二战最艰难的时期。他们在纳粹非洲军团的后方进行暗杀、破袭和营救盟军战俘的行动，在一年的时间里，成功地炸毁了德军空军的 250 架飞机和数十个弹药库。这支当时头戴红色贝雷帽的部队凭着勇敢和机智，给德军以沉重的打击，威震四方。被德军惊恐地称为"红色恶魔"。

SAS 是一支有着不平凡成长经历和光荣传统的部队。早期特别空勤团发展过程中主要有两个阶段。第一阶段是在第二次世界大战期间，SAS 在北非战场上奠定了自己的基础；第二阶段是在战后的五六十年代和 70 年代初期，SAS 在这段时间里巩固了自己的地位。而早期特别空勤团最大的收获还是找到了特种部队成功的秘诀，那就是被定为 SAS 座右铭的一句话："勇者必胜。"

1980 年特别空勤团成功解救被困在伊朗驻英使馆中的人质，这一仗令 SAS 名声大噪。在以前，特别空勤团出于安全考虑，原本不愿意让外界过多了解自己的内情，一直刻意保持低调。但自从人质事件后，全世界的媒体都开始关注起这支英军的传奇部队，有关它的各类报道层出不断。特别空勤团神秘的面纱逐渐被世人揭开。

严峻的形势

1940 年 6 月 14 日，巴黎失守，德军进入巴黎市中心，200 万巴黎居民纷纷出逃。德军从所有政府机关大楼上降下法国国旗，升起了纳粹党旗。埃菲尔铁塔和议会大厦上都贴上新的标语——"德军无往而不胜。"

此时的英国岌岌可危，英国首相丘吉尔号召全国人民和官员继续与纳粹德国战斗。然而，在 1940 年 7 月，当丘吉尔第一次召见蒙哥马利将军并向他下达指示时，对于英国如何才能赢得战争，丘吉尔也感到很困惑。

1940 年的夏天，部队里充斥着一股强烈进取的思潮，许多好战、有

德军进入巴黎

进取心的年轻士兵十分厌恶年复一年、旷日持久的军训和守卫勤务。另外，许多能够加入特种军队的军官都拥有特殊地位和优越的背景。战前，这种背景为他们带来了财富和闲暇时间，可供他们培养诸如登山或荒漠探险之类的冒险兴趣。战争爆发后，他们充分利用其编织的社会关系大肆活动，避免被派遣去执行他们认为是庸俗的勤务工作。

不过，当时许多特种部队的新领导和高级官员也深感军队组织结构不当，必须采取措施加以改善。然而，组建一支新的部队是一回事，确立组建后部队的功能可就是另一件事了。

私闯司令部

1941年夏的一天，在英国陆军位于埃及开罗的中东司令部的门口，一位高大的军官走向值勤卫兵，声称忘了携带通行证要求进入司令部。即使如此，卫兵也还是严辞拒绝了他的要求。这位身高1.96米的军官拄着拐杖走路，因此很难冒充成一位经常造访的客人或内部工作人员，他失望地走开了。过了几分钟后，当卫兵的注意力被突如其来的一位工作人员的小车而临时分散时，这个军官发现司令部周围的铁丝网有一个小的缝隙，他随即扔下手中的拐杖，挤进铁丝网，一瘸一拐地走向了主楼。正当他消失在大楼中时，他听到了从岗哨发出的喊叫声。卫兵看到一个巨大的身躯一闪后突然消失，立即拉响了报警器。

这名年轻的军官是苏格兰警卫部队的中尉大卫·斯特林，他的任务是在未经事先预约的情况下要面见新上任的总司令克劳德·奥金莱克上将爵士，期望能说服总司令建立一支特种部队，帮助攻打德国的非洲军团。现已证明，它确实是当时沙漠第8军团的一支强硬的对手。

进入司令部办公楼后，斯特林跌跌撞撞地闯进了多间办公室，最后闯入了人事部副部长尼尔·里奇的房间，拿出一张预先准备好的纸条，并告诉少将："尽管纸条上的字是用铅笔写的，但它事关重要的作战问题。"也许是少将对这素昧平生，不期而至的年轻人感到好奇，或者是对他胆大的冒失而感到有趣，他期待着在这单调乏味的一天迎来一个不经意的小插曲。这位高级军官丝毫未流露出将斯特林赶走的迹象，相反请他在办公室

英国特种部队中的劲旅

坐了下来。

斯特林陈述了他的计划要点，希望招募一小队精心挑选的士兵，在下一次盟军发起攻击之前跳伞到敌人的防线后面，趁轴心国位于西部大沙漠的飞机升空之前将其一举摧毁。里奇少将聚精会神地听着，越听越感兴趣。这一观点很有说服力，年轻军官似乎是胸有成竹，滔滔不绝。一两天之后，里奇向奥金莱克作了汇报，两人都同意这一设想。斯特林立即晋升为上尉，授权挑选6位军官和60名士兵，这便是特别空勤团的前身L支队。这是一个秘密的名字，在当时事实上并没有这样的团级编制。采用这一名称是为了迷惑敌人的情报部门，使他们深信在中东地区部署有一个伞兵编队。

病床上的构想

提出这一了不起构想的斯特林，其实并非一个职业军人，不过在战争初期他便加入了部队。在中学里以及后来在剑桥大学时，他对纽马基特赛马场的职业比起学业来显示了更大的兴趣，斯特林与同龄人没有丝毫两样。从剑桥毕业后，他的主要兴趣有了升华，雄心勃勃地去征服珠穆朗玛峰。然而，当战争爆发后，斯特林又毫不犹豫地参加了他家族的传统军团——苏格兰警卫部队。

1940年的夏天结束前，英国组建了第一支突击部队，斯特林被调入第8突击队。1940年春天，斯特林与一支混合突击部队莱弗斯一道乘船到达中东。莱弗斯突击队的初始目标是攻克被意大利占领的罗得岛。但到了1941年的2月，由隆美尔统率的德国非洲军团来到了北非，迫使英国部队很快退出了西部大沙漠。这一年的四五月份，德军横行于南斯拉夫、希腊和克里特岛，使得地中海地区东部的战略形势发生急骤变化。罗得岛战役被迫放弃，部分莱弗斯突击队的人员随即分派部署到整个战场的各地。这时，斯特林的唯一任务便是准备第8突击队原来计划在北非海岸发动的形形色色突袭活动，但后来一事无成。

迷茫和失败使得斯特林极度沮丧。有一段时间，他曾假装生病，并住进了开罗的医院。晚上他溜出医院，沉醉于酒吧餐馆的美味佳肴。不过没

过多久，他便回到了部队，与第8突击队的一位朋友杰克·路易斯，澳大利亚出生的牛津大学前划桨能手，现在是威乐士警卫部队的一名军官开始涉猎伞兵的生活。没有教练，也没有装配好的合适飞机，但这一切均未难倒他们。斯特林、路易斯和其他四名警卫队员决定赤手空拳，白手起家，争做伞兵。

真是奇迹，当他们第一次从飞机上跳下时，虽然从未经过训练，却只有斯特林一个人受了伤。当斯特林从早已被部队淘汰的只供邮局输送邮件使用的维克斯·瓦伦提亚双翼轰炸机上跳下时，他的伞被飞机尾翼部分划破，他重重地跌落在硬实的地面上，背部严重受伤，双腿短暂麻痹，在医院治疗了两个多月。不过斯特林在医院没有虚度光阴，他正是利用这段住院时间勾画出了1941年7月呈送给里奇少将的那份计划。

斯特林的计划

斯特林分析说，突击队突袭行动的流产应归结于设计的错误。一支200余人的登陆突击队对海军是一种沉重的负担，加之海军本身还有大量其他的任务。此外，对于如此大规模的作战行动，各式各样的准备工作很难保守秘密。相反，斯特林声称，如果用一支独立的攻击部队，直接对总司令负责，则能快速而有效地做出反应。他建议只用五人组成的攻击小组，对于疏于防护的敌军机场来说，在偷袭的掩护下，其效果不亚于一支庞大的突击部队。当斯特林了解到奥金莱克将从伦敦领受攻击德国非洲军团的主要战役的命令时，他声称他新近组建的突击队可在这一战役打响之前使敌人的整个机场瘫痪。在这一次作战行动中，他计划让伞兵跳伞到机场攻击目标，然后利用收集情报的远程沙漠飞行大队的巡逻机迅速将伞兵送回基地。

特别空勤团L支队位于苏伊士运河区的卡布雷特，当时仅有五六顶帐篷，一块标志这支新建部队的小牌子和一辆三吨的货车。斯特林早已开始从第8突击队和拥有大量突击队员的第2苏格兰警卫部队中挑选他所需要的6名军官和60名士兵。据当时媒体报道，招募新兵的第一项任务便是同位于卡布雷特附近的新西兰师作战，夺取更多的装备，补充斯特林通过

英国特种部队中的劲旅

苏伊士运河

正规渠道不能获得的物品。从部队组建一开始，L支队就吸引了一大批虽不具备战斗经验，但能力极强的志愿者。最重要的是，这是一群热衷于与当时最凶恶的敌人去周旋的年轻人。在初建的斯特林部队里，最优秀的军官有跳伞运动员杰克·路易斯，著名拳击师和六次代表爱尔兰橄榄球队出场的布莱尔·梅尼，后者很快就成为优异的战斗指挥员。不过，一旦离开战斗，他可是一个不可预测、破坏性大、好斗、嗜酒如命的"危险分子"。

严格的训练

当L支队配备了军官之后，斯特林就跃跃欲试地准备投入战斗。许多士兵以前从未经历过突击队的训练。他们发现，斯特林的管理出奇地严格。如同其他陆军部队中许多军官严格执行纪律那样，斯特林不能容忍那些对自己没有严格要求的士兵作为他所需要的人。即使他有时意识到也有一些目标是不能达到的，但他仍坚持要以最高的标准严格要求。他制定了一个较高的训练标准作为士兵必须达到的最低要求。一旦士兵不能达到这一水平，结果便是"哪里来，回哪里去"。这一点仍然是当今招募特别空勤团人员的最终尺度。

不过斯特林自己很少亲自监督部队的训练，他常常是在开罗与军需官和副官长的办事部门争得面红耳赤，为士兵争取必需的装备，或是一个人绞尽脑汁，冥思苦想未来的作战计划。绝大多数训练科目均由路易斯设计并付诸实施。路易斯是斯特林所希望的那样严格的工头，无论是白天还是黑夜，随时穿越沙漠的急行军是家常便饭，肩负30余千克的装备，步行65千米则更习以为常。各级人员都要养成敏锐的辨别方向能力，训练中重点在于培养士兵的耐力和意志。

SAS 反恐训练屋

　　跳伞训练与柔韧训练同时进行，这时的跳伞动作要比当初斯特林的跳伞复杂得多。如同今天的跳伞人员一样，训练人员从塔台平台上练习下跳，从位于地面的飞机中练习离开机舱。后来从移动货车上跳的做法使许多人腿部骨折，这种方法不得不放弃。

　　L 支队还曾使用了根据维克斯·瓦伦提亚飞机改装的"孟买猫"飞机。虽然这种飞机比较先进，但仍有两位伞兵在第一次试跳时因伞未张开而失去生命。据事故调查分析，原因是连接强制开伞拉绳和飞机内部系绳导轨的夹子造成的事故。在某些场合下，夹子可从导轨滑落，如果没有系绳，强制开伞拉绳便不能绷紧，伞便不会张开。后来更换了一个不同的夹子，斯特林在第二天第一个率先用这样的装备跳了下去。

失败的"十字军攻势"

　　当部队训练期间，杰克·路易斯正致力于开发一种适用于 L 支队作战的炸弹。每当士兵要渗透到敌人机场时，最好能有一种重量很轻，且又便于士兵步行时携带的炸弹，一旦将它贴附到飞机上，就有强大的威力能将飞机彻底摧毁。由于体积尺寸的限制，纯粹的爆炸装置或简单的燃烧弹都无用武之地。当时许多军械专家都认为很难完成这样的任务。路易斯就地取材，因陋就简地建立了一个实验室，终于获得了有效的解决方案。这便是人们后来叫做的"路易斯炸弹"。这种炸弹的重量不足 500 克，每个进攻的士兵少则都可携带 20 余枚，每枚炸弹具有摧毁一架飞机的威力。

1941 年 11 月 17 日和 18 日晚上，奥金莱克上将打响了酝酿已久的十字军攻势，斯特林一定要使自己的部队在这次战役的胜利中发挥举足轻重的作用。他计划在发起攻击的前一天晚上将 L 支队空投到目标机场附近的特米米和加机拉。这两地都位于前沿阵地的背后，距海岸线约 242 千米。第二天，进攻人员再按计划潜入阵地，寻找目标，晚上发起攻击。特别空勤团士兵可在夜色掩护下行军，将"路易斯炸弹"放置到飞机上，然后向内地徒步行走 80 千米与远程沙漠飞行大队汇合，由后者将他们运送回原地。

但天公不作美，天气使这次行动变成了灾难。在 11 月 16 日的晚上，L 支队的 64 名官兵登上了 216 中队的"孟买猫"运输机。斯特林当时清楚地知道天气不好，并将会进一步恶化，理应取消这次行动。然而，他不愿让他人以此为借口对其部下说三道四，说什么特别空勤团不曾"开张"就缩回去了。同时，他也不愿意打击士兵的士气。许多士兵都曾经历过在突击队时取消类似行动的切肤之痛。他们都声称这种事情再也不会发生在特别空勤团的身上。

天气真是变得越来越坏，浓浓的乌云遮盖了整个空投区，三架飞机的跳伞者跳下后发现自己远离目标数英里，第四架飞机上跳下的伞兵，后来就再也没有人见到。第五架飞机因引擎故障不得不在敌人防线后面着陆，虽说是后来想方设法又起飞了，最后还是被敌人击落，机上所有的乘员不是死亡便是被俘。

此外，跳下的伞兵被狂风卷着穿过沙漠后，大多数人已是身负重伤，随身携带的补给袋也无影无踪，好不容易找到的屈指可数的几枚"路易斯炸弹"也是没了导火线，成了废物。攻击行动被迫取消，幸存者设法返回与远程沙漠飞行大队的汇合地。出发时 60 名官兵，后来仅剩下 4 名军官和 18 名不同军衔的士兵。

经过这次灾难性的初次行动，特别空勤团至少是明白了一点道理：要想渗透到敌人防线后方，必须另觅高招。从当时情况来看，唯一明智的选择便是进一步求助远程沙漠飞行大队的力量。斯特林将幸存者转移到敌人防线后方沙漠腹地的贾卢绿洲，他自己匆忙地来到了司令部。好不容易逃过了为这次灾难性局面寻找更多借口的一关，但他心中明白，下次任务则是只能成功，不许失败。而且在下次战役之前，他不能再有要求补充或增强人力的奢望。

战场上的 SAS 队员

初见成效

1941 年 12 月 14 日，L 支队将执行两项任务，21 日还有一次作战行动。斯特林和梅尼将领导一个小组于 14 日向苏乐特机场发起进攻。就在同一天晚上，路易斯将率队攻击欧盖等机场。21 日的行动将由另一名军官比尔·弗雷泽指挥，突袭艾季达。

斯特林、梅尼和 9 名士兵由远程沙漠飞行大队的全天候罗得西亚巡逻队输送，向距离 560 千米的苏尔特出发。他们分乘七辆飞行大队常用的载重 3 吨的无盖货车，整个货车全部涂有粉红色的伪装，防止敌人飞机发现。开始的 480 千米一帆风顺，未发生任何事情。到了第三天，他们被意大利飞机发现，遭到攻击，幸好未受损失。斯特林估计敌人还会再次发动袭击，当机立断中途改变计划。他领导一个小组执行原来袭击苏尔特的任务，由梅尼带领剩余的人去攻击位于西边 50 千米的塔来特机场。

斯特林小组在靠近目标后立即下了车，迅即移动到机场的环形防线。当还未弄清确切位置前，他们慌手慌脚地踏上了敌人铺设的地雷区。鉴于不能继续执行原定的任务，他们将饵雷放到敌人停放的几辆军车上之后，匆忙地撤退了。

梅尼小队较为成功。他们径直抵达目标机场而未被敌人发现。在黑暗中，他们在机场上大摇大摆地四处寻找飞机。找到一架飞机就放上一枚炸弹，总共为 24 架飞机安装了炸弹。尽管如此，他们还不甚满意，在一阵毫无目标的射击中，又连带击中了空勤人员的食堂，摧毁了一个燃料场和其他一些仓库。撤退时，梅尼又碰上了另一架飞机，这时炸弹已用完，他硬是赤手空拳将飞机的仪表板从飞机座舱中拔了出来，最后他与士兵一起安全地回到了汇合点。

路易斯和其率领的巡逻队却没有这么好的运气。他们到达欧盖莱机场后，发现这时该机场没有任何飞机。为了不至于无功而返，路易斯立即瞄准了附近的停车场和邻近的建筑物。特别空勤团官兵在 30 辆意大利军的货车上放了炸药，与邻近的敌人经过一阵短暂的交战后，他们安全地退出了战斗。

12 月 21 日弗雷泽对艾季达的偷袭取得了成功，与梅尼的胜利相比，可谓是有过之而无不及。弗雷泽和他的四个士兵在 37 架敌人的飞机上安放了炸弹后，安全离开。

整个支队返回贾卢后还未来得及完全安顿下来，他们紧接着又出发投入了一系列的攻击行动。如同上次一样，战果也是有胜有负。一次，斯特林小组又莽撞地进入一大群德国人的坦克部队，未能如愿取得胜利。幸运又一次降临到梅尼头上，在塔来特机场一举摧毁了敌人的 27 架飞机。路易斯和其属下在瑙费利耶机场被迫撤出之前，总算也摧毁了几架敌人的飞机。不幸的是，当远程沙漠飞行大队的车队输送他们的时候，又被意大利飞机发现，遭到猛烈的扫射，路易斯和几位士兵中弹死亡。弗雷泽及其士兵曾被派去攻击大理石牌楼（这是盟军对墨索尼里在意大利克兰尼省边境修建的一个高大纪念碑的戏称）附近的机场，暂时失踪下落不明。即使受到这样的损失，在这一系列攻击行动中，特别空勤团还是取得了可喜的成功。在不到一个月的战斗中，24 人摧毁了敌人近 100 架飞机，这一数字要比整个皇家空军战斗机部队在英国战役中任何一天击下敌机的数量都要大。

弗雷泽和他的士兵顽强地活了下来。他当时的进攻遭到失败后，又错过了汇合点，在距离大本营 300 多千米的沙漠上处于孤立无援的境地，每人身上仅有 1 升水。他们可以向敌人投降求生，但他们选择了徒步走到友军的地域。当一个星期之后重新找到他们时，他们又攻击了两辆敌人的货车，劫持了一辆德国陆军的军车及其人员，而且还草草地装配了一个自动化的海水脱盐厂。在无数能显示出非凡决心、耐力和沙漠行军技能的事绩中，他们又增添了光辉的一笔。

到1941年12月底，这场旷日持久的十字军战役以成功地驱逐位于克兰尼的隆美尔而告终，图卜鲁格和班加西又回到了盟军手中，轴心国的部队只能在欧盖莱重新整编。这时斯特林又将目光从机场转移到了港口。他向奥金莱克将军呈递了一份计划，图谋攻击位于欧盖莱和的黎波里中间的布艾拉特港口，那里很可能是隆美尔的一个重要补给基地。这时斯特林极需增加一些人员，奥金莱克接受了他的计划，并将其晋升为少校，同意再招聘6名军官和60名士兵。

不久，自由法国50名空军突击队员加入特别空勤团。他们的到来为勇敢、进取的特别空勤团又增添了新生力量。带着英国的徽章，穿着英国的军服，这些法国人完全融入了特别空勤团。

在惨败中站起

斯特林真是不走运，紧接着的一次战斗并没有为他的论点提供佐证。这次行动的目标是攻击轴心国当时控制的班加西港，结果却比布艾格特行动还要惨。班加西港到处都是敌人部队，斯特林和他的小组人员两次成功进入这个城市。第一次来时，橡皮舟被打穿，第二次来时，又遇到敌人，充气小艇上弹痕累累。两次都无法对敌人的船只发起攻击。当他们第二次到达班加西时，攻击小组成员包括首相的儿子鲁道夫·丘吉尔和后来的国会议员菲茨罗伊·麦克林，后者因成为南斯拉夫铁托游击队的使者而闻名。斯特林和其他人员在港口茫然地徘徊，麦克林还不时地向遇到的意大利哨兵下达命令，但没有发现任何有价值的目标，真可谓是一次大胆的，但毫无收获的旅行。最后斯特林决定撤退，期望将来能有机会再次重返该城，对有价值的目标实施攻击。

时间已到1942年5月下旬，主战场的形势又开始向坏的方向发展。5月26日，隆美尔发动了一系列进攻，计划用六个星期的时间将英国的第8军团一直驱逐到埃及，拼死守卫埃尔阿拉梅。

斯特林意识到，隆美尔的快速进攻一定会使德国人的通信和机场的防卫变得力不从心，这事实上给特别空勤团带来了新的机遇。为了充分利用这个机会，他立即在战术和装备上改变了方针。1942年6月底访问开罗的时候，斯特林设法参与了威利斯吉普车的改装工作，该车后来改变了特别空勤团沙漠作战的面貌。经过特别空勤团的改装，这种吉普车变成了灵活的，能穿越乡村小道的机枪平台，能在沙漠上长途跋涉。一般情况下配备双联快速射击的维克斯机枪，需要时也可以用勃郎宁0.5英寸口径的机枪代替其中的一挺机枪。有了这种吉普车后，斯特林还同时得到了几辆载重3吨的无盖货车，用它为特别空勤团输送自己的补给和装备。这种新的运输工具扩大了特别空勤团的作战能力，一次可执行长达数星期的巡逻任务。在这段时间里，特别空勤团频繁地对敌人发起攻击。

勃朗宁机枪

1942 年 7 月上旬，斯特林计划对六个目标，包括代巴、巴古西和西迪拜拉尼机场实施攻击，吉普车也投入了战斗。梅尼指挥了对巴古西的袭击，虽说战斗很猛烈，但他和士兵们安放的 40 个"路易斯炸弹"仅 22 个爆炸。斯特林后来加入了梅尼的行动，他们两人运用吉普车发起了一次别具一格的进攻。他们将车径直开到机场，马达轰响着快速穿越机场，炸毁所有能看到的飞机和其他任何目标。这种新战术收效甚是可观，不仅能摧毁更多的飞机，而且攻击者也能安然无恙地撤离。

下一次大型的战斗发生在 7 月 26 日至 27 日晚上，攻击西迪哈内希机场的容克 JU52 飞机。一开始斯特林就计划采用新型的吉普车攻击方式，他将 18 辆吉普车安排成两路纵队之形，径直开往机场。斯特林指挥整个编队，收到他的信号吉普车才能集结在一起。

当靠近机场时，机场跑道的电光蓦然打开，这时士兵们还以为他们的行动被敌人发现了。事实上，这是机场迎接从别处飞来准备着陆的飞机。当局面按照斯特林的计划发展到一定程度后，无数燃烧的飞机和仓库将机场照得通亮，斯特林自己的车子被敌人的迫击炮和机枪子弹打坏。他爬上了另一辆车，指挥巡逻队绕机场一周，又炸毁了几辆停泊在机场防线周围的运输机，然后才迅速向沙漠驶去。

这次 L 支队的行动共摧毁了 40 架飞机，使其当年炸毁敌机的数量达到 250 架左右，比同期沙漠空军的战绩还要辉煌。他们的业绩不仅仅是毁灭了敌人的飞机，而且还迫使轴心国不得不从前沿阵地转移兵力用于守卫他们沙漠上的机场。

奥金莱克将军同意和信任特别空勤团的做法赢得了回报。8 月初，奥金莱克将军在中东司令部的总司令职务被亚历山大上将取代，蒙哥马利将军被任命到第 8 军团

蒙哥马利

工作，沙漠上未来的战斗将由这两位将军负责指挥。

9月13日，特别空勤团向班加西进发，部队在靠近港口前就与敌人交上了火，在遭到人员伤亡和车辆损失后不得不立即撤退。

斯特林本人口无遮拦的讲话导致了大家放松警惕，可能是这次失败的原因之一。然而就在当月底，斯特林被晋升为特别空勤团第1团总指挥。这时，第1团由他自己的沙漠老兵、前第1特种勤务团过来的新兵、自由法国人以及登陆别动队的成员组成，后者不久又包括当今人们熟知的神灵中队的希腊小支队。开始时，布莱尔·梅尼是主要的作战指挥员，直至10月他一直领导着绝大部分原来的L支队，现在叫做A中队的人员，成功地指挥了数次为轴心国前沿部队提供补给的铁路线的作战行动。

当11月初埃尔阿拉梅战役胜利之后，斯特林开始考虑未来的计划：登陆别动队和希腊人将派往黎巴嫩受训，准备爱琴海诸岛的战斗，A中队也紧随开展滑雪训练。到12月，斯特林的弟弟比尔·斯特林将在阿尔及利亚筹建特别空勤团第2团。

自组建以来，特别空勤团先后对德国和意大利的飞机均发起了多次"打了就走"的突袭，取得了极大的成功。

斯特林模式

英国人至今仍将戴维·斯特林当做民族英雄。他所创立的特种部队模式没有仅仅成为夹在暗黄书页中的传奇，而是恒久地驻留在了特别空勤团的精神之中。一代又一代的特空团成员，无比虔诚地传承着勇敢、坚韧和智慧，由此他们也得以完整地传承了光荣、骄傲和胜利。今天的人们在景仰之余，或许会发现特别空勤团辉煌的内核正是由一些最基本、最原始的元素构成的。

许多被特别空勤部队的生活吸引的军人都希望可以在这支最杰出的部队中找到自己的一席之地。然而，这些人并不是部队最理想的候选人，因为那些戴着贝雷帽的军人的职责并不是展示自我，而那些炫耀自己精英部队地位的人通常缺少特别空勤部队成员所需的纪律性和判断力。特别空勤团寻找的是一种非同寻常的人。

英国特别空勤团的每一名成员都有极强的单兵作战能力。他们能熟练使用各种各样的武器，能在常人难以想象的不利的环境下生存并保持战斗力，能驾车、操舟、跳伞、潜水，可谓上天入地，无所不能。但是，无论特别空勤团的队员们如何骁勇善战，他们都不可能仅凭个人的能力赢得胜利，而必须依靠团队的力量。但特种部队毕竟有别于普通常规部队，他们往往有独特的组织方法。在世界范围内，各个国家的特种部队在战术组成方面也大不相同，但目的都是相同的，就是最大限度地发挥特种部队强大的打击力，最合理地将掌握多种技能的特种兵组织起来，最有效地提高部队的灵活性。

在英国特别空勤团里，最小的战术编制是四人一组的小支队，这是由特别空勤团的创建人戴维·斯特林提出的。戴维·斯特林总结了第二次世界大战中早期特种部队的经验，他发现，凡是大规模的哥曼德式的军事行动，大多避免不了灾难性的结果。斯特林本人就亲历了

北非海岸

1941年在北非海岸的一次并不奏效的攻击行动。当时，他是英军突击队的一员。斯特林认为，英国特种部队的有些行动，如果采用小规模作战的方式会比大规模行动更加有效。他在自己的书中写道：经过适当挑选的200人，若假之以时日的进行培训，并配备足够的装备，把他们组成较小的作战单位，他们完全可以在同一个夜晚，同时攻击十个不同的目标。而如果用当时哥曼德式的大规模进攻方式，则只可能在同一个夜晚进攻一个目标。斯特林后来有机会实践自己的理论，并逐步摸索出特种部队最小战斗单位应该有多少人。

在这样的背景之下，英军特种部队开始将四人一组的小支队，作为最小作战单位并形成了传统。英军认为，四人一组是比较理想的战术组合，

因为它使某一局部的突袭能力最大化，同时，又保证了战术设计中有充足的火力与足够的机动性。在战后，四人一组的斯特林小支队模式被延续了下来，并在几十年的实战中，被证明仍然是适用的和有效的，直到今天依然是特别空勤团的战术基础。

英国特别空勤团也许是世界上扮演角色范围最广的一支特种部队，它可以用于压制恐怖主义活动，也可以用于长途侦察、敌后渗透、破坏活动等，它能够适应丛林、高山、极地、海岸、城市等多种作战地形。上述任务样式和作战环境对战术有不同的要求，但英国特空团的四人编组都能应付自如，这不能不说是一个奇迹。

从战斗火力的角度上来说，通常的逻辑是人数越多，火力越强。但是，不能忽视武器装备精良的程度和单兵使用多种武器的能力这两个因素。事实上，小规模的特种部队由于配备了具有高度杀伤力的武器弹药，再加上出众的操作能力，其火力有时反而胜过那些人数超过他们的部队。

重火力配备通常会受到特种部队的青睐，原因有很多方面。第一，重火力配备能提高特种部队的自救能力，一旦小股侦察部队遭到伏击，队员们可以凭借充足的火力杀出一条逃生之路；第二，重火力配备能提高特种部队的攻击力，当需要发起主动进攻，如袭击或伏击敌人时，重火力就显得非常重要；第三，重火力可以给予队员们更多的安全感，这种心理上的强势，在行动中也是不可或缺的；第四，重火力配备能迷惑敌人，使他们误以为是遇上了大部队。

勃朗宁手枪

但特种部队配备重火力会遇到不少制约的因素。首先，要熟练掌握多种先进武器的使用方法并非想象中的那么容易。英国特别空勤团队员们都经过长期艰苦的武器训练，他们在射击精确度、反应时间、使用武器多样化方面都处于世界领先地位，这就为特空团配备先进武器装备打下了基础。其次，重火力配备无疑会增加部队的辎重，这对特种兵的负重能力是严峻的考验。在马岛战争中，参战的特别空勤团每个四人小组都配备三支步枪、一支机枪和四支勃朗宁高能手枪。这意味着每支队伍要随身携带三种不同型号的弹药：5.56毫米的步枪子弹、7.62毫米的机枪子弹和9毫米的手枪子弹。这也意味着每一个队员要背负重达60千克的装备。武器装备的发展日新月异，上面的这些数字如果跟1991年海湾战争中特别空勤团队员所要背负的重量相比，又显得无足轻重了。据说，当时的侦察队员有时每人要背负重达95千克的装备。现在我们或许更容易理解，为什么英国特种部队在训练中要那么强调负重越野了。如果没有超人的体能做基础，特种部队就不可能在配备重火力方面放开手脚。

补给问题也是限制重火力配备的因素。武器装备越是先进，对补给的要求也就越高。特种部队由于经常远离主力部队执行任务，在补给方面常会出现问题。

采用斯特林模式的特空团行动小组，所具有的战斗力与其人数是远不成比例的。能取得这样辉煌的成绩，除了武器装备因素外，更多地要归功于特空团四人小组全面的战场能力。英军对特空团小支队的战场能力要求突显为以下四个方面：通联能力、爆破能力、自我救护和医护能力、语言能力。这四方面的要求绝不是主观臆想出来的，而是对实战经验的总结。正是这四大技能的完美结合赋予了特别空勤团四人小组惊人的战斗力，使他们即使在孤军奋战的情况下，也能发挥出最大潜能，完成包括情报收集、制造混乱、敌后破坏、偷袭等在内的多种任务。

高超的通讯技巧，使执行任务的小支队能与总部始终保持通畅的联络。在海湾战争中，特空团凭借全球定位系统、卫星通讯系统和激光测向仪准确地保持自己的战术位置，他们与指挥部间稳定的电台联络，使后勤补给有了保障，也使情报得到及时有效地传输。爆破能力对于特空团在敌后进行破坏活动是至关重要的，这一点，从二战中的北非战场到马岛战争中的佩布尔机场战役、海湾战争中的摧毁伊通讯塔行动都有所体现。医护能力往往被一些部队所忽略，其实，这在特种部队十分重要。要在敌后战场上生存下去，没有一定的医护知识是不可想象的。由于远离大部队，特种兵遇到伤病都要自己解决。减员对特种部队是致命的，因为每个人都有

英国特种部队中的劲旅

其难以替代的作用。特种部队总是千方百计把非战斗减员降至最低程度。此外，在人质解救行动中，缺乏必要的医护常识也可能使部队功败垂成。

语言技能也是特别空勤团队员们掌握重要的技能之一，在实战中往往发挥极其关键的作用。例如，在马来西亚丛林中执行任务的许多特别空勤团队员，能操一口流利的马来语，大大方便了他们与当地土著居民的沟通与交流，无形中建立了相互间的信任与友谊，为英军在丛林中站稳脚跟打开了方便之门。

特别空勤团四人小支队中，每名成员既多才多艺，又在某一方面有所偏重，如山地及极地作战、舟艇及泅水作战、伞降、驾驶等。如果把四人的技能合为一体，这支小支队几乎是无所不能。就执行任务的多样性来说，特空团也远胜过大多数同行。

很多人都认为英国人生性刻板、教条，但特别空勤团在遵循斯特林模式方面却不乏灵活性。他们深知，灵活性是每支特种部队不可缺少的品质。而另一方面，特空团成员无与伦比的个人素质，又为部队培养这种可贵的品质提供了可能性。实际上，特别空勤团可以根据不同情况的需要，组成或大或小不同规模的作战团队。比如说，在战线拉得较长，人员紧张的情况下，特别空勤团可以三人一组，同样能够达到作战效果。在1991年的海湾战争中，特别空勤团使用八人为一组的步行侦察支队；而在营救伊朗使馆人质的行动中，特别空勤团的攻击行动是两人一组闯进大楼的。

从某种意义上来说，特别空勤团的每一名队员都能自成体系，他们多才多艺，单兵作战能力很强。他们永远不会被动地接受命令，而总是运用自己的智慧，决定应该做什么以及怎样做。他们就像一个个多功能的模块，单独时能起作用，如果根据不同需要三三两两地组合在一起，他们也能灵活地调整自己的位置，有机地结合在一起，最大限度地发挥潜力。这种独立性和一体性的完美结合也许才正是斯特林模式的精髓所在。

二战后的 SAS

斯特林心中十分清楚，只有能使特别空勤团纪律更加严明，结构更加合理，他才能心安理得地对自己说：我为国家竭尽了全力。但他仍然坚持要部队参加作战行动。不幸的是，由于环境已发生变化，战斗进行得很不顺利。第8军团的长驱直入使得盟军进入了一个全然不同的新天地，这里人口稠密，比起埃及和利比亚荒埂无际的沙漠，若要自由出入十分困难。此时特别空勤团许多规模较大的战斗任务几乎都是由很少上过战场的B中队人员担任，战斗结果便可想而知。

1943年1月，斯特林在一次行动后，正想与手下队员找个地方休息，没料到那儿恰好是德军一个警卫营的训练场所，这个营又恰恰是用来专门对付SAS的。更令斯特林难堪的是，逮住他的竟是这个营的一名牙医。斯特林在被捕后曾越狱，但没多久就又被捉了回来。这回德军把他送到了意大利的科尔迪兹集中营。

斯特林于1945年4月从集中营生还。他回来后的第一件事，就是递交一份关于将SAS派往远东战场的详细计划。这份计划得到了丘吉尔的首肯，但不久后美军在长崎和广岛扔下的原子弹使它失去了意义——第二次世界大战结束了。

需要补充说明的是斯特林被俘后，特别空勤团第一阶段的作战行动实际上已结束。在非洲战役剩下的日子里，特别空勤团的各类人员仅参与了一些规模很小的攻击行动。期间，处于濒临解散、奄奄一息的第1特种勤务团的人员被补充到特别空勤团，不过这一增补可谓是喜忧参半。从好的方面而言，有利于新计划的备战，用数百人对班加西和图卜鲁格两个港口发起全面的进攻；令人忧的一面是，这也正是斯特林一直认为特别空勤团不应参与的那种作战行动。

1945年，特别空勤团在马来西亚和加里曼丹岛再次实施伞降，同日军展开了丛林战。此后，在一系列的作战中，特别空勤团取得了显赫的战绩。但是，在1945年，由于整编的需要他们被解散。

两年后，特别空勤团的名字作为英国国防军的一部分，又出现在英国军队里。第21特别空勤团正式组建，并取代了英国的精锐步兵旅。1950年，又出现了一支被称为"马来亚侦察兵"的特别空勤部队，其主要任务是对付马来半岛丛林中的游击队，并将第21特别空勤团的21名士兵编入13突击营。1952年，这支部队正式变为第22特别空勤团，其名称一直

英国特种部队中的劲旅

威风凛凛的 SAS 队员

保留至今。

起初，这支部队在马来西亚的主要任务之一是对付骚乱、搜集情报，对游击队控制的区域内的村庄实施心理战以及对一般地区或敌占区进行武装巡逻。到 1960 年，马来西亚危机结束以后，特别空勤团表现出不屈不挠的斗志和熟练的专业技术技能，获得了广泛的赞誉。

在东南亚的婆罗洲岛、阿曼的佐法尔省和北爱尔兰等地区，都留下了他们的身影。他们不断经过各种战斗的考验和磨炼，成为英国反恐怖、反骚乱的一把利剑。

20 世纪 70 年代以来，为了对付"爱尔兰共和军"和其他恐怖组织，这支部队正式改编为反恐怖特种部队。1975 年，英国在第 22 特别空勤团内又组建了一支反骚乱突击队（CRW），旨在本国和同盟国发生诸如劫机、绑架人质或城市爆炸等一类恐怖事件发生时，提供一支训练有素、精悍凶狠、经验丰富、技术精湛的快速反应突击队。

当今世界军事形势和各国军队建设正处于一个大变动、大调整时期。国际战略力量的对比发生了重大变化，改变了"冷战"时期那种打世界大战的力量结构和战略态势。特种部队作为国家政治和军事战略手段中的重要组成部分，在那些使用常规部队条件不够成熟、不适应的局部冲突中，可以发挥更大的作用。无论是在局部战争中，还是全面战争中，特种部队的主要任务是超越常规部队的前沿，支援和实施纵深作战。其行动可能延伸到敌军的国土，甚至可能在敌国的战略后方进行。

随着当今世界上地区冲突和低强度局部战争的不断增加，特种部队的战略地位日显增强。英国特别强调"灵活反应"的战略，为此恢复和增强了海外紧急作战能力，并进一步增加了海外干涉部队的人数。SAS "红色恶魔"曾经历过二次大战的洗礼，当之无愧地成为英国海外干涉部队的一支重要力量，为维护国家的安全利益做出了应有的贡献。其所担负的主要任务是：在战时进行特种作战，协同正规部队一起遂行作战任务。如敌后侦察、监视、渗透、埋伏、偷袭、突击、破坏、抢占军事要地等；在和平时期主要担负处理各种突发事件以及反恐怖活动。

第22特别空勤团现隶属于英国皇家陆军，归英国本土陆军地面部队司令部领导。总部设在英国的赫里福德，现编有一个指挥连和6个战斗连，总编员为2000人左右。战时可根据作战需要，临时编成为战斗营，下辖2至3个战斗连。在战斗中，一般以排或突击小组为作战单位。1975年以后，又增编一个反骚扰突击队（CRW），建制为营级单位。英国皇家陆军还编有一个指挥连和4个战斗连，总人数各为1600人。在赫里福德第22特别空勤团总部还设有训练中心，负责特种训练工作。

特别空勤团的武器装备主要以轻武器为主。常用的武器有突击步枪、狙击步枪、班用机枪、冲锋枪、手枪和反坦克武器等。特种武器有微声武器、多用匕首、夜视器材、微型通信器材等。此外，还配有各种各样的防暴武器，以对付恐怖活动。

英国 AW50 12.7 毫米狙击步枪

特别空勤团在遂行作战任务时，一般是参与混合编队。远程机动靠搭载皇家空军运输机或皇家海军舰艇。近程机动主要靠搭载陆军航空兵或海军航空兵的武装直升机。

班用机枪

英国《星期日快报》1988年3月首次披露了特别空勤团的机密行动条例，包括五项条款："第一，每一行动要有书面命令，并且必须得到设在利斯伯恩的陆军总部的批准。第二，特种部队对付的'目标'必须是已经受到长期监视，并被确认是准军事组织的成员。第三，执行任务单位的长官必须确信'目标'拥有武器和爆炸品，并且已经杀人或对他人的生命构成极大的威胁。第四，符合上述条件，不经警告就可开枪。第五，事后必须立即呈送一份详尽的报告。"

徽标与装备

特别空勤团的前身L支队成立时，队员的服装与英军陆军部队没有太大区别，大多数人仍穿着他们在雷考克部队时的军服。这种卡叽布的制服有一个特别的好处，那就是当L支队深入敌后时，他们常常被德军误认作友军。因为当时德国北非军团和英军第八军的作战服看上去十分的接近。

英国特别空勤团徽章

几十年过去了，如今的特勤团已是声名显赫，但他们在着装上却也不搞什么名堂，仍与其他陆军部队保持一致。他们平日穿着英陆军制式的迷彩作训服，头戴米色贝雷帽，唯一能代表特空团的标识便是"飞翼匕首"图案的帽徽。在这个图案上还有一段标语，那就是斯特林那句名言："勇者必胜。"然而，出于安全和保密考虑，这枚帽徽在战斗中却不允许佩戴。

说起这个出了名的"飞翼匕首"徽标还有一个小故事。1942年时，SAS的创始人斯特林悄悄地让开罗当地的一个裁缝在帽子上钉缀他为L支队设计的图标。斯特林原先草图上画的是"烈火匕首"，但这位裁缝却看走了眼，认为是"飞翼匕首"。帽徽做好了，英军中东司令部却不让斯特林的部队佩戴，说他们不过是一支临时支队，没有资格拥有自己的徽记。但斯特林没有死心，他四下活动，终于说服上司默许他们使用这个标志，并作为英军伞兵的临时标识。

解救伊朗使馆人质的行动令特别空勤团一战成名，同时给世人留下深刻印象的还有，特别空勤团人员行动时身披黑衣、面戴防毒罩、腰上拴着各式各样小玩意的独特造型，以及他们手里所用的特殊武器。反恐行动有别于一般的军事行动，在武器装备的选择方面很有讲究。特别空勤团部队所选用的反恐怖专用装备贴近实战需要、设计细致独到，为世界各国的特种部队提供不少有益的借鉴。

防毒罩

服装：尽管特种部队在与恐怖分子较量中，主要依靠的是闪电般的速度、出其不意的精确打击，但总有恐怖分子抢在行动人员之前开枪的情况出现，哪怕有那么一回意外，都会对行动人员的生命构成威胁。因此，参与特种行动的人员服装必须有很强的防护功能。特别空勤团目前使用的防暴服是用诺麦克斯材料制成的，它在设计中考虑与防毒面具的一体化，双膝和双肘部有加强了的防火衬垫，使穿戴者可以安全地爬过较热的表面。此外，还有用以增强防火效果的专用内衣和手套，手套在设计上充分考虑到行动人员持枪或手持其他武器装备的需要，使穿戴者始终感到手指灵活，握感良好。

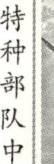

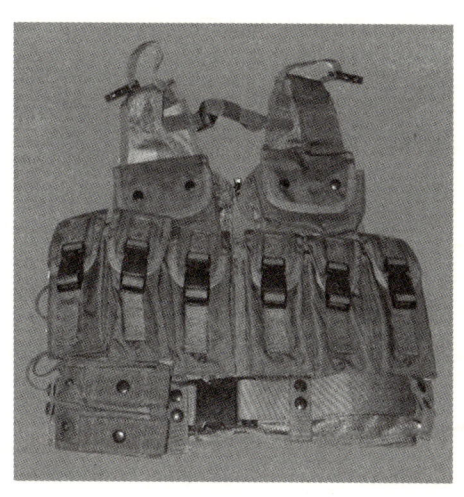

防弹背心

防弹背心：现代战争中，防弹背心是军事人员抵御敌人子弹和空中各种弹片的有效用具。但很多时候，使用防弹背心会影响行动的敏捷程度，而对反恐行动来说，速度是制胜的要诀之一。玻璃钢和尼龙材料的防弹背心利用层层阻隔的原理，能较有效地减小弹片射入身体的力量，但它对高速射入的子弹，防护作用却十分有限。轻质、高强度的凯弗勒材料的出现为防弹背心带来了真正的革命。特别空勤团部队的防弹背心除使用凯弗勒材料外，还加进了一些陶瓷片，这样即使是高速、有穿甲能力的子弹也奈何不了它。由英国道替公司生产的软质防弹服还能有效地吸收、分散子弹的冲击力，以免行动人员遭受严重的钝击伤。高强度冲击造成的钝击伤有时足以致命。这种加有防冲击层和陶瓷片的防弹背心，厚度达18毫米，重量约4千克。另一家叫普鲁泰克的公司生产的防弹衣对陶瓷片做了些技术改良，使防弹衣的重量能减至3千克。

头盔：在解救伊朗使馆人质的行动中特别空勤团成员没有使用头盔，只戴了头罩。这种做法实际上是很危险的，因为头罩只能防热、防灰、防烟，但却不防子弹。目前，特别空勤团部队装备的反恐怖专用头盔，是由英国库特豪德宇航公司生产的AC100/1型，使用多层复合材料制成，既比较轻便，又抗枪弹，内部还有防冲击的减震内衬，接触佩戴者身体的部分选用天然材料和高级皮革。

德制黑克勒－科赫MP5冲锋枪

防毒面罩：防毒面罩在伊朗使馆行动中已被成功使用。在整个行动中，使馆始终被烟雾所笼罩，当恐怖分子被催泪弹和烟雾弹呛得喘不过气时，行动队员已经占了上风。特别空勤团现在使用的是英国爱汶宝丽默公司生产的SF10型防毒面罩。该面罩上的目镜能防雾、防磨、防腐蚀、防强光。

枪支：特别空勤团使用的枪支主要是德制黑克勒－科赫MP5冲锋枪、比利时制大威力布朗宁手枪、美制雷明顿870冲击手枪等。此外，有时也选用英制自填式步枪SLR、带消声器的斯特林步枪、英哥莱姆冲锋枪等。总的原则是针对不同场合、不同需要选择不同特点的枪支，因此特种部队在枪支使用的多样性上远远超过普通部队。在大多数情况下，特种部队希望所带的枪支轻便、高效、击发速度快，如黑克勒－科赫MP5冲锋枪自重仅2千克，长约325毫米，每分钟平均可击出约700发子弹。

子弹：子弹的选择对反恐怖行动来说，同样是至关重要的。一方面，特种部队希望枪弹杀伤力强、速度快、精度高，另一方面，又要求子弹不会穿过目标误伤到后面的人质，或其他非目标人员。要同时做到这两方面不是件容易的事。目前特种部队使用的多是特制的高速子弹，它们或是能在进入目标身体内炸成碎片，或是通过特别的设计，使其在进入目标体内后能迅速传递动能，很快停下来。至于具体选用哪种型号的子弹，特种部队大多守口如瓶，特别空勤团也不例外。

SAS 的一份行动报告

执行任务的英国特种兵

SAS 在二战中最成功的战例要数那些破坏德军的机场和供给线的行动，他们常常以极小的代价、很少的人员和装备投入，换来大量常规部队都很难取得的战果，给敌人后方造成了极大地混乱。在这些战斗中，虽说有些牺牲在所难免，但 SAS 绝不作"自杀队伍"，他们会在战斗中算账，不仅不做赔本买卖，但凡不能一本万利他们也不干。有一份关于 SAS 在二战中一次行动的机密报告，从中我们可以领略到 SAS 的风格。

行动报告

目标：炸毁位于西地布兰尼 121 和 05 机场上的敌方飞机和仓库

执行人员：斯考特上尉、沃尔上尉及 8 名战士

运输工具：1 辆吉普和 1 辆 3 吨卡车

报告人：斯考特上尉

我率领小支队于 1942 年 7 月 3 日从卡布里特出发，次日到达设在亚历山大港的第八军司令部，在那里见到了斯特林少校和沙漠长途侦察支队

的戈登上尉。当日，我们一起向沙漠进发，并于6日下午安全抵达接头地点，与另外三支长途侦察小支队会合。我们停下来休整了一天半，做好了袭击敌人的一切准备。在这期间，有几架德国侦察机从我们头上飞过，但他们没能发现我们。

斯特林少校作了最后一次指示。他要求我们在到达目标后，立即用无线电与长途侦察支队的指挥部取得联系，强调在确认两处机场停有12架以上的飞机前不要贸然采取行动。

我们分两组出发，我带一组去打121机场，沃尔带另一组去打05机场。车开出去没多久，我开始担心车辆的油料不足，甚至想用无线电联络指挥部，请求派飞机空投油料和食品。这时，头顶上又传来敌机的轰鸣声，我们赶紧隐蔽起来。就这样又往前赶了一阵，并在通往西地布兰尼的路上有了意外的惊喜。我们发现一些过去英军从这里撤退时遗弃的油桶、食品，还有水！在接下去的路上我们又不断发现部队丢下来的一些装备，这让队员们很是欢喜。

紧急行动中的 SAS 队员

11日晚，两个小组都到达了各自目标的附近。按计划，我们下车的地方距机场应有64千米距离，但因地图上的误差，沃尔小组实际上离机场还有16千米，而我们离敌人却只有32千米。

我们只睡了两个小时就开始搜索前进了。沃尔一组很快就找到了观察机场的理想地点，而我的小组遇上了点麻烦。就在我们快到一个观察点时，出现了一支六人的德军巡逻队。我们料想他们定是看见我们后回去搬兵了，于是，赶紧依着沙丘摆出了防御的架势，只等与敌人死拼。但一直等到第二天天黑德军也没再出现。看来，那支巡逻队要么根本没看见我们，要么就没认出对面是英国人。这时，我们才定下心来，开始观察起机场的情况来。有几架德军的运输机降落在05机场，但到晚上它们就又都出动了。而121机场根本就是一个诱骗英军轰炸机的假目标，根本没有飞机进出。我们将这些情况和敌运输机的进出路线报告给了指挥部。

13日晚，我们回到了最初的会合地点进行补给并找到了沙漠长途支队。沃尔的小组没有出现，于是我们留下一些食品和水，又出发去另一观察点了。一直到16日，当我们前往破坏德军要道的巴格巴格的路上又途经那个会合点时，才看到精疲力竭的沃尔小组刚刚赶到。由于路况太差，我们去巴格巴格的计划落空了，最后也折回了会合点。

接下来的几天，我们两个小组一直在附近地区活动，尽可能多地给德军制造些麻烦。我们破坏了从玛萨到西地布兰尼间的水管；沃尔小组炸毁了停在05机场上的4架运输机，皇家空军根据我们提供的情报，至少击落了另外10架满载货物准备出航的运输机；为了不让德军捡到便宜，我们还顺便将沿路英军遗弃的一些装备、车辆破坏掉。后来听说因为我们的袭扰活动，德军一度中断玛萨以西路段上的运输。

8月7日，我们安全返回在埃及的总部。部队没有任何人员伤亡。一路上我们虽屡次被敌机发现，但由于有风沙的掩护，也因为能及时化整为零、巧妙转移，我们闯过了一关又一关。

SAS 团队生活

"当你告诉人们在兵营里时，他们会向你问这问那，如血液和肠子，你会说给你两桶，让他们听起来很可怕。我出去后最难忘的事情并不是作战或是迷人的小妞，而是冒险的感觉。周一，你会在军营，但接下来两三天就不知道在哪儿了，非洲、南美洲，或其他什么地方。你知道，要结识一些出生入死的伙伴，如果需要他们会为你去死，你也会这么做。也许团队就是这样：生活并不轻松，甚至是很艰难，但是不管怎样，你也要置身于其中。"

要了解一名特别空勤团新队员的生活，就得对特别空勤团的组织结构

英国特别空勤团队员

有一个基本的认识。新队员做什么以及将变成什么很大程度上受到这一结构及其所处地位的支配。

特别空勤团组织的上层是特种作战大队。它由各种不同的特种作战单位构成：皇家海军陆战队特别舟艇中队，四个特别空勤团（第21、22、23 特别空勤团和第63 特种信号中队，四个单位中，只有第22 特别空勤团是正规部队）。以后第22 团又细分为若干部分。他们包括：战斗搜索联队、司令部计划与情报、革新作战联队、训练联队、第264 信号中队、相关专家小组，最后是骑兵中队。

骑兵中队是第22 特别空勤团的骨干，他们包括 A、B、D、G 和 R 五个中队。后者为本土预备队。每一个预备役中队包括一个中队司令部和四个骑兵连。每个连都按照不同的作战形式进行专门训练。他们是山地连、舟艇中队、机动连和航空中队。按照序列进一步讲，每连都有四名巡逻人员，但他们的任务都不同。

作为一支特别的连队，特别空勤团的新成员一般要先到骑兵连接受训练。然后，他会发现或是接受一种适合自己的专业，这些专业包括后勤、医疗、伞降或是火炮控制。

但是，当这些新队员刚刚完成一项世界上最长而又最严酷的训练时，他们又要马上开始接受新的训练课程。在特别空勤团，训练是永无止境的。其技能需要根据国际形势、地区冲突和技术的发展变化而不停地提高。尽管训练不断，然而士兵则随时要准备上战场。

在外人看来，特勤团士兵的生活十分轻松，他们好像可以随意而为，而不需要不断地接受命令，着装也是由自己决定。然而纪律松散的表面现象与事实是完全不符的。特别空勤团与正规部队的最大区别就在于，特勤团的士兵具有强大的自我约束能力，而这种能力是不需要借助外力的。特勤团的作战特点也决定了其士兵必须在远离上级的情况下独立完成任务。所以，如果他们不能自律，那么任务从开始就会泡汤。

然而，这并不是说士兵可以以他们自己喜欢的方式想怎么样就怎么样。团里有各种训练和作战要求，士兵需要保持高度的积极性来完成他们自己的任务。一般在试用期内士兵会留下来，然而即使是在苛刻严厉的挑选后，在后续训练期，一步走错了，那也要离开。

入伍后，特勤团士兵的第一阶段将会被安置在一个特别的中队。一到队里就要按特长接受特别训练。有时会参考士兵的军事或民事技术。如果在进入特勤团之前

全副武装的特别空勤团士兵

就会讲 2 至 3 门外语，那么这位士兵就有可能成为一位语言专家。如果通晓计算机，那么通信将会是他的专长。特别空勤团将指导这位士兵使其发挥最大潜能，以便胜任四人巡逻或在骑兵连、骑兵中队的岗位。

 ## 两栖作战部队的耳目——特别舟艇中队

说到英国的特种部队，人们往往只想到英国皇家空军的特别空勤队（SAS，Special Air Service）。这是由于 1980 年 5 月初，他们在电视现场直播的情况下成功营救出遭暴徒挟持的伊朗驻伦敦大使馆人质而名声大噪。但与 SAS 同样杰出的特别舟艇中队（SBS，Special Boat Service），却知者甚少。这是因为，关于 SBS 的情况，一直被视为英国国防部绝对机密，从未公开宣传过。

但在同行的眼里，SBS 却不同凡响。一名前阿根廷突击队军官评价：

"SBS简直就是一个隐形的恶魔！"另一位美国"海豹"队员则强调："只能用一团迷雾来形容他们。"

SBS 的诞生

特别舟艇中队的历史可追溯到二次大战期间的英国皇家海军陆战队。1942年，为了突袭被德军占领的波尔多港，英国海军陆战队派出了一支临时的海上舟艇突击队。整个行动由陆军统一指挥。这些海军突击队员偷渡到法国，袭击了一批德国运输船。他们虽然自身伤亡惨重，但也使德军船只遭到了重大损失。从此，这些从海上发起攻势的海军陆战队突击队员名声大噪，英国人亲切地称他们为"扁舟勇士"。这也就是特别舟艇中队的前身。

特别舰艇中队是英国海军陆战队的特别侦察分队，司令部设在英国南部的海湾城镇普尔，标志是其队员的军服别着一枚奇特的徽章，徽章图案是一只青蛙和两支船桨。

特别舟艇中队在行动时，通常采取4~6人的小组分散隐蔽活动。各组均配有超高速发报机，侦察的敌情可随时报告上级。因此，特别舟艇中队素有"两栖作战部队的耳目"之称。灵活精悍、行动诡秘是这支突击部队的特点。"不靠强力，靠诈术"是它的行动口号。

特别舟艇中队狙击手

二战时期，这支特种部队几乎参加了所有战区的海上战斗行动，大战结束后，英国海军陆战队中仍然保留着这支小型的特种部队。1950年朝鲜战争爆发后，这支部队被更名为第41独立突击队。但在整个朝鲜战争中，它始终呆在英国本土内，没有赴朝鲜参加实战。朝鲜战争结束后，英国在第41独立突击队基础上正式成立了特别舟艇中队。

特别舟艇部队的指挥权现在归属于皇家海军参谋部，该部队设有三个现役中队，分别为 C、M、S 中队。其中 C 中队队员善于游泳和划独木舟、橡皮艇参加战斗；S 中队成员喜欢通过小型船只和袖珍潜艇进行机动作战；M 中队队员善于海上反恐作战以及舰船内作战。此外，特别舟艇部队还设有一个约由 50 人组成的预备役中队。

关于特别舟艇中队的未来，英国国防大臣在给国会的报告中指出：特别舟艇中队的战术和技术在未来北约地区的作战中大有用武之地，要不断改进其武器装备，加强其力量。目前，特别舟艇中队正在改进和发展水下装备以及相关的技术。它将成为一支装备更精良、战斗力更强的特种作战部队。

严酷的选拔与训练

作为英军一支职业化程度最高的正规部队，SBS 倍受英国军事当局的重视和军事高层领导人的青睐。为了增强他们在现代战争条件下综合作战能力和快速机动能力，英军增强了陆战队的编成，采用精干、配套的编制，配备有精良的武器装备以及海陆空立体交通工具。另外，严格的人员遴选，艰苦的作战训练，苛刻的心理测试，使得陆战队具有极强的战斗力。

如同其他国家精锐部队一样，SBS 是由一些特殊士兵组成的。这些士兵是从海军陆战队的成员中所挑选出来的精英。他们自我约束意识强，勇敢顽强，应变能力强，富有冒险精神。加入海军陆战队的新兵，在入伍志愿申请表上，就先填上志愿加入 SBS 的申请。但这也只是让 SBS 教官知道有这么一回事罢了，从一名海军陆战队员到正式成为特战队员的路途还极其遥远。

为期三十周的海军陆战队基础训练，只是将一名普通老百姓转变成海军陆战队员的基本过程。在受训期间，SBS 教官仔细观察每一个申请加入 SBS 的学员的各种表现，并且详细记录与评估其个人能力。即从入伍开始就建立了一套完整的个人资料，里面详尽记载着他们的各种成绩与表现，如体能情况、心理状况、射击成绩。专长、服役表现及最重要的，与队友相处的关系等等。这种评估一直要持续到他们通过各种考验后，直到成为

SBS 正式队员并开始服役为止。

在每年申请加入 SBS 绿色贝雷帽中，大约只有 60 名能通过审核而接受 SBS 的遴选。受训队员都被送往 SBS 的大本营，位于英格兰西南部多塞郡的普尔，进行为期两周的筛选训练。

英国特别舟艇队员

训练一开始是陆上筛选体能测验。第一天清晨 5 点 30 分，学员们就被教官撵到训练场上，实施"震撼教育"：是各种让人筋骨酸痛的体能训练。在此阶段里，每名队员要背负装有 4.5 千克重的沙土的背包，进行 1.6 千米的赛跑，而这必须在 8 分钟内完成才算及格。在体能训练后，是各种地图判读、地形导向的越野比赛。从一个检查点到下一个检查点，直到深夜 1 点，队员才被允许在床上稍事休息。

第二天清晨约 2 点 30 分，已累得精疲力尽的队员们，又被教官从床上掀起。全副武装后，他们被运往离营区约 24 千米以外的荒郊上，在没有地图、指南针及任何导向工具的情况下，被命令于 6 点以前返回营区。在一片迷惘、筋骨酸痛和通常后悔申请加入 SBS 部队的矛盾心理下，这些学员开始朝着他们认为正确的方向出发。

第二天的其余时间仍然是地形导向越野比赛。第三天开始，则是为期三天的远程越野训练，这是所有 SBS 队员及在这个阶段退出的队员永生难忘的经历。第三天，依旧进行正常的体能训练，学员们要背负 29.5 千克的负重越野行军；第四天要行军 32 千米。

在第四天行军结束后，为能了解学员们的心理承受状况，每名学员都被抓到审讯室内，对他们个人情况进行近乎污蔑、虐待的侦讯，以探求他们所能承受的心理忍耐极限。随后，他们被剥得只剩内衣和鞋子，并被丢到浦尔近郊露宿过夜，以观察评估队员之间的互助能力与团队协作精神。

最后，在经过一晚夜宿野地之后，进行第五天的 48 千米负重越野。

此时学员身心都已处于极度衰弱的状态，当然在其中已有部分学员因无法通过训练要求或承受不了严酷的训练而退出。这48千米的行程，一点一点地消耗学员们所剩的精力。当他们终于精疲力竭地返回大本营时，脸上才露出难得的笑容。如果你认为训练至此就结束了的话，那就错了。接下来还要进行水下训练。

学员们被命令带着装备，在浦尔海岸下水，向离岸边500米处的一艘小船游去。对某些人来说，陆上训练可能不是件难事，但若无法通过连人带装备一起游过海上500米的距离，也将会遭到淘汰。对于通过48千米的长途越野行军、又游了500米的学员来讲，他们仅仅通过

哥曼德特种部队与美海军特种部队
进行海上反劫持演习

了所谓的陆上筛选，每名队员都不知道未来几天内又将面临怎样的折磨。

接下来是水下课程，学员们学习各种水下呼吸装具的使用后，即被带往一个大型游泳池内。教官可直接观察学员在水下的操作动作正确与否，并进行实际的潜水训练。因夜晚水下完全无光，所以训练大多数都在夜间进行，借此磨练与增加学员对夜间潜泳的认识与经验。在此训练阶段，自动退训率最高，有些队员对陆上训练能够适应，但对这种夜晚潜泳实在无法忍受。想退出的人只要举起手说"我退出"就算放弃了。

退出的特战队员，将被送回原服役单位继续服役。在其服役的记录上不会因退出SBS而留下任何不良的记录。

接着水下课程后的是划舟阶段训练，使用装备是在二次大战中使SBS闻名于世的突击小艇。除了不断地划桨操练之外，这也是培养两人一组的团队行动的最佳时机。这个阶段也教导学员如何执行海上渗透与侦察任务。

在陆上筛选、潜泳划舟训练后，最后2-3天是学员们最难耐的日子，

英国特种部队中的劲旅

也是决定他们命运的日子。教官仔细评估每一名学员在遴选训练中的表现。最后，通过遴选的队员名单被正式宣布。

两周的筛选训练，只是作为未来SBS队员的筛选评估的参考。通过筛选训练的学员，暂时称为候选队员，正式的训练还在后头，其严格程度不亚于筛选训练，且训练时间长达一年之久。

第一阶段为划舟训练，各种划舟项目的设计，是为了淘汰部分表现较差的队员。据SBS的教官说，是为了限制下一阶段丛林训练的人数，最多40人。所以训练项目制订得非常苛刻。例如，56千米的水路计时赛。通过划舟训练的40名队员才有资格穿上正式的陆战队服。然后被载往斯特林，准备进行在丛林训练前的基础野地生存训练。

在斯特林训练场上，SBS候选队员是与SAS队员一起训练，但在SBS的眼里，比起以往的训练，斯特林的基础野地生存训练简直就是一个度假林。

基础野地生存训练后，SBS候选队员即被送往文莱的热带雨林地区进行为期两个月的丛林训练。在那里，他们将学习丛林伪装、巡逻、伏击、侦察、通讯、侦照及各种丛林作战所需的战斗技巧。

SBS队员参加严酷的训练

丛林训练后，候选队员再度飞回斯特林训练场，进行野地生存的高级训练。其训练项目包括野地急救、无具野炊与逃脱训练等。在大约十天的野地生存高级训练过程中，SBS 候选队员几乎都在野地里躲避"敌人"巡逻队的搜捕。他们中的队员或许被捕捉并带回"审讯"。"审讯"时，被捉到的队员，头上始终被罩着一个粗麻袋，他们除了自己的姓名、信仰、兵籍外，其余一律不准透露，以检验队员最大的心理承受能力。

接下来的训练为水上高级班课程。在苏格兰北方的寒冷海域上，进行小型橡皮艇及各种硬式小艇等突袭用战具及潜艇进出的操作训练。另外，各种两栖作战的技能，如战斗潜泳、水底爆破及各种杀人器械的运用等。

水上训练后，就到进行 SBS 训练的最后阶段——为期四周的跳伞训练。在此阶段，SBS 候选队员将学习如何从飞机上降落海中，包括高空跳伞或低空飞行的直升机上直接跳下，及如何带着小艇一起跳落等空降方式。虽然从普尔遴选训练开始到现在，候选队员已是老手中的老手，但依然不能大意。如不能通过伞训的要求，则照样将被淘汰。

完成伞训，结束 SBS 的职前训练后，候选队员将被 SBS 做为预备队员，并授予三等划舟泳者的职衔。这时预备队员必须加签三年的 SBS 服役保证书，才能被正式派往各个小艇支队中服役。从海军陆战队的新兵训练，到成为 SBS 的预备队员，他们已经服役了接近三年，在此之后还要继续三年的服役期，这在一般国家是相当少见的。即使是对特种部队的领域来讲，英国 SBS 的长期训练与长期的服役期也是相当少见的。

一旦成为一名令人羡慕的划舟泳者后，预备队员们还需进行所谓的专长训练。每名队员将依其专长、表现及个人意愿，被分配到不同任务特点的三个支队。其中 C 支队精通水上战术、游泳及划舟技巧，负责海岸侦察、渗透破坏等任务；S 支队精通水下及远程渗透载具操作，负责水下爆破、阻滞等任务；M 支队负责反恐怖作战活动。

自 1987 年开始，SBS 直接受命于英国特种作战司令部。当不在敌海岸埋伏与执行侦搜任务时，SBS 队员的生活就是训练、装备、再训练。在

英国特种部队中的劲旅

平安无事的一年中，SBS队员平均需要进行三个阶段的在职训练，内容包括在阿拉斯加或挪威进行水上训练、在文莱或贝里斯进行的丛林训练及在阿曼或澳大利亚进行的沙漠训练。

如今SBS已经成为英国执行长期特种作战行动的一支盾牌，可在任何时间、任何地点完成快速反应的特种作战任务。

超一流的武器装备

特别舟艇中队人数极少，但却战斗力强悍。这其中除了个人素质方面的因素之外，与精良的武器装备也是密不可分的。

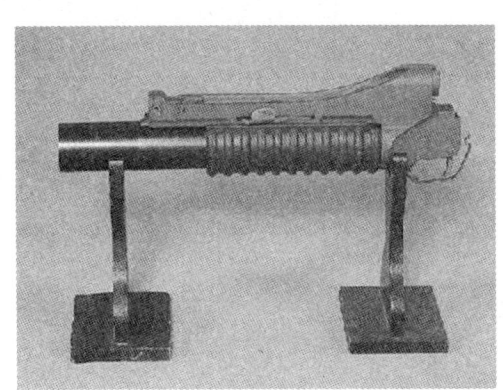

M203 榴弹发射器

头戴绿色贝雷帽的特别舟艇部队队员装备的轻武器主要有M16A2 步枪、SA－80 步枪、M203 榴弹发射器、勃朗宁手枪、MP5 冲锋枪、L96A1 狙击步枪。其他支援武器有通用机枪、反坦克火箭筒、迫击炮等。

作为舟艇部队，各种水上装载设备是必不可少的，其中主要有：克虏伯公司生产的"克虏伯·阿伊雷斯"13 型双人独木舟，这种独木舟是用岑树或桦树拼装组合而成，舟体外裹以棉、麻纤维等材料，再涂以多层聚酯橡胶以及可吸收雷达波的特种涂料，这种具有一定隐身功能的独木舟无动力装置，全靠队员划桨；"吉米尼"充气橡皮筏，其有三种型号，可分别载12 人、10 人和8 人；两用摩托艇，既可以在水上高速行进，也可以通过导气管在水下潜行，乘载8 人。该摩托艇潜水时隐蔽性非常好，因此常被用于执行秘密任务。

辉煌的战绩

特别舟艇中队总人数约400 人，活动范围遍及全球，但每一次活动都严格保密。他们平时的任务是检查从英国到冰岛的水下潜艇侦察系统的工作状况以及保卫北海油井，防止恐怖分子的袭击。战时则主要从水上或空中渗入，遂行侦察、破袭、夺占要点等任务，特别是担负两栖作战前的情报收集和滩头侦察。

在整个第二次世界大战期间，"方舟勇士"们几乎参加了所有战区的海战行动。从爱琴海希腊岛屿的争夺战，到爪哇、缅甸对日军作战，到处可见勇士们神出鬼没的身影。

20世纪五六十年代，特别舟艇中队虽然在英国属地执行过许多次秘密任务，所以一直不为世人所知。直到1972年，该中队队员奉命伞降到位于大西洋上的"伊丽莎白二世女王"号客轮上，及时处理"一场虚惊"的爆炸案后，特别舟艇中队才开始为人所重视。

特别舟艇中队执行任务

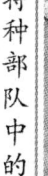

在1982年的马岛战争中，特别舟艇中队派出分队，在极其恶劣的气候条件下，进行了两栖登陆、海上跳伞、长途行军，成为第一支登上马岛的英国反攻部队。他们首战南乔治亚岛，在英军大规模登陆前，派出蛙人潜游5千米登岸侦察，摸清了海岸地形、驻军兵力和军事设施，并摧毁了阿军无线电台，切断了守军与东、西马岛阿军主力之间的通信联系，为英军夺占该岛开辟了道路。随后，他们又协同特别空中勤务部队偷袭了佩布尔岛，配合舰炮一举摧毁了岛上的11架飞机及部分运输车辆、雷达站、油库和弹药库等。由于该岛位于西马尔维纳斯岛北部，是阿根廷大陆和东马尔维纳斯岛交通的中间站，也是整个马岛空中交通的枢纽，因此，这次破坏行动不仅对加强海上封锁而且对随后的两栖登陆都具有重要意义。战争后期，在英军大举登陆圣卡洛斯港之前，特别舟艇中队又派出奇兵，对登陆场进行反复侦察和扫雷，为英军顺利实施岛屿登陆，最大限度地减少英军伤亡，立下了头功。

1991年海湾战争中，特别舟艇中队再度一鸣惊人，成为最先向伊军发动进攻的部队之一。他们在多国部队对伊拉克进行大规模空袭的同时，携带各种装备，乘坐直升机渗透到伊军后方，在伊军重要通信设施附近布设炸药，全面破坏了伊拉克的指挥通信网络，使伊军精锐部队在联军发动地面攻势时，陷于全面混乱和各自孤立的状态。特别舟艇中队的战斗力，再度得到了世人的肯定。

这一系列在外人看来若隐若现、在英军内部却备受推崇的行动，使SBS 成为英国最机密和最具战斗力的部队。在英国特种部队指挥部直接指挥下，只要可能涉及水上特种作战的行动，都要由 SBS 承担。近年来，SBS 还加入英国的缉毒行动，多次成功地突袭拦截住携带重型武器的毒品走私船。

尖刀是怎样打磨成的

世界上有许多支特种部队，然而要论资格最老、综合素质最强、执行任务最多的当数英国的第22特别空勤团（SAS），它可以说是尖刀中的尖刀，王牌中的王牌。美国反恐精锐部队三角洲特种部队的建立者查尔斯·贝克韦斯上校曾经这样评价英国特别空勤团："在各种各样的特种部队中，英国特别空勤团在世界精锐军事部队中是最优秀的一支。这支部队在战斗中所表现出来的耐力、勇猛以及机智简直就像神话传说。"

因此，通过了解英国特别空勤团这把"尖刀"的选拔体制、特种训练、野战生存等方面的内容，可以帮助我们比较全面而客观地领略到英国特种部队的风采。

每年在夏冬两季都可以看到这样的情景，150名焦急不安的应征者聚集在英国特别空勤部队的总部英格兰的赫里福德。他们心中只有一个目标，那就是能够在这个世界上最精锐的部队中取得自己的一席之地。但要争取带上那顶赫赫有名的浅褐色贝雷帽和别上那枚羽翼短剑徽章，则必须忍受世界上最残酷的军事选拔训练。

经过初步选拔后，接下来将是特种训练。应征者将从这些训练中获得特别空勤团的军人技能，但在这个训练的过程中，随时都会有人被淘汰。他们将学习如何解救人质，如何使用外军武器，如何在荒野中生存，还有在多种情形下的跳伞训练等众多技

能。除此以外，还要学会如何应付突围逃生测试以及残酷抵抗和审问训练；同时也可以了解到部队的生活，并掌握各种各样的军事专业技能。

保证全面健康

为选拔做好准备

许多有潜力的特别空勤部队应征者来到赫尔福德后甚至连第一周的耐力训练都撑不过去。大多数情况下，或因为他们的内在动力不够，或他们没有为世界上最严酷的选拔计划进行过艰苦的体能准备。

人所共知，英国特别空勤部队的选拔过程是世界最困难的军事征募计划之一。每年有两次，一次在夏季，一次在冬季。每次都有150名应征者排队等待这个选拔。他们都是经验相当丰富的军人，通常是身体非常健康，而且对于等待他们的一切也有着深刻的理解。当那令人羡慕的浅褐色贝雷帽送到那些通过选拔人的手中时，他们其中能留下的已不到15人。90%以上的淘汰率可以确保只有那些身体最棒、最有军事才华而且具有强烈内在动力的人，才能够加入这支世界上最精锐的部队。

特别空勤部队的选拔历史是一个逐步走向正规化和结构化的过程。在二战期间的克拉克和斯特林时代，选拔很不正规。突击队和L特遣队征兵是通过推荐、个人接触和面试进行的。当时根本没有选拔过程，应征者直接参加作战训练，只要他能够跟得上训练（很有可能）就可以留下。这种过程对当时为满足战场直接需要而创建的特别空勤部队非常合适。

直到20世纪50年代特别空勤部队在马来亚被改编成第22特别空勤团时，才有了一个比较组织化的选拔程序。在当时，特别空勤团驻扎在马来亚，但选拔却在英国威尔士布雷肯镇的布雷肯联盟陆军基地进行，今天布雷肯已成为特别空勤团进行最严酷的选拔训练的一个基地。因为特别空勤部队此前需要它的成员必须具有超强的耐力，所以，新的选拔程序增加了测试应征者耐力的项目。利用最基本的装备和陆军急救包，特别空勤部队的应征者必须能够通过精确识图能力，完成长距离山地徒步训练。这得到了人们的认同而且延续至今，到 20 世纪 80 年代时，选拔程序形成了一个基本模式，现在仍在沿用（这个程序仍在不断更新和改进）。

严格的准备是非常重要的。如果你在来到赫尔福德的第一天，体能和精神状态不是最好的，那么可能会在前几天就落在一边而成为一名遣返兵（被送回原部队）。重要的一点是，也是前特别空勤部队成员最先指出的，不能有通过自己的"即兴表演"来开始特别空勤团的选拔训练的想法。一名应征者最少要拿出三个月的时间集中精力准备特别空勤部队的选拔训练，最好能有六个月的准备，才可以真正参加选拔。

加入特别空勤团最基本的一项要求是应征者必须是军人。平民可以参加地区性特别空勤团，尽管那些部队与正规的第 22 特别空勤团的作战地位不同。在普林斯盖特行动后，许多平民满怀期望地来到赫尔福德，在特别空勤团总部外面游荡想着如进入那个大门加入这支精英部队。但特别空勤团只招收英国军队或英联邦的那些已完成正规训练的军人。原因很明显，特别空勤团的目的是造就精英士兵，所以不必再教授应征者基本的军人素质。此外，应征标准还要求应征者至少还有三年的正规服役期。这个原因很简单，他们不想训练完一个人而后没几个月就退役了，尽管服役期是可以根据要求延长的。然而，依照特别空勤团不同时期征召情况服役期的标准是可以改变的。

在填写应征表时要确信自己的确适合进入特种部队。如果已经结婚而且有孩子，则必须再三考虑长时间离家，经常不和家人联系，会不会损害家庭生活。问自己是否已经准备离开配偶和已在正规部队建立的社会生活。

或许最重要是，你是否意识到你愿意全心全意地加入特种部队。你的内在动力存在任何形式的弱点都很可能让你在选拔中失败。这对你和特别空勤团以及你的部队来说都是一种毫无意的时间浪费。

然而，如果你感到这样做是正确的，而且你的应征被接受了，接下来就必须进行严肃的准备工作。在赫尔福德还有一个周末讲座，关于特种部队简明教程，它的目的是让应征者在真正开始选拔前对特别空勤团的生活有个了解。

特别空勤团士兵的身体状况都达到了一种很少有人能达到的全面健康状态。运动员可以跑得很快，可以举起很重的物体，也有些人是强壮的游泳运动员，但特别空勤团的士兵必须要达到很少人能做到的全面体能发展。也就是说，特别空勤团的应征者必须追求全面健康。全面健康，就是要做到身体各方面的全面发展，这样才能适应特别空勤团选拔中遇到的多种体能挑战。

过于肥胖几乎已经成为西方社会各方面的通病，甚至已在一些军事部门造成麻烦（特别是征兵方面）。身体对脂肪的高摄取量并不是问题，只要一个人保持一定量的体能锻炼就可以消耗掉多余的热量。但不幸地是，现代社会高脂肪食品既便宜又容易获得而且非常可口，再加上人们大都总是坐着缺乏运动，使得肥胖已成大多数发达国家中一个非常严重的医学问题。肥胖会大大增加威胁生命状况的情况，如心脏病、癌症、糖尿病和中风。然而，严重肥胖在军人中还是很少见的，因为他们一般都保持着还过得去的健康状态。

重要的是你的体重不要超过你身高和体格的正常参数。否则，你的身体就需要做一些额外的工作，在选拔过程中增加你的身体额外负担。另外，肥胖会增加心肺的工作量，有时还会出现危险，因此肥胖者通常遇到的悲剧性情况是在过度行动训练中导致心脏病。

如果你准备参加特别空勤团的选拔，那么你最好对肥胖有一个比较谨慎的态度。耐力训练会大量消耗脂肪，所以增加一点体重（尽管可能看不出来）可能会在你前面的选拔过程提供部分预备能量（这一点尤其在生存训练中非常有效）。但精英部队的军人饮食的脂肪含量应该保持在10%或以下的水平。

对脂肪的需要应该引起那些处于理想体重之下的人的注意。特别空勤团的选拔计划将大量消耗你的体能储备。如果没有脂肪的话，身体就会消耗其他的身体组织来提供能量，这可能会造成严重身体健康问题。你的目标是应该使自己达到正常的身高体重比范围内（如果你准备参加特别空勤团的选拔，最好可以达到正常范围内较高的情况）并通过严格饮食和锻炼保持住这种状态。

心率测试

一个人身体的健康状况，可以通过测试他在剧烈运动和安静时的心率获得。体质越弱，心率在安静和运动时就越快，因为心脏需要把更多的带氧的血液输送到肌肉。（这项测试只针对男性，因为特别空勤团还没允许女性进入，尽管他们曾征用过其他部队的女性）。

第一个简单练习是为确定你的心率。进行这次测试时要在你刚刚醒过来或在椅子里静坐了近一个小时。拿一块表放在你面前，把一只手的手指放在另一只手的手腕内侧靠向大拇指的一侧，向内约 1 厘米的地方。轻轻地移动你的手指应该可以很快感觉到自己的脉搏跳动。不要用大拇指去寻找脉搏，因为大拇指本身有自己的脉搏。测试一下你的心脏一分钟跳动的次数。利用下面的指标估计一下自己的健康状况。

心率/分钟	健康状况
30 – 59	非常好
60 – 75	好
75 – 85	一般
86 – 99	差
100 以上	非常差

如果你的心率在最后两个范围内，很明显要想达到特别空勤团要求的标准健康状态需要做的工作还很多，前提是如果你可以做到的话。你的基准数应该在每分钟 60 次。

在你最后确定自己的心率时，你最好能够进行一次更深一步的简单测试。穿上适于锻炼的简单装束，在训练台上跳上跳下持续进行三分钟，或进行连续三分钟的高达 15 至 26 厘米的跳跃运动。在做运动时，要保证自己的两脚平稳地站在训练台上，而后站直后再跳下来。三分钟后马上停下来，等上 30 秒，然后测试你的 30 秒心率。下面的指标可以帮助你分析结果。

心率/30 秒	健康状况
33－36	非常好
37－40	好
41－43	一般
44－47	还可以
48－59	差

这种测试要比其他测试方式反映更多的问题，因为这可以告诉你在经过激烈运动后，你的心脏恢复的效率。如果想要参加特别空勤团的选拔，就要确保让自己的心率在最上面两个范围内，而能够做到这一点的唯一方法就是通过连续的训练计划让自己的身体适应这种要求。

耐久性与柔韧性

耐久性可能是那些特别空勤团应征者追求的最重要的体能素质。选拔过程中山地训练将需要应征者身体在数天内经受强大的压力，这会耗尽他的肺部能力、肌肉持久力。尽管特别空勤团选拔过程主要集中在持续负重跑方面，但应征者必须有一个比较全面的耐力训练计划。通过交叉训练，如跑步、游泳、骑自行车、环道训练、持拍运动等，身体耐力会在各个方面得到提升。

SAS 队员在雪地训练中

柔韧性是全面健康中比较被人忽视的一个因素，特别是对于军人们来说。柔韧性一般只有那些体操运动员和舞蹈家才需要的体格素质，以让身体有较强的伸展能力。然而忽略这个重要方面可能是一个错误。柔韧性与身体的力量紧密相连，因为更具柔韧性的肌肉才更能够有效地完成高强度动作。另外，充分拉伸的肌肉和韧带可以减少在训练中拉伤的危险，这对特别空勤团的耐力训练选拔是非常重要的。

曲臂伸、腹肌曲伸和弓步

曲臂伸在双杠上是最有效的。如果找不到双杠的话，可以在两件不可移动的家具中间进行一个简单变相的运动，两腿前伸脚跟轻轻着地（注意不要支撑身体重量）。两种情况的训练规则是完全相同的：在双杠间用两手臂挺直支撑身体重量，然后慢慢向下弯曲双臂，直到上臂与地面水平。然后再慢慢向上撑起。曲臂伸可以锻炼强健的二头肌、三头肌以及肩部肌肉。

腹肌曲伸是锻炼腹肌最好方式，它要比传统的仰卧起坐要有效的多（但也要练习仰卧起坐，因为在特别空勤团的选拔中可能会遇到这方面的测试）。这是因为仰卧起坐主要依赖背部肌肉力量调动躯干直立，而不只是依靠腹肌。腹肌曲伸的区别在于让躯体尽量卷起而让腹肌用力。一个技巧就是把两腿平放在地板上，双膝曲起，并尽力抬向胸部，这样也可以锻炼底部的腹肌。不管你如何做，都不要太过用力，而且要保持背部一小部分在地板上。

直接腹肌曲伸主要是锻炼前部腹肌，但更全面的腹肌锻炼可以通过传统曲伸和扭动曲伸达到。这种情况下，当身体抬起时，扭动你的身躯至与双膝相对一边的肩部（在做曲伸时，双手要放在脑后）。扭动身躯到另一侧重复同样的动作。

弓步很简单，身体站直，然后一条腿向前跨一大步，前曲直到大腿与地面平行。而后收回腿站直换用另一条腿重复同样的动作，并不断更换两腿。这种训练可以帮助锻炼大腿和腿部上部肌肉，但要注意向前跨出时要保持身体挺直，因为弯曲就会减小训练的效用。

肌肉锻炼

肌肉是附在骨骼上的许多组很长且结实的组织纤维，它们根据人的推、拉以及其他活动而伸展收缩。当进行运动时，这会对肌肉产生影响，一些纤维会在强力下疲劳，但随后重新恢复而且会更有力，以满足力量的需求。

尖刀是怎样打磨成的

控制这个过程是进行肌肉锻炼的关键。通过器械锻炼和其他肌肉强化锻炼，肌肉的力量可以系统化地得到提高，并可以承受特别空勤团选拔所要求的器械耐力训练。但在进行器械训练时要注意两个重要的原则。

第一，肌肉锻炼必须循序渐进。如果你想使的肌肉和关节受到严重伤害，甚或无法恢复损伤的话，就跑到体育馆，加上超重量的平衡锤杆，试图拉起比你平时能估到的重许多的它，这可是一个非常理想的方法。相反，每次开始时要以舒适为好（最大的危险是自负，不要试图与体育馆里的其他人比试，按你的计划做）。接下来，要想达到全面健康，就要锻炼每一组肌肉。肌肉之间往往是互相影响和互相关联的。如果只锻炼每种肌肉而忽略它周围与之直接相连的那块，可能会造成结构失衡。例如，许多进行器械训练的人只注意锻炼腹肌（因为发达的腹肌看起来很不错），而忽视了竖立肌（后面偏下）。如果是这样的话，受训者可能会发现后面偏下处疼痛感开始加重，这是因为肌肉发展不平衡造成的。

第二，要注意的一点是，特别空勤团的士兵们看起来身体非常的棒，但他们永远不会像那些健美运动员。肌肉过度发达不但无益而且还会成为障碍，因为他们常常有很大一部分疤痕组织（受损的肌肉纤维，它们没有柔韧性也没有有效的力量），而且如果太多的话，将会限制行动。肌肉锻炼的最好的标准是，你的身体可以完成你想做的任务。

耐力跑

找一条地形变化和有挑战性的山路，如果可能，最好有不同的路面（如草地、沙地、碎石）。这种训练方式一般都要有负重，而且需要很长时间让自己尽可有跑远一些。这意味着在运动中要不断地在跑步和快走之间变换以防止疲劳。但当你在走的时候，不应感到处于放松状态——要快速大步前进同时摆动双臂。记住你所面临的是什么。这种长途跋涉的疲惫训练才有些接近特别空勤团的选拔"测试周"，那是一次步行60千米（37英里），翻越布雷肯·比肯斯山区的顶峰的行程，而这一切必须在20小时完成，并且要背负25千克（55磅）的重负（另加一支枪和子弹带）。过程中要利用有效的辨向定位，经历各类天气状况。

每周要交替进行这三种方式的训练，但要记住剩下的时间一定要用来让身体恢复。对于实际中的跑步技巧，你应该遵循以下的重点和方法。要让手臂和肩部尽可能保持放松（不要紧握拳头），让你身体保持自然运动状态而不要强迫自己去跑。跑步时身体保持向上。你的双臂在跑步起着非常重要的作用。与你两腿配合均速摆动的两只手臂有助于你的速度和耐力发挥。在跑步的整个过程中都要保持平稳呼吸。双脚不要离地面过高，这可以减轻对你两脚和脚踝的压力，在跑步过程中压力可能会达到数吨重。

跑步被认为是特别空勤团选拔中最重要的耐力训练，但还有一些你需要进行的锻炼。基本体操训练对锻炼你的耐力和力量非常有效，因为它不仅可以提升你的耐久力还可以增强你的力量和柔韧性（只要体操设计得当）。游泳也是一种非常必要的训练方式，最少它比跑步和体操对身体的影响更温和。游泳是特别空勤团选拔训练的一部分，你应该能够用各种游泳方式练习百米速游，还有其他更多的个性练习如高台跳水，此外你还要练习穿着战斗服和运动鞋游泳。

但当你在为特别空勤团的选拔做准备时，心里一定要有一个明确的计划。据前特别空勤团的士兵说，大多特别空勤团的应征者前来选拔时简单地期望他们已经足够好而可以做到随机应变。一些人的确可以做到，特别是那些来自平时训练严格的部队如皇家陆战队和空降团。但大部人却做不到。因此，在去赫尔福德前的几周时间里，你需要找到一个包括以上所有因素的逐步提高计划。不管你选择什么样的方式，都要坚持下去。特别空勤团只接受那些有强烈自律的人。所以如果你不能坚持自己的训练计划，你也可能通不过特别空勤团的选拔。

一位第22特别空勤团的军士这样说："许多人认为我们有点行为迟缓或者甚至邋遢，因为我们并不是都剃很短的头发，而且当我们在野外时会带着各种装备。他们只看到我们行为诡秘不同的一面，而忘记我们也是一支军事部队。我们做事从不大张旗鼓，因为那没有必要，这里几乎所有军人在他们以前的部队都是军士，他们知道其中含意，也知道在没有许多强制纪律下如何自律。"

饮　食

饮食是你保持全面健康的一个重要因素。健康营养是一门比较先进的科学，但当遇到特别空勤团的训练时，你应该注意到饮食中几个比较基本的事实。

首先，不要偏食。这是老生常谈了，但需要努力遵守。不要吃或尽量少吃那些垃圾食品，而要多吃水果和蔬菜（每天最好吃五餐）。不要吃甜点，因为这样它提供的能量会很快消耗完，还会比吃以前感到更疲惫。要多吃碳水化合物食品，如意大利面食、面包、水果还有淀粉质蔬菜等。这些食品可以给你提供长时间的能量，在让人精疲力竭的选拔训练中是相当有益的。

平衡饮食对训练是一种真正的财富，有一些应该注意的方面可以帮助你保持全面健康。其中一点就是随着训练协调饮食。早餐是一天中最重要的，早餐要吃得足够饱，但不要吃过多含脂肪的食物，早上吃熟食最好，但要保证肉是烤过的，鸡蛋是煮的或炒的而不是煎鸡蛋。另外还要吃一些别的食物像谷类、粥类、水果酱或炒番茄。一顿好的早餐可以为你一天的工作提供能量，而且能够让你保持一个清醒的头脑。

要注意在训练期间要时刻保持饮用足够的水，一天最少三到五升。脱水会影响你体力和脑力各方面的能力，所以要保证让身体有充足的水分，这样可以保证你在训练中有个好的基础。

最后要注意在训练过程中不要吃得太多。身体在兴奋状态下吃得太多会增加消化负担，而且会因此导致腹部绞痛和呕吐。重要的原则是，少吃但要经常吃。在吃过丰富的早餐后，要有规律地吃一些碳水化合物类快餐，如牛奶什锦早餐很不错，但注意不要吃糖。要时刻记住，你的身体就如一个发动机，它需要燃料才能运转。

克服坏习惯

军事生活是有益的，但它的高强度生活方式同样会形成一些习惯，对做到全面健康是不利的。

吸烟对肺发挥有效功能有害，在耐力训练中你会需要更多的物质消耗。同样在持久力训练中呼吸通道不顺畅会让你感到不舒服。

只要饮酒适度是不会对身体有害的，经过一天的艰苦工作，稍饮一点可以让你恢复体力，然而过度饮酒会有许多伤害的，包括醉酒胡闹。

如果嗜酒而且经常喝的话，由于酒精含有很高的热量，你可能很难控制的体重，而且会对你的思考能力造成影响。选拔训练既需要强壮的体魄也需要灵活的头脑。如果在参加训练前一晚喝大量的酒的话，大脑思考会变得迟钝，而且可能会犯一些致命的错误，像辨向定位任务。

还有一个坏习惯就是吸毒。毒品的类型不同，也会有不同的影响，从所谓像大麻这样的"软"性毒品，到像海洛因这样的强烈毒品。如果吸食非法毒品的话，是不适合参加特别空勤团的。

毒品会影响一个人的性情、思考过程、健康和身体协调能力，吸食一次后，毒品影响力可能会持续几天甚至几周。另外，大部分军队的毒品测试政策意味着，一旦被逮住（一些毒品在吸食三个月后仍能在血液里测试出来），就不用再想参加特别空勤团的事了，甚至整个军事生涯也可能因此结束。

严酷的选拔

揭示你的生存能力

选拔过程持续四周时间，它本身是用来检测专业运动员的耐力的。实施这么大强度的训练目的，部分是检验新兵是否能把身体上的耐力和精神上的坚韧结合起来，即便是在远离战友单独作战时也一样。

在介绍特别空勤团选拔过程之前，首先要讲述一个故事，告诉人们为什么要高度重视这个过程。需要记住的是，在选拔过程中展开的训练类型并不完全是为了检验你的毅力和耐力。实际上，在很多方面，选拔的目的是揭示你的生存能力。即便是最有经验最强壮的特别空勤团士兵在开始选拔时，也会感到恐惧的。要了解其原因的话，我们需要看一下麦克·基利少校生命中最后一段时间的行动。

麦克·基利过去是，现在仍然是特别空勤团名人堂中的一个传奇。1972年，他在阿曼米尔巴特战役中领导了一场英勇的防卫战后声名鹊起。当年的7月19日，250多名游击队员对阿曼南部的米尔巴特港发起全面攻击。当时还是个上尉的基利带领由9个特别空勤团队员组成的小队展开了一场真正的史诗般的行动，最终将来袭击退，同时打死38名游击队员。由于他在战争中的出色表现，被授予特殊功勋奖。

七年过后，此时的基利已经是一名少校了，他觉得有必要再次检验自己的能力。此时，他已经快到33岁了。尽管到了这个岁数，但他还是决定再次参加特别空勤团选拔过程中让人望而生畏的"耐力行军"。这次行军，是选拔中最难的一次，是一场在威尔士山区真正的叫人恐惧的艰苦跋涉，具有一切不利的因素——天气、工具包的重量、时间和陡坡。基利的目的是证实一下，按照多年前参加选拔时的时间分配，他自己仍然有完成这最具有挑战性的训练的能力。

1979年2月1日，基利少校从塔立本特水库出发。当时的天气非常恐怖，温度一直低于冰点，大雨席卷整个地区，随后又转为雪、冰雪和冰。能见度很低，这使精确辨向定位显得极为重要。

基利实际上是属于一个由30名新兵组成的小组，小组分为两个各15人的小队。但是，基利选择了单独行走。现在回想一下，他的这个决定是致命的。不过，那天基利做出的倒霉决定不止这一个。他的狂热冲昏了他的理智，他不仅省掉了背囊盖上的战斗防水布，同时也没有听取告诫，如在背囊中带双手套等。背囊本身就有问题——基利用砖块填满了背囊，达到规定的23千克重量。虽然这种方法在特别空勤团最初的日子中很常见，但最终还是被摒弃了，因为砖在背囊中的重量分布并不均匀，会使携带者无法站稳的，这样对他们负重能力的检测就不真实。由于这些因素都对其不利，基利大步离开出发点的那一刻，实际上他就已经身处危险之中了。

随着高度的一点点增加，基利的情况越来越糟。最初，他在出发时超越了所有的人，但随着时间一点点过去，越来越多的新兵开始超过了他，而他则是越来越疲惫。天气非常恶劣，所有参加的人员——除了基利——认识到他们的生命很可能会受低温症威胁。在彼此商讨之后，大多数人决定最好到一条山谷下的空屋子中，去避避刺骨的寒风，但基利决定继续前行。

最终，训练队后面的队员碰到了被击垮了的体温过低的基利。由于他没有防水布，冰冷的雨水和冰雪把他完全浸透了，猛烈的刺骨寒风正在吞噬着他体内的一点点热量。战士们想帮帮基利，但是被他坚决拒绝了。虽然士兵们想把他拖到安全的地方，但此时夜幕已经降临，基利再一次消失了。两名刚刚照顾基利的新兵花了一个小时四处找他，但最终也被逼退到了空屋子中寻求庇护。

第二天早上大约10点，两名正在行军的特别空勤团队员碰到了基利。此时，他几乎已经不行了。他坐在雪地上，全身都是雪，以至于一开始士兵们还以为他是被雪盖住的石头呢。在一名士兵留下来照顾他的时候，另一名出发去寻求救援。由于当时天气如此之恶劣，直到第二天早上4点30分，人们才发现基利的位置。等直升机赶来把他吊离山区时，基利已经死了。

基利的悲剧性死亡对我们看待选拔过程是一个重要教训。一定要郑重对待这一过程，因为取得成功需要理智的判断和身体上的健康。四周时间的选拔对你的生存能力是一个真正的考验，所以，做准备时一定要真正动动脑子，也要认真听取有经验的军士和军官的建议。基利实质上是死于恶劣的冬季天气，但是不论在什么季节参加选拔过程，永远都是有危险的，正如一位特别空勤团军士指出的：

"夏季选拔相对冬季有几个优点：天气一般来说更加宜人；不会有令人灰心丧气的冰雪风暴劈头盖脸地朝你砸来；一般来说跑步也比较舒心。但不利的一面是，由于所有植物都生长茂密，山路不易行走：所有的植物都长起来了，草也更长，道路几乎被'满天星'（一种植物）完全遮盖住了——我的一个同事曾经挖出一丛满天星，并把它带了回去——那是些小小的上下起伏的一簇簇草，很容易把你的脚踝弄伤。"

脚踝受伤在夏季可能会像在冬季的某些气候中一样危险，不过在布雷肯布里肯斯山区更有可能导致你选拔失败。然而，关键是参加选拔的应征者必须面对这样一个恶劣环境中的种种现实。因此选拔远远无法预测，不过遵循何种方法避险，你必须要自己考虑，在行动过程中做出自己的判断。

选拔开始

选拔通常在赫尔福德的斯特林线基地开始。第一天一定要确保不管在什么情况下，一定不能迟到——如果你要尽量走得远些，最好在前一夜到达赫尔福德，住在当地供应免费早餐的餐旅馆里。第二天早晨，你就可以精神抖擞有准备地乘出租车去基地。一到赫尔福德，你就会听到一个关于下一步计划的简报，同时也会受到司令部办公室的"欢迎接待"。如果军官和军士对你讲话的腔调非常冷酷的话，你也别感到吃惊。此时，他们看到的是150名站在他们面前没有被考察的年轻人，其中大部分人在四个礼拜训练后就会从这消失。

第一天可能会做各种各样的资格测试，比如公路跑，或是体能训练。你第一个身体测试将会以基本的陆军战斗身体测试形式进行。这些在你原单位的时候就已经见识过了，但是一定要保证，在教官的注视下，你这些都做得特别标准。在任何时候都要和先头组在一起。测试本身就是用来淘汰那些没有好好为选拔做准备的人员的。但是，这个阶段的训练只是为在威尔士山地三个多礼拜选拔过程的热身锻炼，尤其是在布雷克灯塔地区展开的耐力和辨向定位能力训练。这是选拔的核心内容，并将在令人恐惧的"拉炼"或"耐力行军"中达到顶点，基利正是毁在这个过程中。

这一阶段选拔的终点通常定在波厄斯郡的森尼布里奇堡。森尼布里奇不仅仅是选拔过程的一个中间位置，也是特别空勤团最常用的实弹射击场，所以新兵和现役部队会在那儿有很多活动。

一旦到达了森尼布里奇，应征者就会得到各种各样的工具，这些在未来的日子中都是十分有用的。至于着装和要背负的器具，标准作战服会附加上防水夹克和裤子以及背囊。背囊上有一个发光板，以便在选拔过程中对应征者进行辨向定位。在森尼布里奇得到的工具，主要目的是用于生存的。除紧急口粮包外，也要带上救生闪光弹，绑在背囊上的归航信标仪，一个手电筒，睡袋和露营袋，加上海上救生服。在此基础上，会发给每人一支步枪。就像处理工具一样，要彻底检查一下所有物品，确保没有东西受毁。把背囊打好，检查有无摩擦的地方，进行适当调整，或是把带子放长。

工具中还会包括西尔瓦指南针，以及5张1：50000的军用测量地图，这些地图所标示的都是在选拔中将要面临的地区。特别需要的地图是包括布雷肯布里肯斯山区、黑山、黑昂维、埃蓝山谷和迪安森林的几张地图。研究一下将要面对的地形，注意其特点，尤其是轮廓、坡度和能用作辨向定位的山谷、河流及露出的岩石。读地图的一个技巧是，看地图的时候，在头脑中想象出一个三维的地形。要把这个地图当做宝贝，它们会在接下来的几周里给予指导，不认真对待的话会有严重的后果——如果仅仅是因为用错误的方式折叠了地图，裂开了一个折痕，并因此使一个重要的地貌模糊不清，那就真是个悲剧了。由于特别空勤团来自于英国武装力量的各个部门，并不是每个到了森尼布里奇的人对辨向定位都有同样的理解。因此，教官会在森尼布里奇讲解一遍辨向定位的基本要素。认真听，因为在布雷肯布里肯斯山区遇到的具体辨别方向问题，他们的指导将是无价的。

选拔过程中的考验

当然也有一些让人感到遗憾的事情，因为一些健康因素不是你所能控制的，而且会严重影响你是否能参加特别空勤团的选拔。其中一个最不幸的因素就是受伤。因为那些应征加入特别空勤团的士兵都已经通过体检而且一般来说身体都是健康的。但是，如果一个人在最初的训练中受伤，如膝或踝关节受伤，不管受伤的地方是否能承受特别空勤团的高强度选拔，他都应该诚实地面对这些。许多非常健康的应征者被拒绝参加选拔的原因就是他们受了伤，所以那些易受伤的应征者需要重新考虑自己的决定。对每个关心这些方面的军人来说，最好的方式是询问一下部队的医疗官，并进行一次全面检查。

在特别空勤团选拔训练中，受伤是平常事，是被淘汰回原单位的一个

尖刀是怎样打磨成的

常见原因。大多数受伤与负重情况下在崎岖地形上持续行走有关——水泡、肿脚或者是关节扭伤（尤其是脚踝和膝盖）以及时常出现的四肢骨折。但是，就像我们已经看到的，还有很多和气候有关的对人有生命威胁的情况。由于不管是什么样的天气，选拔都会继续进行，新兵面临着夏季中暑和冬季低温症的危险。如果没有人照料的话，每一种都可能导致致命的后果。

如果最终你通过了选拔训练，那么就可以继续下一阶段，即附加训练。届时可以开始学习特别空勤团士兵的战斗和生存技能。

一般来讲，要避免故意去给操练军官留下印象。相反，只要积极认真地去做每一件他要求做的事就行，向他展示你是单独完成你的任务的，不要只是跟在人群后面。因此，如果在选拔中你不同意另一名新兵的辨向定位，不要跟着他，坚持你自己的正确决定。

所有的时间内都要保持"警觉"，要毫无怨言地执行任何令人不快的命令。在整个过程中，尤其是在不同的集合点碰到操练军士的时候。不管多么疲惫，要看起来身心都能够支配。要使自己看起来精神蓬勃，行动高效。在每个集合地，操练军士经常会对你的思维来个考验，比如一道心算题，这时要非常有信心地去做，而不能嘟嘟囔囔地说这有多难多难。说话要言简意赅，切中要害。在整个选拔过程中，不要用大量的小问题来纠缠操练军士，因为这样会惹恼他。反过来讲，如果问题很重要的话，也不要害怕问问题——因为这会表明你在考虑以后的情形。

由于选拔的目的，不需要了解如何建造一个先进的掩体。不过，还是建议事先了解如何建造一个基本的救生掩体，以防止在选择路线时碰到有生命威胁的情况。虽然在布雷肯布里肯斯山区的很多地方都十分荒凉，但是周围仍有足够的天然材料来建造一个掩体，足够保护在里面的人不受风吹雨淋。

最容易建造的一种掩体形式称作"现成房"。地面上的一个大的凹陷，一个洞穴，或是成一定角度断掉的屋顶形状的树干，都能当做临时的掩体。但是，更好的是利用已有的自然条件，在这基础上人工改进其防护性能。基本原理是，利用一个凹陷或是被遮盖住的地方，然后在其左右添加进一步的防护装置来完善功能。最简单的一种掩体就是利用倒下的树木的裸露树根。把针叶类树枝以一定角度一头架在树根顶上，一头在地上。把树枝紧密排在一起，尽可能将其绑起来，用树叶和紧束的草盖在屋顶上。

重复这样的过程，直到你的每个方面都被保护起来，以至可以把背囊当做门。这样的掩体可以建在任何地表上，包括灌木丛、岩石表面或是干燥的石头墙。

如果地面上盖了一层厚厚的雪，没有什么自然形成的掩体，挖一个雪坑可能就是最快的。挖出一条比你身高稍长的沟，深约 60 厘米。如果挖出的雪都是坚固的块状，可以用它们在沟上做一个有角度的顶，即把两块雪块顶对顶靠在一起，相互支撑。或者用树枝来做顶。然后从其一端进入掩体，首先在掩体的地面上垫上一些东西，避免你和冰冷的雪直接接触。确定你的辨向定位灯被激活，并且背囊上的发光片放在外面，然后钻到你的救生袋里面，等到安全的时候或是救援来的时候再出去。

特别空勤团的士兵是属于快速反应部队的，他们在执行任务的时候，枪是一直出于待发状态的。在任何时候都要确保枪在你的手边，同时要确保枪况良好，随时准备接受检查。特别空勤团有一个故事，讲的是一名新兵放下枪去几码远的湖边取水，他因此而受到的惩罚是做 20 个俯卧撑——在湖底！

特别空勤团不是需要自动化，而是要能思考、工作努力、精力充沛的人员。他们要能很好地对命令做出回应，但是要有有效解读这些命令的实际知识。

如果你通过了初步选拔，那么你就有更多的机会在以后的训练中来展示这些重要的生存品质了。当然，你所面临的挑战才刚刚开始。

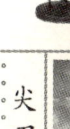

尖刀是怎样打磨成的

特种训练

对于新队员来说，特种训练是一个运动量极大的学习阶段，新的技能接踵而来，他们要学会使用自己以前从未见过的武器，正是这种训练让特别空勤团同普通军队区别开来。然而同以前的选拔程序一样，新队员们随时有可能被淘汰。

在进入特种训练阶段之后，新队员们才开始体会到自己已成为这个团队中的一员。选拔工作效果显著，在经过体能和定位训练的磨难之后，团队留下大约十名能经受住这场考验的队员。他们展现了自己过人的素质、体能、耐力以及从 A 点找到 B 点的基本技能。特种训练的重点常常在于考验新队员的耐力和应变能力，使他们获得特别空勤团队员的必要条件。

特种训练阶段对于每位新队员来说都是一段令人精神振奋的日子。他们开始把贝雷帽看作是惊险刺激与肩负使命的象征，同时接触到了更多的自己在原先的部队不知道的秘密，体验到了一种全新的生活方式。但是谨慎二字是他们始终必须牢记的。新队员们尽管在选拔阶段经历了无数痛苦的煎熬，但他们在随后的十四周内仍随时有被淘汰的可能。负责训练他们的军士总是提醒他们说，即使有朝一日成为这个团队的正式成员，他们也仍须经历一段试用期。在整个特别空勤团训练阶段中，他们必须拼尽全力，从每天睁开眼的那一刻起直到深夜。

同选拔过程一样，特种训练中的重点和内容每年都会有所变化。特种训练的基本目标是让英国陆军士兵或陆战队员成长为特种部队战士。许多通过了特种训练的士兵本身就是优秀的陆军士兵或陆战队员，但特别空勤团要求他们必须是士兵中的精英，然后才能教给他们在普通军队中不大可能接触到的技能。此外，特种训练还延续着选拔过程中的评判程序，对新队员的测试本身也向他们提供了学习的机会。这里还有一个真正令他们心动的原因：如果能通过这个为期十四周的特种训练，他们就等于成为了正式特别空勤团队员，就将得到一顶特别空勤团贝雷帽，并被分到某个骑兵中队当中。新队员必须依靠这个具有极大吸引力的动机才能强迫自己去努力通过今后十分难熬的时光，面对那些真正痛苦的挑战。

为期十四周的特种训练包含以下基本课程：首先是特别空勤团的标准作战规程（SOP），也就是特别空勤团的基本作战技巧，如四人巡逻、隐蔽机动、侦察技巧、渗透方法以及接敌演练等。这些课程对于新队员来说

往往是最激动人心的，他们不但可以体验到快速移动中的实弹射击演练，还能学到各种武器的操作。这些武器包括多种外国武器，因为特别空勤团队员们在未来的作战行动中必须熟练掌握盟国或敌国的武器装备。另外，新队员们还须学会操纵各种不同的作战车辆。他们还将体验到该团队闻名遐迩的拯救人质演练，即所谓的"恐怖屋"演习。

标准作战规程还包括信号传递方面的课程，特别空勤团队员必须熟悉英军的标准信号传递技能，包括加密技术和隐蔽通信等。新队员还必须学会更复杂的定位技巧，这些技巧是他们的选拔阶段接触不到的。他们尤其要学会使用全球卫星定位系统（GPS），该系统在方向定位方面具有极高的精确性和速度。在特种训练的第一阶段必须学会的课程还包括基本的战斗急救知识。

特种训练的第二阶段是战斗与生存训练，这种训练对体能的要求开始加大。训练的重点集中于在敌对环境下保持生存的能力上，在后来的实战中为挽救队员的生命起到了很大的作用。特别空勤团队员总是在孤立无援的情况下执行任务，常常是深入敌后。一旦他们的食物配给和弹药消耗殆尽，甚至失去与上级的联络，他们必须发掘自己的潜能来保持自己的存活。战斗与生存训练的基础是找到生存下来的方法，包括寻找事物和水、生火以及逃避自然灾难等。

在英国，生存训练是针对温带地区的环境进行的。然而训练也将在一些特殊的气候条件下进行，其中包括在文莱丛林中的英国陆军作战学校进行训练。这是特种训练中最生动的一课，然而这段时间却并不容易度过。有些人进入丛林后很容易迷路，其他人则不知所措。无论是在丛林中还是回到

文莱丛林

了英国，新队员们的训练都是以恶劣条件下的生存为核心，有时他们发

尖刀是怎样打磨成的

现，自己除了身上穿的之外是一无所有，但他们必须按照学到的技巧让自己生存下去。

然而特种训练过程中的生存训练并不是十四周训练期内最艰苦的阶段，突围与逃生训练才表示尾声的临近。

突围与逃跑训练之后，新队员们进入特种训练的最后阶段。他们将在英国皇家空军的布莱兹·诺顿基地的第一跳伞训练学校接受为期四周的跳伞训练。如果新队员被分配到特别空勤团的伞兵团的话，实际训练时间还将延长。事实上，特别空勤团跳伞课程比伞兵部队的训练更艰苦，新队员们在过关之前必须成功地完成八次跳伞，其中包括一次夜间跳伞和一次跳入水中的跳伞。

特种训练还包括许多其他内容，包括语言方面的技巧和工兵技能。当然，关于特种训练有很多不宜公开的内容。当一名新队员完成了他最后一条时，他就成为了特别空勤团中的一员，这一条对于那些仅通过选拔阶段的新队员们来说是极其可怕的。

武器训练

正如第22特别空勤团的一名军士所言，轻武器训练对于那些通过了选拔阶段的新队员们来说，是特种训练过程中最令人兴奋的项目。

特别空勤团队员们常常要在远离英军支援的地方独立行动，在武器弹药方面，他们只能使用自己所能携带的数量。一旦弹药耗尽，士兵必须能够使用手头上的任何武器，因此必须接受世界上各种武器的训练。通过特种训练阶段的新队员常常需要掌握30至50种不同武器的使用技巧。

特别空勤团队员接触的第一种武器是美制 M16A2 型步枪，这是特别空勤团的标准装备。他们早先使用的是英制

M16A2 步枪

SA80 型步枪，后来因其可靠性不佳而淘汰。M16 使用的是 5.56 毫米高速弹药，每个弹夹可以装填 30 发子弹。它带有一个独立的榴弹发射附加装置，即 M203，它可以被安装在枪管下方并有自己的专用扳机。M203 可以发射直径为 40 毫米的榴弹，在 400 米范围之内可以准确地射中预定目标。M203 可安装人员杀伤弹和穿甲弹，使特别空勤团队员仅用冲锋枪就能发动具有较大破坏力的攻击。

针对反恐行动和城市作战的需要，MP5 型冲锋枪因其高超的品质和杰出的性能而被特别空勤团选中。同其他冲锋枪一样，它使用的也是 9 毫米子弹。但不同之处在于，它采用的是侧压弹方式，从而提高了枪身的稳定性和射击精度。它每分钟 800 发子弹的射击速度足可以对付最难缠的恐怖分子。

还有一种枪支是他们最需要熟悉的，那就是前苏联在 1948 年投产的卡拉什尼科夫 AK47 步枪，这种枪支是有史以来生产数量最大的轻武器，总共生产过大约 8000 万支。冷战的结束使这种枪支扩散到世界各地，其中很大一部分已不知去向，它们很有可能已经落入欧洲和非洲的恐怖分子、派别武装、少数民族分裂主义

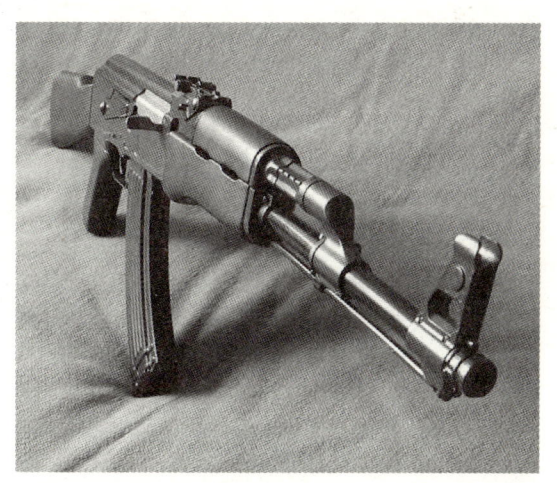

AK47 **步枪**

分子以及平民的手中。例如，黑市上 AK47 的价格甚至降到了 6 美元一支，仅相当于一袋大米的价格。

虽然 AK47 远不如 M16 精准，但它却更加皮实，操作更为简单。如果把一支 M16 埋在雪地或泥浆中，挖出来后需要仔细地擦洗才能再次安全地发射，但如果同样的情况发生在 AK47 身上，你只需要瞄准目标和扣动扳机。另外由于 AK47 的结构简单，维修和使用都比 M16 更容易一些。特别空勤团队员对这种武器的熟练程度不亚于自己配发的标准装备。

与大多数英军士兵不同的是，特别空勤团队员总是会随身携带一支手枪。他们常用的手枪通常有两种，即勃朗宁或较新式的P226。它们的装弹量分别为13到15发，在50米范围内有较高的精确度。

在机关枪方面，特别空勤团使用的是英国陆军的标准装备——7.62毫米口径通用机枪。由于特种作战部队通常都是步行执行任务，他们更喜欢使用一种来自美军的微型机关枪。这种武器可以使用同M16一样的标准子弹以及容量为200发子弹的带状弹夹。它的重量仅有10.15千克，有效射程为800米，每分钟可发射700至1000发子弹。

鉴于特别空勤团新队员参加特种训练的时间有限，他不可能成为所有武器的专家，而只需要掌握安装、使用和维护那些世界上最常见武器的技能。这类训练的最终目标是让新队员理解各种武器装备的基本原理，以便在战场条件下能够迅速学会使用原本不熟悉的武器。

特别空勤团队员在实弹射击方面要花费大量的时间并消耗大量弹药，这样才能确保特种部队士兵的战斗力。例如，在最近一次特种部队作战史上，一支由八人组成的特种作战小队与一支人数超过自己数倍的伊拉克军队遭遇，战斗的结果是这支特别空勤团小分队没有任何伤亡，而那支伊拉克军队的伤亡却十分惨重，以致于那支队伍的指挥官后来向上司报告说他们是与一支数百人的英军遭遇。

在这次战斗中，特别空勤团与伊军的区别在于，他们在控制火力、选择目标和射击精准方面远远胜过了敌手。他们总是在确实已瞄准敌人的情况下才开火，然后立即转向下一个目标并重复同样步骤。正规军通常总是分散开呈扇形前进，一旦发现目标就可以集中火力并消耗大量弹药。而特别空勤团队员却不能像这样浪费弹药，他们的每一发子弹都必须发挥作用。调查发现只有15%的正规军在实战中有过射击的经历，因此他们在真正遇到敌人时往往不知所措。与之形成鲜明对照的是，特别空勤团士兵总是以极小的分队执行任务，在战斗中每个人都要射击并且必须能够准确命中目标，因此他们才能在战斗中以一当十。

在特种训练中，新队员要表现出自己在这方面的技能。他射击时的姿势要平稳，还要有足够的灵活性以变换其他的射击姿势。寻找目标要准确迅速，抠扳机时既要快速又不能有丝毫抖动。

在特种训练中有三种基本的射击方式：

第一种是快速反应射击，在遇到伏击时特别有用。它的基本动作要领是能在瞬间找到目标并迅速朝大致方向开始射击。这种方式适合于对付15米之内的目标。

第二种是瞄准射击。如果是在15米距离之外的话就需要采用瞄准射击了。它的要领是在射击间隙恢复头脑的清醒，士兵应让枪支保持在待发状态，以便能够以最快的速度变换姿势。有些枪支非常适合于这种设计方式，如5.45毫米口径的俄制AK74型冲锋枪，它可以被设置在全自动射击状态，适用杀伤范围达100米。

第三种射击方式是夜间射击的技巧。这种方法十分困难，因为人眼在黑暗中的功能与白天完全不同，尤其是在受到强光照射之后需要一段时间来适应黑暗。大部分士兵常常会把子弹打高，因为目标形象在进入人眼时与水平视角间有一个差角。有经验的士兵在这样的训练中都知道应该打低一些，并相信这样才能击中目标。只有经过反复的实践才能让士兵确信这种技巧的可行性。掌握夜间射击的习惯是在特种训练阶段养成的。

当然，轻武器只是特别空勤团队员武器训练中的一部分，特种训练中还包括世界上各种反装甲、人员杀伤和防空武器系统的训练。在反装甲武器方面，特别空勤团队员通常要学习使用有效射程为300至2000米的肩扛式或车载反装甲武器。这些装备包括低端的俄制RPG7反坦克火箭，它也许是世界上最常见的反坦克武器，最大射程约为400米。另一些武器有

俄制RPG7反坦克火箭弹

LAW80和M72火箭发射器，它们的射程为500到1000米。其中M72因为体积小、重量轻和容易携带而非常受欢迎。队员们学习使用武器还包括MILAN导弹系统，它的射程可达2000米，操作者通过一根导线控制导弹

的飞行，靠目力引导其击中目标。MILAN 导弹系统在特别空勤团队伍中并不多见，但是在海湾战争期间，特别空勤团在巡逻吉普车上安装了这一系统并成功地击毁了多种型号的伊拉克坦克。

在特别空勤团的兵器库中还有许多其他武器，由于受到特种训练时间上的限制，特别空勤团队员们只能进了中队之后再一一学习使用。然而如果队员只是学会了武器的发射而不能把它们灵活运用到实战当中的话，这样的训练就没有什么用处了。这正是在特种训练中教官要教会他们战术思想的原因。

巡逻技能

特别空勤团巡逻是以四人为一组的巡逻。所有的精锐部队都已经体验过不同大小规模的巡逻部队，寻求机动性、承载能力、全向监控、专长协作和火力的最佳组合。在 20 世纪 50 年代，正值特别空勤团进行改革之际，他们将四人巡逻队形确定为理想队形，并沿袭至今。常规特别空勤团部队的巡逻成员将倾向于具备特定的专长，比如战地医疗、爆破和侦察。各专长整合便可形成一支攻坚作战部队，能力超强，无论面对何种情况都可表现出极大的独立性。

然而，由于各项专长技能都是在新队员真正成为一名特别空勤团成员后才教授的，所以在特种训练期间，教练都要寻找那些能够在巡逻结构中发挥其作用的新队员，这些新队员需能够完全承担其职责，不能在其中引发一丝一毫的疏漏。

通常，根据地形和任务的不同，特别空勤团四人巡逻成员呈一路纵队、方形或菱形，同时巡逻队也能随着队形的变换，而悄无声息、自然轻松地逶迤而行。但是，通常每个巡逻队都有一名领军侦察员，发挥导向的作用。同时，该员也负责侦察可能设置在前行道路上的陷阱，此项工作责任极端重大，需要神经高度紧张。紧随其后的，是巡逻队的指挥员。他负责复核行军方向，经由巡逻队成员，向前方或后方人员发出、传递指令。随后，是信号员。队尾是副指挥员，负责巡逻队的后方掩护工作，同时还要注意观察前行人员的动静。

一个四人巡逻队应该汇聚360度的射界，每名成员应该负责指定范围火控和监控工作。巡逻队应该以协调的方式对来自任意方向的事件做出迅速地反应。特种训练会对巡逻队的此种能力进行检测。在伏击战中，他们要能够发起猛烈地攻

SAS 队员

击，在疏散之前的数秒钟内重创敌军，如此，才会给那些死里逃生、妄图追击的敌人带来重重的顾虑。巡逻队的每个成员都应该对正确的射界有一种清醒的认识，以便实现有效的伏击，此外，成员之间良好的语言和非语言的沟通技能也可以确保伏击的有效性。

特种训练也会向新队员提供各种"遭遇操练"，这种训练会使他们在巡逻队自身遭到攻击时，最大限度地做出高强度的反应。新队员要不断地进行遭遇反应训练，直到其成为他们的第二本能——如果他们不能达到这一目标的话，在被淘汰之前，仅有几次为数不多的机会了。

"毁灭之屋" 训练

在实践中，在面对敌人的枪炮轰鸣炸响之时，如果部队的成员不是训练有素的话，他们就会分崩离析，陷入混乱之中。因此，在特种训练中，教练都会尽可能多地让巡逻队成员经历不同的情形，看他们如何反应。教练希望能寻找一位在无法想象的压力面前头脑仍能保持清醒和理智的人员。这种反应性的测试是在"毁灭之屋"中进行的。从外面看起来，"毁灭之屋"并不足以表现其名。它是一座凝重、无窗、外表朴实的长方形建筑物。然而，正是在这里，特别空勤团进行着以城市为背景的解救人质和反恐的训练。在特种训练中，新队员们第一次体验到了高速变化的战术和应付人质危机所需的反应能力。这当中，对人质和解救人员来说，浪费的几秒钟都可能意味着是生与死的差别。一旦新队员通过这场磨砺，成长为一名真正的特别空勤团成员，他们解决人质的技能将得到进一步的强化。

尖刀是怎样打磨成的

巡逻中的英军特种部队士兵

建筑物基本上是一条两边都有房间的长长的走廊。建筑物的墙——厚实的、由大量金属固化的木质枕木——是经过一种特殊的橡胶处理过的，这种墙面每年都会嵌进数以千发的、"毁灭之屋"发射来的实弹。两边的房间各不相同，其布局不断变换，当士兵们沿走廊前行，清理每个房间时，他们都能遇到新的挑战。房间的设计极具灵活性，有的布局就跟超市、火车车厢或飞机机舱极为相像。

"毁灭之屋"中的操练，目标是进入建筑物的另一头，以组为单位，清理每个恐怖分子的房间，同时解救人质。想象一下，手榴弹横空飞过；在封闭的空间中，冲锋枪发出震耳欲聋的声音；空气中弥漫着烟雾；不能错杀一名无辜的人质——这都是极少有人能成功地穿过"毁灭之屋"的原因。真正的特别空勤团成员扮演虚构的人质，当手榴弹在他们身边炸响，子弹打落时，他们必须正襟危坐。教练主要是看谁会保持镇静，紧跟攻击的节奏，不因慌乱和缺乏决断而畏首畏尾。进出每个房间都有明确的目的，快速反应能力必须得以强化。当然，最初的几次涉足"毁灭之屋"都让新队员感到疲惫不堪，防不胜防，但是他们会很快取得进步，掌握正确的攻击程序。

通过不断地演练这些演习，一种有效解救人质任务的程序开始成为他们的第二本能，他们学会了发挥快速而条件反射式的反应的优势，而抛弃那种缓慢的、意识思维程式的反应。通过使用闭路摄像机将发生在每个房间的情况记录下来，对这一关键的学习进程大有益处。所有的这些记录随后会放给新队员观看，让他们看到自己的失误之处。

隐蔽技能

对特别空勤团来说，这颇具讽刺意味：一支具备娴熟的作战技能的部队要不惜一切代价，花费大量的时间来避免作战。当他们在敌人的阵地后方展开行动时，敌人在数量上的优势形成了一种制动因素，妨碍了巡逻部队采取相应的措施，因此，呆在敌人的视线之外，就变得至关重要。如果考虑到许多特别空勤团的任务只是侦察和监视，这一点就变得尤为重要。一旦在执行其中一项任务时被敌人发现，就会对所获情报的价值产生负面的影响，因为敌人很快就会意识到他们的动向被发现了，随后就要改动他们的时间表和驻地。

隐蔽监视要求有很强的个性优势特征。它往往要求士兵一连数日躲在隐蔽处，监视敌人的动静。士兵的活动受到了严格的限制，不准同任何人说话，面对单调带来的强大压力，而且随时都有可能被敌人发现，随时准备与敌人战斗。

在特种训练中，教练密切地注视着新队员，看看他是否具备顽强的忍耐力，能否承担起搜集情报的责任。在敌后展开行动要求有全新思维和观察方式，特种训练会敏锐地察觉士兵是否具备这些才能。

第一个要求就是在进入和撤出一个观察所时需要遵守的行动纪律。通常，由四人巡逻队担任基本的侦察工作，他们必须遵守隐蔽运动的基本守则。首先，要避开那些会有人路过的大路、桥梁和小径等通常的行走路线。士兵离开一个隐蔽之处时，他应该清楚地知道自己将行至何处，到达彼目的地所需时间如何，一旦被发现逃向何方。如果需要翻山的话，决不要翻越山顶，行走在山顶上，人的轮廓会很快被发现；巡逻队要在山高的 3/4 处的山腰穿过。最重要的是，巡逻队要不辞辛劳地收拣各种废物——包括人体的代谢物。任何可表明有人类存在的遗留物都会成为标明在敌人阵地中有隐蔽部队的标识物，结果会造成在这一地区进行巡逻的困难。这就意味着每名士兵在宿营或监视活动之后，要确保收集起所有的包裹内的物品。在特种训练中，遗留下任何物品，都会引来教官的训斥。

在自然环境中作战，训练有素的特别空勤团士兵要遵循几条关键的伪装原则：

外形　在自然界中，不存在完美的直线。因此，士兵应该使用伪装物质来隐蔽他的武装，特别是来复枪管和无线电设备天线的直线，自然色的

尖刀是怎样打磨成的

布条是最好的遮盖轮廓的方法之一。

剪影 士兵决不能在背景的映衬下呈现出他的剪影，突出自己的影像。

光亮 士兵通常会携带许多可反射阳光的金属物体。特种部队的士兵应该确保所有能反光的物体都应涂黑或涂上伪装色。

气味 当士兵首次参加特种训练时，通常会忽略气味。比如，吸烟者或许不会在野外吸烟，但是他们的衣物上仍会留有烟草的味道。当士兵出汗时，这种味道会变得更刺鼻，容易被侦察兵发现。其他味道包括浴后的味道、有浓郁香味的香皂的味道和特定食物的残留味道，比如大蒜和其他气味很浓的食物。

声音 在执行监视行动时，所有活动都应悄无声息地进行。特种训练教会士兵使用手势而不是语言交流来在野外进行有效的信息传递。此外，有些设备的某些部件在与其他物体相撞时会叮当作响，因此，需要将它们绑缚结实。

阴影 如果你的阴影超出了遮蔽物的遮盖范围，暴露了你的存在，再好的遮蔽物也无用处。优秀的特别空勤团士兵会把他的阴影视为身边另一个必须得到遮盖的存在物。在光线特别充足的日子里，最好等到太阳正在直上当空或等着太阳下山时再采取行动。

所有这些因素结合起来，就会使得隐蔽行动成为一件殚精竭虑、透支体力的过程。特种训练会随时将那些无法按要求的规程完成训练的人员剔除出去。

或许，最需要这些规程的时刻就是当士兵们建立和占据一个固定的观察所之时。修筑观察所是特种训练的一项基本的技能。如果作战行动是在野外荒地进行的话，它通常构筑在一个巧妙的藏身之处，借助自然景观的遮蔽，还能借助使用这一地区的自然物质。当然，并不是所有的植物都能起到很好的遮蔽作用，比如，不要从一个地区将鲜绿的物质带到另一个落叶植物区。隐蔽处所应尽量平铺于地面，观察孔也应尽量缩小。可以俯视被观察区域的森林地带是建立观察所的最好的场所之一，但是特别空勤团也会学习在平坦开阔的荒漠以及雪地里构筑观察所。

一旦进驻隐蔽处所，就应该使用其他巡逻队员建立一个后续补给系统。这是至关重要的，因为观察人员可能不得不在极端恶劣的气候下，保持一种极不舒服的俯卧姿势观察上好几天。即使是单调和不适能够排遣开，士兵还需要保持警惕，收集关键性的情报。他还需要有好的视觉记忆能力，在之后的询问中能回忆起他所看到的东西，同时他还需要具备与相关的军事人员进行有效沟通的能力。

辨向定位

辨向定位，很可能是特别空勤团选拔训练中所需的最重要的技能。或许你有特别好的身体素质，有能力背着最重的背包在威尔士山区崎岖的山路上前行，但是如果你的辨向定位能力差，即使你到了最高点，也是失败的。另外，在耐力行军中的时标如此之密，如果你在读地图和指南针上花了太多时间，也不太可能用跑步来弥补浪费的时间。威尔士山峰特别的无情。在辨向定位上的一点错误就会导致受训者被淘汰出局，最小的代价，是用宝贵的体力储备来校正错误。

一名特别空勤团军士在结束选拔训练后说："辨向定位绝对是最重要的。因为如果你选错了山谷，你最终还去了那儿，就必须

军用指南针

拼命努力才能纠正这个错误。或许你走得很快，但是这并不重要，如果你走错了山谷，那你就完蛋了。所以辨向定位能力十分关键。"

在特别空勤团中，有两类辨向定位手段你应该熟悉：指南针地图辨向定位和生存辨向定位。有些书籍提到技术辨向定位，如全球卫星地位系统。不过，这些先进的技术手段你在参加选拔时不可能得到。对于特别空勤团选拔来讲，辨向定位列在第一位的，也是目前最重要的。

在进行选拔行军时，地图上一定的符号会在你选择路线时给出必要的

尖刀是怎样打磨成的

帮助。等高线非常重要。这些是连接同样高度地区的棕色或桔黄色的线。如果这些之间线很宽，而且相隔平均，那么就意味着坡度很缓。线的间距越近，那就意味着坡度越陡——如果线条几乎挨在了一起，就表示斜坡几乎是垂直的。在开始两个集合地之间的任何旅程前，一定要确保你没有选择一条"像乌鸦飞行"的路线，这会把你带到陡壁面前，既让你损失了时间，又增加了受伤的危险。

军用测量地图上目标的海拔高度由两种指示提供。一个是点海拔标记。就是一个小黑点旁边标上相应的海拔高度。另一个是三角形标记，表示一个"对称"点。对称点是一种地形特点，通常是一个三角形的混凝土块，地理学家和地图制作者在三角测量时使用。在地图上，对称点也指示海拔高度。

弄懂地图的下一步，是掌握网格参照系统。坐标方格线，正如名字所言，把地图上的地形分为由横线和纵线组成的方格网。每条线间隔的实际距离是 1000 米。上下走的线称为东向值，水平走的线称为北向值。每条线在地图边缘的空白处都顺序标着数字，同时每个方格又进一步分为十个增量。这就意味着任何一个坐标都有六个数字，用这一系统，你就可以把你的位置非常精确地在地图上找出来。很容易在地图上找出你想参照的点，然后先读出东向值，再读北向值，用这两个数据来确定坐标。例如，一座山峰在东向值二十四又十分之六，北向值五十七又十分之四，坐标就是 246574。十个增量通常在地图上并不具体表示出来，所以如果要给出一个清楚的坐标，你就得对每个方格做出准确的估量。

一旦弄懂了地图，那么你就需要有能力使用指南针在两个坐标间快速行军。用于定向运动和辨向定位的标准指南针是西尔瓦指南针。这些指南针很结实，也很准确，在精确标记地图时可以派上大用场。你需要掌握两种使用指南针的基本辨向定位程序：确定方位和读取两次指南针数据来确定你所处位置。

在讨论这些程序之前，我们需清除"北"这个词在辨向定位中的意义。令人迷惑的是，你可能要处理三个北。第一个北是指磁北，这是由于地球北极发出强大磁引力的吸引，指南针转向的方向。不过这一方向并不是北极的真正方向。第二个北是北极的北，称为真正的北。真正的北是天体指示，像是太阳和星星，尽管也成为北，但是它通常并不怎么用在辨向定位目的上。第三个是格网北。这个北是地图上用坐标线表示的北，也是在阅读地图时参照的北。

在这个等式中，必须要把磁北并不是固定的这一事实计算在内。地球的磁北极，根据你所在位置、年份和一年中的不同时间而改变。要想精确地读取地图，你必须计算一下磁极的变化，然后从方位中加上或减去。一个指南针标出 360° 和或 6400 角密耳。角密耳是用来计量磁场变化的单位。军用测量地图包括了磁场变化的详细内容，你可以用它加上或减去正确的数字，就能正确读取地图。

如果你操作地图和指南针比较慢，那么在训练场上的每一次读取练习，都会在你到达下一个集合地时，争取到宝贵的几分钟时间。

如上文所述，在选拔中两个核心问题就是，利用地图和指南针确定方向和自己的方位。要做到前者，那么你首先要把指南针平放到地图上，指南针的一边贴着你行程中的 A 点到 B 点连线。接下来，转动指南针的可调标度盘，直到其南北线和地图的经线平行，指北箭头指向地图的北。在这一点上，你接下来应该添加或者减掉地磁变量。下一步，把指南针从地图上拿下来。不要动指南针的可调标度盘，把整个指南针水平调整，这支磁针指向可调标度盘上的北，同时和指南针的南北线平行。指南针上的方向箭头现在就应该指向你的前进方向。一旦你确定了自己的方向，那么定时参看指南针来确定自己是不是一直都走在正确的线路上就是一件很简单的事了。

当然，用这种方法辨向定位的精确性，在很大程度上取决于你确切知道最初的地点或是沿途的某点。这在特别空勤团选拔过程中是相当难做的。你会感到体力透支，同时在布雷肯布里肯斯山区的天气也是非常变化无常。可视度会突然降低，而那可能就是出现混乱或错误的时候。因此，基本的指南针技能是用一种被称为切除的技术来确定自己的位置。

切除技术就是从可确认的地点上读取两个指南针数据，用这些数据上确定你的位置。首先，把指南针的方向或者符号箭头指向一个能在地图上清晰辨认的目标。然后转动指南针的可调标度盘，直到南北线与指针平行，红色的针头指向与可调标度盘上北向所指的方向想同。然后加上或减掉磁变量。

接下来，拿出地图，把指南针的一边和你选取的地点接触。然后以此点为轴心水平转动整个指南针，只指南北线和地图的北极线平行，磁针指向地图的北。下一步，沿着指南针的这条边划一条线。找出你面前另一个可确认的目标，重复同样的步骤。两条线交叉的地点就是你所在的位置。

在参加选拔前，练习这些地图和指南针的操作技巧，直到你觉得这些技巧像是你第二天的行为为止。另外一件事——记住带一个备用指南针。放在口袋中的简单的纽扣型指南针，在某些情况中可能会成为选拔过程中的救星。

跳伞技能

特别空勤团是通过静态单线跳伞方式学习跳伞的。也就是说，降落伞是借助一根线自动展开的，这根线连接着伞绳和新队员跳离的飞机。实际上，每个士兵都是在同一高度打开降落伞的，这有助于在更准确的着陆点降落，同时由于减少了降落伞的展开误差，而更加安全。只有新队员真正成为一名特别空勤团的战士，他才可以进一步学习更高深的跳伞技能。

带犬作战的 SAS 队员

在结束特种训练课程之前，士兵需要完成八种跳伞动作。第一周是在地面上完成的。这一阶段是教新队员如何收伞，如何正确的着陆以及一些有关降落伞在大气中是如何运动的理论。

在学会跳伞之后，特别空勤团队员马上就会被安排进行机上演练，如查看上面的伞绳是否缠绕。他们训练中的大部分时间在于练习落地的技巧，这也是跳伞中最危险的阶段。那些跳伞到敌后的特别空勤团队员如果摔坏了脚踝就无异于被敌人打死或俘虏。

第二周的训练重点是在地面模型上练习从舱门跃下的技巧，这个模型配有巨大的风扇，营造出模拟的空中气流。接下来的训练是在 22.3 米（75 英尺）的塔台上进行的，为的是在他们第一次体验空中跳伞之前找到感觉。

在第二周训练结束时，新队员们要熟悉各种伞具及其组成部分，包括用于向水中跳伞时使用的救生衣、备用降落伞和特制的跳伞服。

第一次真正跳伞是在第三周进行的。新队员们排成两列纵队从飞行高度为 300 米的 C - 130 "大力神" 飞机上跳下。所有的人都必须遵循以下程序：

（1）长官下达检查装具的命令后，新队员们检查自己以及前面那个人的装具。

（2）长官下令队员全部站起来排成两队，面向机尾舱门。

（3）每个人都把自己的固定开伞索钩在机舱内的缆绳上。

（4）随着舱门上的灯光由红变绿，新队员在接到命令后用力跳出机舱开始降落。

如果新队员跳伞成功并平安着陆，他将面临另外七次跳伞。

尖刀是怎样打磨成的

野战生存训练

野战生存训练的目的是使特别空勤团的士兵能在任何地形中生存作战，继续训练的许多内容都是纸上谈兵，检测不出士兵的身体极限，从而就不能圆满地完成挑选合格士兵的任务。但是特种训练有一门课程野外生存训练，它的主要特点是高强度训练，受训人员要承受巨大的生理考验和心理压力。

野战生存训练具有多种作用：

第一，这门课程教授新队员在野外如何生存。特别空勤团士兵执行任务时的后勤保障条件一般都比较差，很容易断粮断水，在执行一些特殊任务时更容易出现这种情况。如果在实战中出现这种情况的话，他们必须能健康地存活下来才行。

第二，训练的部分内容是教授新队员如何躲避抓捕和被捕后如何对付敌人的审讯。特种部队的士兵是敌人最想抓获的目标之一，他们知道许多机密情况，而他们执行任务时又经常远离常规部队，所以他们有时很容易被敌人抓获。敌人抓到特种部队的士兵后会对他们严加看管，用尽各种方法对他们进行审讯。反审讯训练就是通过训练课程使士兵掌握对付敌人审讯的各种技巧，更重要的是联合审讯训练小组的成员可以通过这门课程来考查哪些人的心理素质最好，以便将来派这种人去执行最艰苦的任务。

野外生存训练共有三个训练基地，训练内容分三部分：

第一部分的训练基地是赫尔福德，目的是教授新队员掌握基本生存技能，主要内容是教授新队员如何在野外寻找食物和水源，怎样生火和建造栖身所而不被敌人发现。

第二部分是丛林训练。特别空勤团每年在布鲁尼的英军丛林训练学校举行两次丛林训练，一般是在3月份和9月份进行，两次训练的时间共计约为六周，新队员通过训练能够掌握在茂密丛林中的作战技能。

第三部分的训练是在艾克斯摩尔和其他的地方进行。它的主要内容是逃脱追捕训练，教授士兵如何远离敌人，逃脱追捕。这部分训练中强度最大的内容就是反审讯训练，联合审讯训练小组的人员亲自主持这部分内容的训练，他们往往会用最残酷、最接近实战的各种手段对新队员进行审讯。如果受训人员在审讯过程稍有动摇就会被淘汰。

实际训练过程中将三部分内容糅合在一起进行，只有这样新队员才能体会到如何在世上最残酷的环境中生存下去。

特别空勤团的生存训练是一个长期的过程。通过在英国境内的训练，士兵要掌握各种地形条件下的生存作战技能，而英国的温带气候和地形与沙漠和两极地带迥然不同，所以即使是通过了野战生存训练训练的合格特别空勤团士兵也要在英国境内进行训练，这样他才能在适应将来执行任务时可能遇到的各种环境。同时英国本土生存训练内容也涵盖了世界各地生存训练的各种要素，这些训练要素是：寻找食物和水源、搭建栖身所、生火等。

寻找水源

水是维持生存最基本的要素。如果士兵在训练或实战中摄入的水分不能满足消化、呼吸和排汗的需要，健康状况会迅速恶化。正常人平均每天耗水 2～3 升，即使静卧者每天也要消耗大约 1 升水。

水对于人体如此重要，所以在训练中首先要学的就是如何保持体内的水分。为使体内水分消耗降至最低程度，可以采取以下措施：多休息、少活动；避免阳光的直接照射，尽量在夜间行进，远离表面高温的物体，如太阳暴晒下的岩石；严格按计划用水等等。还有一些则是不为众人了解的措施：如不要讲话，因为讲话时嘴部的呼吸会使水分失去。不要进食或尽可能少进食。如果身体得不到水分，体液会从要害器官转移以便消化食物，这会加速脱水，而油腻性食物很难消化，需要大量水分。不要饮酒也不要吸烟，因为那样会使用器官消耗大量水分。

在英国这样的温带国家中寻找自然水源是一件比较容易的事，除了大量的人工水源之外，温带地区河流湖泊众多，天然降雨也是丰富的水源。虽然英国水源条件很好，但是新队员还是要学会在最贫瘠的环境中寻找水源。

要对露天水源多加小心，因为很多它们可能遭到了自然或人为污染，水质有毒，已不适于饮用。可以通过种种迹象判断水源是否有毒。对无活水进出、无任何绿色植物在周围环境中生长的池塘或出现动物残骨的水源要警惕，这类水源的水表一般都有发出恶臭味的气泡，这些迹象表明水源已受污染，不再适于饮用。不管你找到什么样水源，都要用净化剂将水净

化后饮用。如果没有静化剂，你也可以用布将水过滤，然后将水加热煮沸十分钟，这样就能消除水中的大部分杂质。

当然在很多情况下没有时间做这么多的准备工作，还可以通过一些别的方法找水，它们同样既安全又方便。许多河流的河床布满石头，这种河流的水质一般较好，当然天然降雨是更好的水源了。所以在野外寻水过程中要尽量多集雨水。可以用衣服浸透水，然后再把水拧出来。还可以用一些中空的树木和杯形的植物来收集雨水，这样的植物往往还能储存大量水分，如竹子、仙人掌、棕榈等。所以士兵应对其途经区域的各种植被分布情况了解的一清二楚。

有时士兵找不着适于饮用的露天水源，这时只有三种方法找水：地下取水、凝结取水和植物中取水。寻找地下水源不是件容易事，只有训练有素的人，才能在荒芜的野外找到地下水源。寻找地下水源的首选之地就是地表早已干涸的溪流与河流的河床地区。虽然这些地方的地表早已无水，但是在它们的地表下往往能找到丰富的地下水。

非洲喀拉哈里沙漠的土著居民用一种非常特别的方法寻找地下水源。他们从地面向下挖一个大坑，一直挖到潮湿土壤才停下，然后把一根芦苇插入坑的底部，用嘴吮吸芦苇露在外面的一端，一般经过十分钟左右的时间就能从芦苇管内吸到地下水。

凝结取水的程序方法要更加复杂，但这种方法在关键时刻有起死回生的作用。有两种工具可以用来凝结取水，一种是日光蒸馏器，另一种是蒸馏袋。这两种工具都要用一两块聚乙烯薄膜（比如结实的商品袋）。日光蒸馏器取水法特别适用于沙漠地区，而蒸馏袋取水法对环境要求较高，只能在植物繁茂的地区使用这种方法。

士兵一般都能通过上述的各种取水方法满足自身用水需要。一旦解决了饮水问题，下一步就要考虑寻找食物了。

寻找食物

寻找食物也是生存训练的一项重要内容。一般每个国家都有独特的生物品种，所以无论到哪里都会有东西可吃。野战生存训练中的特别空勤团新队员要学会获取猪、牛、羊肉和粮食等各种农产品，并且还要会把它们做成食物。但是在敌人眼皮底下做这些事情极易被对方发现，所以只能通过别的办法寻找食物。野战生存训练课程教授新队员如何寻找并利用自然资源作为食物。植物学家会在授课过程中向新队员展示他们能在野外找到的各种可食用天然植物，新队员还有机会亲自捕杀可食用的野外动物。这些训练对他们将来的野外生存大有裨益。

可食用植物是野外求生的特别空勤团新队员最容易找到的食物。但是世上的植物种类繁多，很难辨识哪些是可食用植物，而哪些植物不能吃。一些植物营养丰富，而有些植物有毒性，食用后会致人死亡。特别空勤团的植物可食性标准试验就能解决这一问题，世界各国的特种部队也遵循特别空勤团的植物可食性标准试验来确定植物的可食用性。但是并不是每次都要进行植物可食性标准试验才能判断植物是否可以食用，有时还可以通过一些规律来判断植物的可食用性。

一般的白色或黄色浆果类植物均有毒性，有一半的红色浆果类植物可以食用，而蓝色或黑色浆果类植物几乎均可食用。

有些植物的茎部只结有一颗果实，一般这类植物可以食用；不要食用任何带有乳白色奶状液汁的植物；不要食用野生的大豆、豌豆；不要食用对皮肤有刺激作用的植物；不要食用已经被昆虫咬过的植物。

一般的动物类食物要经过烹调后才能食用。英国的动物类食物主要包括兔肉、鸽肉、鹿肉和猪牛羊肉，而非洲动物类食物的花样就多极了。虽然一头水牛够一个人吃许多天，但是捕猎这种动物是一件很危险的事情，除非有把握在很远的距离以外就能射杀这种凶猛的大型动物。圈套、陷阱和弹射等方法最适用求生者捕杀动物，因为用这种方法时，动物和猎手之间有一段距离，这有利于求生者的安全。

新队员要学会各种捕猎捕鱼方法，还要掌握一定的烹调技能，能把捕到的猎物加工成熟食。人们一般用四种陷阱诱捕动物，它们分别是绳套阱、平衡落木阱、尖刀桩落阱和罗网。

绳套阱：这种陷阱比较适于捕捉兔子之类的动物。绳子、各种金属线都可以用来临时制作绳套。绳套要一端有眼，以便另一端从中穿过。一般

尖刀是怎样打磨成的

陷阱设在猎物经常出没的地方，要把绳套紧紧拴在树桩、岩石、或树上。绳套必须是个活结，大小以能套住猎物的头为准。还可以用弹性幼树绷紧绳套，当猎物的头钻到绳套里面后进行挣扎时会扳动机关，幼树就会弹起，将猎物捕获。

平衡落木阱：这种陷阱是捕捉大型动物的理想工具，捕猎对象包括野猪和鹿类动物。一般要花费很长时间才能制作好一个平衡木落石阱，它的构造和原理如下：叉状棒两端削尖，保证触动灵敏。分叉的一支水平位于重物的下方，前端有适当的诱饵。竖直叉上端支撑着横木以维持重物的平衡，一般以圆木作为重物。动物扑向诱饵时会带动叉状棒，破坏支撑木的平衡。圆木会在瞬间坍塌下来，砸中猎物，将其杀死。

尖刀桩落阱：在幼树一端绑上削尖的木桩，用扳机线把幼树拉弯固定。扳机线的一端隐藏于动物必经的路上，动物绊上扳机线后，幼树则被松开，尖刀桩在弹力作用下迅速刺向猎物。通常情况下，猎物即使不死也会身受重伤。

罗网：罗网是最简单的一种陷阱，它主要用于捕鸟。把网布置在鸟儿经常出没的树间是捕鸟的简易方法。如果没有罗网，也可用十字交叉绳。

训练基地在野战生存训练课程结束前组织一次由全体受训人员参加的宴会。队员在宴会上能吃到各种有助于野外生存的食物，如老鼠、刺猬、虫子和蟋蟀等等。

学会生火

野战生存训练的基本课程之一就是教授队员不用火柴生火的方法。户外生火必须具备三个要素，它们分别是火种、引火物和燃料。火种泛指仅需一点热量即可点燃的材料，干草、细木屑和蓬松的棉花等都是很好的火种，生火时首先要点燃的东西就是火种。引火物是指那些可将燃着的火种火势增大的木质材料，干燥的小树枝是最好的引火物。燃料是指维持火势的各种材料。特别空勤团士兵身上通常都带有防水火柴，但是野战生存训练要求他们必须掌握不用火柴生火的方法。这种方法的生火顺序是这样的，用足够的热量引燃火种，然后添加引火物加大火势，最后用燃料维持

火势。生火的主要方法如下：

打火石和打火镰：敲击打火产生的火星能将火种引燃。生火时用一块钢制的打火镰用力敲击打火石，四溅的火花将会点燃干燥的火种，然后就可以添加引火物了。

手钻和火犁：两种方法都是利用摩擦生热点火的原理。手钻生火需要有一块硬木板，

火　镰

在木板的底部凿一个 V 字形切痕，用来盛放火种，但仍要留出空间使空气能够流通；在切痕附近凿一个小洞，用一根中空的较柔软的木棒作为纺锤。将纺锤放在两手间搓动，持续用力使它向下渐渐深钻。摩擦使纺锤木发热变红，轻轻吹气就可点燃火种。

火犁的工作的道理和手钻相同，在一块软木板底部刨一条直沟，然后用一根矛状硬木尖端前后"犁"行，这样首先产生火种，然后就可用火种生火。

凸透镜生火：凸透镜聚焦后能产生大量热量，这是人所共知的常识。透镜生火就是利用这个原理，强烈的阳光通过凸透镜聚焦后能产生大量热量，这些热量足以点燃火种。望远镜的镜片也可以当做凸透镜用。

搭建栖身所

新队员在野战生存训练过程中要学习搭建十分复杂的栖身所。搭建栖身所时要因地制宜，利用各种自然条件。可以利用草木、树枝、岩石和塑料等一些人工材料搭建一处遮风避雨的栖身所；也可以用双股绳把树枝绑在一起当做栖身所的墙或者屋顶（绑好的树枝上面加盖一层树叶后才能当屋顶用）；还可以搭建一个双层屋顶的栖身所，这样的屋子冬暖夏凉。

有些地方不适搭建栖身所。例如：山顶和旷野等空旷之地，这种地方不利于隐蔽；山脚之下，溪流河水的下游地带，这种地方易发洪水；不能

在枯树和松动岩石的下面搭建栖身所，因为它们随时都可能砸到下面的人；猛兽经常出没的地带；山谷的底部，这种地方一般都潮湿，不适于搭建栖身所；昆虫巢穴的周围地带。

渡河训练

渡河训练是野战生存训练中的必修内容，而且十分危险。有些人在野战生存训练中丧生，尤以水面训练过程中伤亡的人数最多。热带江河水流湍急，就是游泳好手也很难成功泅渡，只有依靠集体的力量才能渡河。在渡河之前一定要做好准备工作，把绳子一端拴在一个人身上，另一端固定在堤岸之上。渡河时带上一根长棍子，它可以探测到水中的障碍物，也可以在湍急的水流中支撑身体。渡河起点要位于对岸目的地的上游，因为急流会在渡河的过程中把人冲向下游，实际上渡河路线将会是一条斜线。到达河的对岸之后要把绳子固定好，以便同伴渡河时继续使用。大家成功渡河后要互相检查是否有水蛭等寄生虫附着在身体上。

当然队员也可以乘筏渡河。如果是在丛林中，那就很容易就能找到制作木筏所需的圆木。在制作木筏时有一点需要特别注意，一定要在圆木上刻好木槽，然后再用绳子把圆木捆好。这样做出来的木筏特别结实，坚固耐用，能够把人顺利地载过河。临时制作的木筏一般都比较简陋，只能在比较平静的河水中使用。

逃脱追捕

逃脱追捕训练是训练强度最大的一部分，而且追逃两方在这部分训练中都要偷偷摸摸地行动，以免被对方发现。这部分训练过程完全模拟实战，要求新队员必须具有高超的逃脱追捕能力，即使不幸被俘，也要有能力同敌人周旋，使对方的盘问失败。如果不能通过训练的任何一关，就会被淘汰。

逃脱追捕训练主要分三部分进行：

第一部分，学习逃脱追捕技巧。新队员在日常训练过程中学习这部分内容。

第二部分，进行一次追捕演习。新队员为逃跑一方，教官和从其他英军部队抽掉过来的士兵为追捕一方。新队员要想尽办法逃脱追捕。

第三部分，反审讯训练。不管在这次演习中是否被俘，新队员都要接受反审讯训练。

联合审讯训练组负责逃脱追捕训练的第三部分。这个小组的职能是主管全部英军的反审讯训练。皇家空军飞行员和海军航空兵新队员和一起进行这部分训练，他们也都是敌人极想俘虏的对象。新队员在反审讯训练中不会受刑，但其他方面和真的俘虏一样，要经受巨大的生理折磨和心理痛苦。如果他们能坚持训练 24 小时至 28 小时，并且盘问者不能得逞，那么，就算通过了逃脱追捕训练的所有内容。这是最后一关，只要再通过这关后就能成为一名真正的特别空勤团士兵，这对新队员具有极大的诱惑力。

逃脱追捕训练都在荒郊野外进行，新队员要在英国陆军的追捕下逃跑三天。训练中追捕一方特别卖力，有一位参加过逃脱追捕训练的特别空勤团士兵这样描述追捕一方："他们大概有一两个步兵连的兵力。这帮家伙可是玩儿真的，警犬、汽车、直升机样样齐全。据说如果他们能抓到我们的话，他们就能有额外休假，怪不得这帮家伙那么疯狂。"

这个士兵的话确实是逃脱追捕训练的真实写照。追捕一方并不是糊弄差事，他们在训练中想尽千方百计，不辞劳苦，目的就是模拟实战环境，让新队员在训练中得到提高。

反审讯训练

自从落到联合审讯训练组的手里那一刻起，每名队员就开始面对一个巨大的考验。联合审讯训练组的人们会想尽各种办法对他们进行审讯，骗其张嘴说话。可能会发现突然有一群手端 AK47 冲锋枪的外国军人把俘虏团团围住，他们不停地咆哮，还会使用各种花招进行审讯。让我们看一下那些参加过反审讯训练的士兵对这部分训练所做的描述。

他们会用立体声音响对你进行"高分贝噪音轰炸"，一般要持续数个小时。

让你站在户外的冷雨之中，一站就是好几个小时。

他们会给你带一个头套，你只有在接受审讯的时候才能把头套摘下来。

让你保持各种体罚姿势，稍有放松就会受到责罚。

经常有人对你大吼大叫。

你还要面对审讯者的冷嘲热讽和他们对你的讥笑羞辱。

现在的训练越来越严厉，花样也越来越多。曾有人被倒吊在水中，只有在喘气的时候才有人把他的头从水里拉出来；还有一些人的头被袋子裹得严严实实，什么也看不到，而他们的周围是一些汽车，这些车不停地在他们周围表演高速行进中的急刹车；还有一件非常著名的训练"事故"，一个眼蒙黑布的新队员被绑在火车轨上，他的教官大呼训练"失误"，有一辆火车要沿着他所在那条铁轨开过来（实际上火车是从紧邻的铁轨开过来），教官这一招可把那个新队员吓得不轻。每年的训练中都会有新花样，这就要求新队员有足够的心理准备去迎接各种挑战。

联合审讯训练组主要通过两种方式对新队员进行"拷问"，一是对新队员施加重压，想方设法迫使他们开口；二是千方百计地诱使新队员吐露实情，他们在具体审讯过程会灵活运用各种方式，这对新队员来讲的确是一个巨大的考验。有时你可能会遇到一个非常和蔼可亲的人，你觉得他不像是要审讯你，他只不过是想和你聊聊天，拉拉家常（这种人往往都是经验丰富的审讯者，他们往往通过你的只言片语就能获取大量的有用信息）；有时还会有人不停地向你大声提问同一个问题，在经过几个小时车轮战般的提问之后你早已疲惫不堪，审讯者再问你任何问题时，你都会说出实话，有问必答；有时还会有几个不同的审讯者分别对你进行审讯，他们里面有人唱红脸，有人唱白脸，把你弄得心烦意乱，这时他们就会换一位温柔美丽的女问员上阵。她或是利用她的美丽温柔使你软化屈服，或者跟你说："你的同伴已经招供，你又何必再硬撑着呢？还是招了吧。"

无论你的教官采取什么手段对你进行审讯，他们的目的却只有一个，那就是让你屈服于他们，从你嘴里得出实情；他们能从种种迹象判断出你的心理状态，从而轻而易举地让你说出实话。举个例子来讲，如果你在审

讯过程中心力交瘁，警惕稍稍放松，他们肯定能看出你已是强弩之末，就会加紧对你的审讯，在那种情况下你很难抵挡他们的继续盘问，你的防线很快就会崩溃。所以你只有掌握反审讯的各种技巧后才能顺利地通过联合审讯训练组的审讯。下面是一些基本技巧：

保持幽默感：做一些荒唐可笑的回答。这样既可以自我解嘲，又能打断对方的审讯。

时刻保持警惕：你可以想象你在计划越狱，但是你缺的只是机会。你要一直耐心地等下去，这样你就能很好地控制自己的情绪，保持冷静。

不要太在意身上的疼痛：你要把注意力集中在自己感兴趣的事情上。这样你就能保持思维活跃，心情也不会沮丧。

充分利用一切时间休息，保持体力。

还有一点也非常重要，那就是不要相信任何人。

调查显示，如果士兵果真落入敌人之手，他对敌人审讯做出的反应与其在反审讯训练中的表现会略有不同。这是因为敌人一般不喜欢硬骨头，如果一味顽抗，敌人会把他打得皮开肉绽。所以，可以在不泄露机密的前提下玩一些小策略，说一些无关紧要的东西，敌人对这种做法也是无计可施。他们会慢慢放松对他的审讯，同时也能免受皮肉之苦。

新队员在这次训练中受益匪浅，他们能学到反审讯的各种技巧。如果一个人已通过特种训练的其他课程，而在反审讯训练中表现优秀，既不胆怯，又未泄露任何机密，教官就会批准他通过训练，也就顺理成章地成为特别空勤团中的一员。

尖刀是怎样打磨成的

特种部队"特"在哪里

　　特种部队是世界一些国家军队中，担负突袭敌方重要的政治、经济、军事目标和进行其他特殊任务而产生的具有特异形态的武装力量，一般由最高军事指挥机关直接指挥和领导。

　　特种部队的最大特点就是一个"特"字。那么，特种部队到底"特"在哪里呢？

严酷高难的特种训练

　　为了适应特种作战，英军特种部队人员都是精心选拔的，并施以十分逼真而严格的训练。

　　各国对特种部队人员的条件均有明确规定：

　　第一，要求有不怕艰苦、不怕牺牲、勇敢战斗的精神；

　　第二，要有强壮的身体、坚强的毅力和耐久力。如美军要求在 2 分钟内做 45 个俯卧撑和 45 个起蹲动作，10 分钟内跑完 3.3 千米。俄军特种作战旅直属连的士兵都是从国家、地区和军队的运动员中选拔的；

　　第三，要有一定的部队生活经验和作战经验，如美军规定，特种部队的军官必须有 2 年以上的军龄，士兵必须有 7 年以上的军龄；

　　第四，多数国家规定从侦察部队中挑选。如俄特种部队的军官多数从侦察、空降部队中挑选，并需经过严格的院校训练；

第五，要求较高的文化程度，深入敌后作战的，还需懂得当地的语言、风土人情和民族习惯。

SAS 队员进行沙漠作战演练

总之，要当一名特种部队成员是一件非常不容易的事，其淘汰率有时高达90％。

英军要求特种部队每个成员都成为多面手和某方面的专家。特种作战训练，一般分为军事基础训练和专业技术训练两个阶段。

基础训练时间为1年左右，主要进行体能训练、射击训练和基本战术训练。英军认为基础训练十分重要，通过严格的训练，一方面可以进一步筛选人才，另一方面可以为每个特种作战人员的体能、战术、技术打好基础。如美军布雷格堡特种部队学校，新学员每天训练17个小时。

专业技术训练时间为1－2年，主要进行特种专业技术训练。按照不同的专业，进行高难度、高强度的特殊训练，使每个参训人员熟练掌握多种作战技能。英海军特种作战部队训练分为初、中、高三个阶段。如舟艇部队初级训练为13周，主要进行船艇操纵、潜水、浅滩侦察、溪流测量、登陆点选择、摄影、通信、爆破等方面的训练；中级训练主要进行夜间跳伞、海上降落并迅速下潜等方面训练；高级训练主要是对老队员和支队指挥官进行包括天文定位在内的技能训练。俄海军特种部队训练科目除有跳伞、格斗、暗杀、破坏、渗透、生存、侦察、判图、攀登、救护、审讯、隐蔽活动等技术和方法外，还要学会潜

英国特种部队用的微型潜艇

特种部队：特，在哪里

水、微型潜艇驾驶和在水中或水下长时间不吃不喝不睡的本领。此外，还要熟悉对方国内政治、经济、社会、文化、地理、生活方式、习惯和风土人情。

英军特种部队的训练，一般采用部队训练和院校训练相结合的方法。通过多渠道、多层次的特殊训练，全面提高特种作战能力。美军建立了专供特种部队训练的"联合战备训练中心"，利用假设敌，在近似实战环境下进行逼真训练；以色列为培养特种作战人员在各种复杂条件下临机处置的能力，每次行动前都要进行酷似实战的模拟演练，要求每个执行特种作战任务的人员，都能熟悉所受领任务的有关情况，其战术技术动作达到十分娴熟的地步，以确保任务的顺利完成。

特种部队的人员往往是在体力、精力和智力的极限上进行训练的。之所以这样严格地训练和选拔人员，是因为他们将面临超乎寻常的严酷的自然环境和战场环境。要能在极端险恶的条件下生存下来，并能沉着冷静地分析判断情况，机敏果敢地处理问题，没有超乎寻常的体魄、技能、智力以及相当的科学文化修养，是难以想象的。

精良高效的特制装备

英军特种部队的武器装备，以往一般选用三军通用的轻便、灵巧、性能较好的装备。近年，英军为提高特种部队的作战能力，专门研制和改进了适合于特种作战的特种武器系列。西方主要国家为了应付低强度战争，更将研制新装备作为提高特种部队在各种不同环境中独立作战能力的重心，大批新的特种作战飞机、战车、舰艇、单兵操作的便携式卫星信号接收机、夜视仪以及特种作战服等接连推出。从而使特种部队的作战行动更具灵巧、突然和诡秘性。英军特种部队的武器装备主要有以下几类：

一是机动渗透工具，包括空中渗透需要的特种飞机和特种直升机，用于海上渗透的特种船、艇；

二是突击武器，如特种攻击飞机和直升机，轻机枪、冲锋枪、掷弹

红魔："哥曼德"——英国特种部队

HONGMO GEMANDE YINGGUOTEZHONGBUDUI

筒、手榴弹等；

三是便携式自卫武器，如无声手枪、匕首等；

四是特工破坏武器器材，如微型炸弹、特种炸药、定向杀伤地雷、先进的爆破器材、轻便工兵器材等；

五是侦察器材，如窃听器材、照相器材、目视观察器材、夜视器材、激光目标指示器等；

六是通信器材，如背负式电台和数字信息传输装置等；

七是救生和支援系统。此外，有的国家正准备为地面突击队配备可进行特种作战的机器人。

SAS 队员装备

监视探测器材

全球定位系统

孙子曰："善守者，藏于九地之下；善攻者，动于九天之上。"如今，随着高技术的飞速发展，一些国家的特种部队凭借现代化手段，如虎添翼，做到九天之下皆耳目，神兵天将震魔妖。

1990 年海湾战争打得正激烈的时候，人们从电视节目中不时会发现令人诧异的镜头：一名头戴钢盔、身着迷彩服的美国兵，在战场上低着脑袋摆弄一个很像游戏机的东西。其实，它不是游戏机，而是首次在战争中亮相的全球定位系统（GPS）的微型接收机。

1970 年，美国海军首次发射"导航星"卫星，开创了利用卫星导航的先河。1973 年 12 月，美国国防部决定建立一个供全军使用的、统一的全球军用卫星导航系统，后定名为"全球定位系统"。全球定位系统由空间、控制和地面用户三个部分构成。

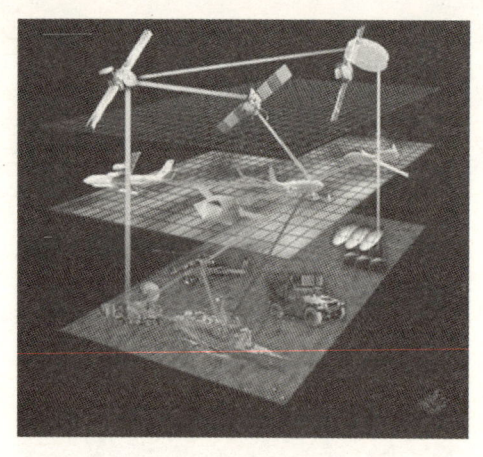

全球定位系统示意图

空间部分包含 24 颗卫星（其中 21 颗工作星，3 颗备用星），均匀分布在高度约 2000 千米的六个圆形轨道面上，轨道倾角 55 度，周期（即环绕地球一周的时间）为 12 小时。卫星上安装有 3 万年才误差 1 秒的高精确度原子钟；有连续发射 L 波段的载波发射机，可用 1575.42 兆赫和 1227.6 兆赫频率传输导航信号。也就是说，作战部队无论何时在地球的何处，都能接收到四颗 GPS 卫星所发出的电波。卫星可调制三种伪随机噪声码：P 码（精码）、C/A 码（粗码，或称 S 码）和 Y 码（加密的 P 码）。P 码和 Y 码只限于美国及其盟国军事部门或授权的民用部门使用。P 码一次定位精度为 ±10 米，多次定位可达亚米级甚至厘米以内；C 码可供民用，一次定位精度 ±25 米，多次定位可达 8 米。

GPS 的控制部分，包括设在阿森松岛（在大西洋）、迪戈加西亚岛（在印度洋）、关岛、夏威夷和夸贾林岛（在太平洋）的五个固定地面站。总站设在美国科罗拉多州的斯普林斯。

地面用户部分为 GPS 接收机，用来接收卫星信息，经过计算处理，便能确定自己所在的位置。现在接收机分为六类，包括单兵单通道背负式，地面车载式，直升机用双通道式，战斗机、轰炸机和核潜艇用五通道式。最小的接收机，大小如香烟盒，重 1.5 千克，使用十分灵活方便。

全球定位系统具有很多特点：一是可以全球覆盖 24 小时连续定位，向各类作战部队或其他用户连续提供三维位置、三维速度和时间信息，人们可利用接收机随时随地享用这些信息；二是定位精度高；三是定位速度快；四是受天候、气象等条件的影响小。

海湾战争中，由于沙漠地区缺少地面导航定位标志，加之多国部队需联合行动，因此，美国调用了 16 颗 GPS 卫星（其中新发射 3 颗），保证每天 24 小时至少有 3 颗 GPS 卫星飞越海湾地区上空，向地面发射导航数据。

开战前，美国特种部队携带 GPS 接收机潜入科威特和伊拉克境内，监视伊军的行动，借助 GPS 提供的精确坐标，准确报告伊军战场情况。多国部队行动之前，美国国防部陆续向这一地区的美军紧急调运两万台 GPS 接收机，其中包括 9100 台小型 C/A 码接收机，2500 台手持式接收机，1400 台车载式接收机。

有了这些接收机，置身于茫茫大漠中的美国特种部队就可以及时为指挥部提供战场打击效应参数，其他军兵种就可以在瞬息万变的战场上随时知道自己所处的位置，友邻部队在哪里，进而为调整多国部队诸军兵种的作战部署、加强协同和支援、准确有效地打击目标提供了可靠保证。因此，有人甚至认为，是全球定位系统打赢了海湾战争。

在波黑战场上，全球定位系统再次显示了威力。美国特种部队借助 GPS 接收机在深山密林中准确标定所搜索到的目标，指引北约部队的作战飞机实施准确轰炸；巡航导弹得以提高反应速度和打击精度；远程空对地导弹得以迅速选定瞄准点。

目前，世界上拥有全球定位系统的不止美国一家。1982 年 10 月 12 日，前苏联用一枚 SL－12 "质子" 号运载火箭发射了第一批 3 颗导航卫星。到 1990 年 5 月，它共发射了 16 次共 48 颗导航卫星，其中 42 颗进入预定轨道。现在的俄罗斯特种部队也可借助接收机进行导航定位了。

随着全球定位系统应用技术的迅速发展，手持式接收机的重量已由2000 克降到 300 克左右，据西方报道，像手表一样的腕式接收机也已研制成功，不久便将装备特种部队，届时 "天将" 已不是神话，"天战" 将成为活生生的现实。

特种部队：特：在哪里

夜视器材

特种部队任务特殊，近战夜战很多。为了适应这一特点，很多国家都为自己的特种兵装备了 "千里眼" ——夜视仪。然而随着高科技的发展，各种夜视器材不断更新换代，种类日趋齐全。如部分手枪、步枪、机枪、火箭筒、

八　　夜视眼镜

无坐力炮、坦克和步战车等，均配有不同型号的夜间瞄准镜，特种兵配有夜视眼镜。

从英、美等国特种部队的夜视器材装备情况看，第一代主动式红外夜视器材已基本淘汰，第二代被动式微光夜视器材约占装备总数的 65~70%，第三代被动红外热成像夜视器材约占 30~35%。

这些夜视器材的发展趋势是：

首先，体积小，重量轻，性能好，便于携带。如第三代夜视器材，对人员的观测距离达到 400~800 米，对步兵队形、坦克和步战车等目标的观测距离达 1500~4000 米；特种兵戴的夜视眼镜重量仅 0.4~1 千克，轻武器和反坦克导弹配用的夜视器材仅重 4.7 千克，且能识别伪装，穿透云、烟、雾，不易暴露。

其次，与头盔、目标指示、射击、测距、指挥器材组合，形成保护、观测、瞄准、射击一体化。如美军的 AN/PVS－5.7 夜视眼镜可与 AN/PAQ－4 红外指示器和"夜战"式夜间瞄准器配用。该器材仅重 170 克，以脉冲二极管发出红外光束，安装在手枪、步枪等轻武器上，经校正使该器材的光束与枪膛轴线平行，射手可通过夜视眼镜看到目标上瞄准器发出的红外光点，光点照到目标时，意味着武器已瞄准目标，射手即可扣动扳机，即使枪置于腰间亦可瞄准射击。

法军 TNZ－1 夜视眼镜也可与装在步枪上的 PS1 激光瞄准器配用；以色列的 AN/PVS－5 改进型夜视眼镜可与枪上的 IL－7、SL－1 小型激光红外瞄准器配用；德国的 BM8034 夜视眼镜可与 BM8042 红外激光目标指示器配套。

战场监视系统

在瞬息万变的战场上，为了及时全面地掌握敌人的行踪，轻型战场监视系统包括小型雷达、成像装置、声控测系统和远距离监控系统等，越来越成为特种部队不可缺少的作战手段。

目前，美、英、法、德等国的特种部队已装备了各种可在相当远的距离上探测车辆和人员的便携式监控雷达。如法国的 RASIT 远程探测雷达改

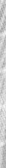

装成便携式雷达后，对车辆的有效探测距离可达40千米，对直升机的探测距离为20～30千米，对人员的探测距离为23千米。

德国RATAC－S脉冲多普勒雷达的天线扫描范围为30度～140度，纵深距离为0～20千米或18～38千米。

美国的MSR－20模块式监视雷达的性能与比它重1倍的雷达相当，而功率损耗仅为后者的一半。这种单兵携带雷达包括蓄电池在内共重20.8

脉冲多普勒雷达

千克，而手持式控制与显示装置仅重1千克多。它的探测距离为：15～20千米处的车辆、10千米处的3名以上行人、8千米处的单个行人。其探测精度为：距离误差小于15米，方位误差小于1.25°。假如在这种雷达上插入其他传感器，其功能会大大提高；如多部雷达联网时，则可对一较大的地域实施监视。这种雷达配有声音报警装置，当探测到目标时，它能提醒操作人员监视目标。

英国特种部队装备的是索恩公司研制的便携式监视与目标截获雷达。这是一种脉冲多普勒雷达，工作频率为J波段，重35千克，分解后可由两名人员携带，组装时只需3分钟。它能探测移动速度为2～102千米/小时的目标。海湾战争实践证明，这种雷达颇受欢迎。

机场安检系统

纵观世界各地的恐怖活动，其中次数最多、对人类的生命财产威胁最大的是劫机行为。为了有效地打击这种恐怖活动，国际社会正在寻找各种手段。

一般来说，用于打击空中恐怖分子的第一道检查是不引人注目的自然监视，即机场上的特工人员用警惕老练的眼睛观察乘客的登记、办理行李手续和登机。这道检查有时能起不小的作用，它会在乘客登机之前发现那

X 光机

些连最现代化的仪器都无法辨识的东西，从而把危险降低到最小限度。然而，仅此显然是不够的。于是一些航空公司的特工人员便在第二道检查中使用磁力计，这种识别设备一旦发现武器和炸弹就会鸣叫，提醒特工人员注意"关照"那些恐怖分子。但是，狡猾的恐怖分子还会漏网。实践证明，仍有 25% 左右的凶器未被发现。为了把蒙混过关的这些恐怖分子也挖出来，机场特工人员便在上机通道处安装 X 光机，实行所谓的"电子检查"。这道检查比较可靠，基本上做到了防患于未然。但是，它也会产生一些副作用，即长时间坐在 X 光机前的安检人员会受到超剂量的辐射，乘客行李中的摄影器材会轻微曝光等。

为了有效地打击恐怖分子和避免其他的不良后果，全息摄影术检查便应运而生。全息摄影术的工作原理是靠对被检查对象进行激光辅助照明，以得到三维图像。所谓"全息摄影术"，通常是指光学全息摄影术，即利用可见光波的摄影术。但是，为了寻找恐怖分子可能藏在衣服里或用不透明的材料包裹的凶器，更理想的还是采用"微波全息摄影术"。该摄影术的微电磁波的波长为几厘米或几毫米，人的肉眼根本无法看到。但是它却可以透过空气、雾和一些电介质，甚至还能穿过不透光的断面，至于人的衣服和各种金属与塑料的伪装材料，也很难阻隔它的穿透力。如果用频率为 70 千兆赫（波长 4.3 毫米）的全息摄影装置来进行"电子束检查"，那么，机场上的安检人员便可以在监视屏上清晰地发现任何隐藏在层层衣服之下或用其他材料包着的凶器。

武器探测器

西方国家认为，当今世界面临的最大现实威胁不是大规模的战争——核战争或世界大战，而是一些热点地区的局部冲突和难于预测的恐怖活动。为了有效地防止个别国家或地区以及国内外恐怖分子对本国的袭击或制造不测事端，西方国家需要有一种预防手段：即监视或跟踪的新技术。为此，美国的国家试验室正在研制一种小型的武器探测装置，以应付瞬息万变的大千世界。

美国新墨西哥州的洛斯阿拉莫斯国家试验室的科学家们，已经研制出一种体重达100磅的武器探测器，平时可以放在小手提箱里。这种探测装置名叫"大型光谱仪"，它可以分辨出用于制造核武器的高浓缩铀。如果是特警人员或检查小组携带这种探测装置前往可能发生冲突的地区，只需半小时就可以测出结果。

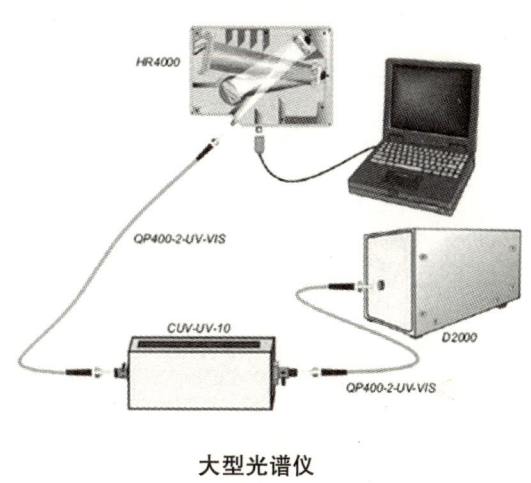

大型光谱仪

伽马射线是检测核活动的另一个指示器。洛斯阿拉莫斯实验室的科学家们正在研制一种手提式武器探测器，称为"镉—锌—碲化物探测器"，可以在一定室温下工作。据该试验室负责人加夫龙透露，原来的探测器有台式电脑那样大，不便携带，现在研制的探测器则小了许多，它可以系在腰带上。这样，一个有技术头脑的海关工作人员在机场上就可以使用这种探测系统。在多国部队进行海湾战争准备时，美军就曾提出用手提式武器探测器探测发生核生化战争的迹象，现在这种想法和需要变成了现实。

金属武器探测门

目前，世界上很多国家为了保证来访宾客和政府高级官员的绝对安全，在机场、海关、宴会厅、礼堂等重要场所，都安装了一种防范设备——金属武器探测门。该门像一名忠实的哨兵，严格地履行着检测职责，查获了不少手枪、匕首和子弹，也查出了黄金、银元、手表和古董等走私物品。

金属武器探测门

金属武器探测门大都做成固定的门框，当人们通过时，它只需几秒钟，便自动完成机前的人身安全检查，既迅速又可靠。金属武器探测门主要是由探测线圈、震荡电路、自动平衡锁相探测电路、计算机显示电路和稳压电源等五个部分组成。该门之所以能够探测到金属武器，其主要工作原理是，在探测区内建立了一个平衡的交变磁场，当有人把金属物体带进探测区内时，原来平衡的交变磁场立刻发生变化。由于电磁感应的作用，再经过适当配置的探测线圈，便会产生出反映平稳交变磁场变化的信号。接着，微型计算机的处理电路就对这个变化信号进行检测并处理，最后以声音或灯光告警的形式将探测到的信号显示出来。即使有些武器没有金属弹体，如塑料炸弹或炸药等，但是，只要它们的引信是金属做成的，也不可能逃过金属武器探测门的眼睛。

据介绍，第一代金属武器探测门首次使用于1969年，叫作"无源磁强计"。它只对黑色金属（即铁磁性金属）进行探测，而对有色金属就无能为力了。第二代产品称为"有源连续波金属探测门"。它虽能探测所有的金属，但由于电路太复杂，安装维护很不方便。目前使用的是第三代金属武器探测门，比前两代产品进步多了。但是，从发展的眼光看，现在流行的第三代金属武器探测门也有不足之处。例如，它只能探测各种带金属的武器，而对于塑料手枪之类的武器则毫无办法。据西方报道，美国的一位反恐怖活动专家曾把一支奥地利造的塑料手枪拆开，两次轻而易举地带过了华盛顿机场的安全检查站。但是，道高一尺，魔高一丈，为了有效地避免现行的金属武器探测门的弊端，美国 LEA 公司成功地研制出一种步行通道式探测装置，它具有探测金属或非金属武器的双重功能。这样就解决了探测非金属武器的难点。可以肯定，随着高技术的发展，将会有更多更好的探测设备问世。

自动报警系统

国内外均有报道，一些犯罪分子作案后，自以为神不知鬼不觉，正暗暗庆贺自己手段高明、干得漂亮时，身穿制服的特警人员却突然出现在他们面前。开始，他们有点惊慌失措，但很快便镇定下来，一口否认，而且还找出许多"理由"为自己辩护。此时，特警队员们便拿出他们作案时拍下的照片。在无可辩驳的证据面前，罪犯只好低头认罪，束手就擒。

其实，这并不是特警队员先知先觉，而是一种自动报警系统帮助他们拿到了证据。这种自动报警系统装有一台电视监视器、一架自动拍照和自动冲洗的一次成像照相机、一个110分贝的报警器。电视监视器的镜头对准某一关键部位，这一地方的一切活动都在监控的范围之内。一旦发生火警、匪警或其他特殊情况，照相机就会每隔几秒钟拍照一次。拍照时，它的声音很小，这是因为在这套装置外面包有双层金属防护板，况且离犯罪分子有一段距离，所以不会被发现。与此同时，装在外边的报警器会响个不停，执勤保安人员或特警队员会及时赶赴出事现场。自动报警系统不仅能报警，而且还能为警方提供犯罪分子的照片及全部作案经过，真可谓声像并茂，令犯罪分子插翅难逃。届时，他们就是想抵赖也根本赖不过去。

头 盔

头盔，用于保护头部，轻便实用，通常抗冲击强度在每立方厘米1000千克以上，能抵挡各种利器、钝器和枪弹的袭击，是名副其实的人体"首脑"保护神。按不同用途可分为：防弹头盔、防暴头盔、防噪声头盔、防毒头盔及多用途头盔等。

防弹头盔一般要能经受住速度为400米/秒的9×16毫米"巴拉贝鲁"子弹的射击。

英国有布里斯托尔9型、17型和23型三种防弹头盔，重量分别为0.98千克、1.38千克和1.73千克。防弹性能达到了在同一点上可承受住两次枪弹的冲击。

法国主要有 RE78092 型和 RE78094 型两种防弹头盔，设计合理，功能齐全。该头盔用热塑材料和凯夫拉纤维制成，并装有吸震材料，用松紧扣锁住；耳部留有一小孔可以清楚地听到外部声音，颈部有防炸弹碎片的护颈掩蔽。

防暴头盔

防暴头盔是特种部队和特警队用于对付恐怖分子的一种头部防护装备。

美国主要有 3000 型、6000 型、9000 型和新型防暴头盔四种，均用特殊材料制成，抗冲击强度极大；配有用防弹玻璃制成的面罩；耳部用通风较好的聚乙酸乙烯树脂制成；透明度好，可减轻眼睛疲劳；有黑、棕、褐、深蓝和无光白色数种，并用金箍和银箍表示警阶；直径为 16.51 ~ 19.3675 厘米，重 0.9 ~ 1.02 千克。

德国有 PK1375 型折叠式带圆形视屏的头盔，其外壳用铝制成。面罩用耐打击的聚碳酸酯制成，透明度好，重225 克。

法国有 REF78091 型和 REF78093 型两种有顶和无顶防暴头盔，其头盔壳和面罩是用玻璃纤维加固聚酯制成，用棉布作衬里，并带有松紧扣皮带。

防噪声头盔用于在靶场训练时减轻强爆炸声对耳朵的冲击作用。例如，法国 BE12 型防噪声头盔，周边尺寸为 54 ~ 62 厘米。

防毒头盔及面具是专门为对付歹徒施放催泪弹或毒气弹而设计的。这种头盔一般用柔软的橡皮管连接着过滤器，过滤器内装有活性炭和滤烟纸。头盔上装有护目镜和报话机。较通用的产品有法国 REF817807 型、美国 M67V 型、德国 PK1425 型和日本 TS 型等。

多用途头盔是国外正在研制的一种新型头盔，用复合化纤材料制成，具有重量轻、抗冲击力强的特点。这种头盔增加了头颈覆盖面积，有效地提高了防护效果。它不仅能阻挡近距离步枪子弹的直接命中和防炸弹碎片，还能防毒，装在头盔内的风扇和滤毒器，能不时地向佩带者面部吹足够的净化空气，使其在核、生、化条件下无须佩戴防毒面具。这种头盔还有近距离通信设备和热成像夜视仪，士兵可随时与上级保持联系，在夜间作战时能如同白天一般。多用途头盔不仅是一种防护装备，而且是一种战斗武器。头盔内装有采用自动发火装置的头盔枪，可以发射无壳弹或激光弹，没有后坐力，射击精度可与步枪媲美。

采用头盔瞄准具的单兵火控系统，是一种新型的火控系统。装在头盔中的带陀螺稳定装置的激光瞄准具（用来瞄准、锁定目标）、图像增强器和热成像照相机以及一个类似电视的观察屏，由微电脑加以连接。这些装置能在各种气候条件下自动探测与识别几千米外的目标，分清敌我及目标类别，并把这些信息迅速传给士兵，使之在目视发现目标前就做好准备，一旦敌人进入有效射程，就可根据指令信息选择最佳时机，通过头盔上的瞄准镜和扳机进行射击，精度很高。

防弹服

防弹服因功能不同，其款式、防弹标准等级、重量、防弹材料、胸围尺寸也不尽相同，各有特色。但使用的目的是相同的，那就是以它"刀枪不入"的硬质防弹装甲片保护身上的要害部位，抵挡住枪弹、匕首、利器、钝器的袭击。目前防弹服的发展趋向是穿着轻巧、实用、防弹性能强、防护面积大、外形美观等方面发展。

美国的防弹服有：

ST10 型标准防弹服，防弹等级为 I 级，重 0.9 千克。防弹板尺寸12.7 厘米×22.9 厘米，用 100% 的凯夫拉防弹材料制成。胸围尺寸按美国标准号有：超大号 127～132.08 厘米，大号 116.84～121.92 厘米，中号 106.68～111.76 厘米，小号 96.52～101.6 厘米，超小号 86.36～91.44 厘米。颜色为白、藏青、棕黄和浅黄等。

RC30 型男式防弹服，防弹等级为 III A 级，不装防弹板，重 5.76 千克，内用 100% 的凯夫拉材料，外罩用 100% 的防水布料制成，胸围尺寸

身着防弹服的特种兵

与 ST10 型防弹衣相同，颜色有藏青、棕色和黑色。

BS15 型男式防弹 T 恤衫，防弹等级为 ⅡA 级，不装防弹板，重 1.39 千克，用 100% 的凯夫拉材料制成，胸围尺寸与 ST10 型的相同，颜色为白色、藏青色。

C 型防弹衣，供防暴部队穿用，等级为 Ⅱ 级，重 6.7 千克，不装防弹板，胸围尺寸与 ST10 型相同，颜色有军绿、藏青和伪装色。

法国有 AF1 型男式防弹服，可防炸弹碎片，防弹等级为法国 Ⅰ 级，重 3 千克，用纤维材料制成，尺寸可调，蓝色。

除防弹服外，世界各国特种部队和特警队还有以下几种防护服和防护器。

多用途防护服。现代战场上，士兵时刻面临各种武器的威胁，而且各种光电侦察器材的广泛使用，往往使之处在"光天化日之下"。为了有效提高战场生存能力，军事技术人员设计了一种多用途防护服。它采用特殊的轻质纤维材料，加工处理后，不仅可以防弹片，也可以防毒、防红外线，而且还能像现在的迷彩服一样随时穿在身上，大大降低了因穿戴不及时而遭生化武器"偷袭"的可能性。为了保护士兵的双脚，军事技术人员还设计了可以防地雷和弹片的"防护靴"。这样一来，任凭战场上枪林弹雨、毒气弥漫，士兵都可以无所畏惧了。

防暴服通常为连衣裤式，用耐火材料制成，能防汽油瓶和燃烧弹的袭击。它设有多种保护器材，在平息骚乱和暴乱时，能有效地保护全身。

防雷鞋主要用于跨越雷场和雷区。这种鞋的外观极像球拍形滑雪鞋，但它能把人体的重量散开，防止地雷引爆或炸伤。

护耳器是一种高技术隔音护耳装置，内装有接收立体声的传声器、放大器和扬声器。它既能隔断外界瞬间特别响的声音，又能让使用者听见外界的正常声音。护耳器的两个耳套均有各自的开关和电源，并能与戴维斯导线通讯系统连接。护耳器具有特殊的使用价值，在对付恐怖分子时，可用巨响类非致命炸弹，使暴徒立即处于昏迷或眩晕状态，将其制服。

千姿百态的枪

在热兵器问世之后，手枪、步枪、冲锋枪和机枪等很长时间占据着主战兵器系列的地位，至少在陆军中如此，而特种部队一般使用的都是轻武器。如今的枪正经历着新技术和新材料的改造，许多特种部队装备的新型枪械已经今非昔比了。

（1）斯太尔 AUG 突击步枪现被英国的 SAS 和部分英国警察采用。

斯太尔 AUG 突击步枪是世界名枪，它有这样一些辉煌的记录：突尼斯在 1978 年就开始购买斯太尔 AUG，估计至少 7 万支；澳大利亚是在 1985 年宣布把 AUG 作为制式步枪，并将其定名为 F88 步枪，最开始时装备量为 67000 支，然后澳大利亚利思戈枪厂获得 AUG 的特许生产权和出口销售

斯太尔 AUG 突击步枪

权，到 1990 年代中期产量已达 28 万支；新西兰原计划要装备 M16A2，但考虑到和澳大利亚的装备一致，因此也改为装备 AUG；AUG 也被美国海军海豹突击队、英国的 SAS 和部分英国警察采用，SAS 曾经宁愿继续使用 FAL 或采购 M16A2 也不喜欢使用于本国的 SA80，而 AUG 是 SAS 当时唯一使用过的无托枪；AUG 也广泛地被世界上多个保安机构和执法机构购买，其中包括美国海岸警卫队。

斯太尔 AUG 是一种导气式、弹匣供弹、射击方式可选的无托结构步枪，是在 1960 年代后期开始研制的，目的是为了替换当时奥地利军方采用的 STG.58FNFAL 战斗步枪。当时军方提出的要求是：精度不能低于比利时的 FNFAL 步枪；重量不能大于美国的 M16 步枪；全长也不得超过现

代冲锋枪的长度；在恶劣环境中使用时，可靠性也不能低于苏联的 AK47 和 AKM 突击步枪。

新武器的研制由奥地利斯太尔·曼利彻尔有限公司负责。主设计师一共有三个人——霍斯特·韦斯珀（GLOCK 手枪的设计者）、卡尔·韦格纳和卡尔·摩斯，奥地利军事技术办公室的沃尔特·斯托尔上校负责监督研制计划的进程。

奥地利军方将 AUG 与 FNFAL、FNCAL、捷克的 VZ58 和 M16A1 进行了对比试验，AUG 的性能表现可靠，而且在射击精度、目标捕获和全自动射击的控制方面也表现得相当优秀。这种新步枪经过技术试验和部队试验后，在 1977 年正式被奥地利陆军采用，并将其命名为 STG.77 意思是"1977 型突击步枪"，在第二年也就是 1978 年开始批量生产。从那时起 AUG 便声名大噪，除奥地利外，多个国家的军队也采用此枪。当时很少有无托结构的步枪获得执法机构或特种部队的采用，AUG 是个例外。可以说，斯太尔 AUG 是商业上最成功的无托结构的突击步枪。从 1997 开始，斯太尔·曼利彻尔开始生产 AUG 的新型号——AUG—A2。

（2）1985 年，AW 枪族的 L96A1 狙击步枪被英国军队选定为准制式狙击步枪，并被正式采用。

L96A1 狙击步枪

AW 是 AW 枪族的基本型。AW 步枪原本是 7.62mmNATO 口径型，在 1998 年，AI 公司推出了 5.56mmNATO 口径的 AW。标准的 AW 机匣长为 225mm，圆柱部直径 30.5mm，抛壳口位于机匣的右侧，长 78mm。机匣由一整块实心的锻压碳钢件机加而成，壁厚，底部和两侧较平，整体式的瞄准镜导轨通过机加生产在机匣顶部。机匣通过弹匣座附近的螺丝固定在一个铝合金底座上。

机头上周向均匀排列三个经过热处理的闭锁凸笋，闭锁时枪机旋转 60

度，通过三个闭锁凸笋与固定在机匣前桥上的闭锁环扣合而实现闭锁。闭锁环螺接在机匣内弹头入口处，这样既简化了枪管的制造，又可在闭锁间隙增大后对闭锁环进行更换。为保证闭锁时间最短，击针行程为6.6mm。机匣前桥及直径20mm的枪机上有泄气孔，当枪弹出现故障时可排出高压燃气，防止出现炸膛的危险。枪机套上有一个三位置的击针保险杆，向前推为解剖保险，武器待击；中间位置为击针保险，但枪机可以运动；后方位置为击针和枪机同时保险，枪机不能开锁。

枪机后部拉机柄周围有数条纵向铣槽，其作用是，在枪里进水并结冰的情况下，枪机不会产生冻结现象，射手仍可以完成装填动作。该枪被命名为AW也正是由于这个缘故。拉机柄稍微向后弯，而不像一般狙击步枪那样向下弯曲，这样，枪的侧面就会显得很平滑。

AW步枪

击针行程0.26英寸（约6.6mm），击针簧力很大，开火非常迅速。在黑暗中射击，射手可以凭触摸而感到击针已待击，因为此时击针明显突出于枪机后部。

不锈钢枪管螺接在机匣正面，浮置式枪管的设计使准确性只受到枪管因素的决定，不被其他因素所左右。枪膛内有六条右旋膛线，缠距12英寸，AW步枪能达到0.75mOA，据说在600码（约550m）距离上发射船形尾比赛弹的散布直径能小于2英寸（约51mm）。北约测试中心曾进行了25000发的可靠性测试，表明AW的枪管非常耐用。而在不降低狙击精度的情况下，其枪管寿命可达5000发。目前有两个枪管生产商为AW供应枪管：一个是澳大利亚的Maddco Arms公司，还有一个就是苏格兰的

Broddco Arms 公司。

为提高射击精度，大多数比赛枪都采用的是微力扳机，但狙击手在战斗紧张的情况下使用微力扳机可能出现误触发的情况，因此使用中等扣力的扳机更为适合。AW 步枪采用的两道火板机其板机扣力在 3.3 ~ 4.4 磅（1.5 ~ 2.0kg）之间可调，扳机力可通过一个调整螺加以调整，也可用扳手调整。

枪口制退器为可选配件，英军装备的 L96A1 则没有安装制退器。而 AI 公司还随枪提供有一种简易消音器，这种消声器并不是与亚音速弹配合使用的，仅仅是减小枪口噪声和地面扬尘。一般情况下，狙击手单发射击的声音会被环境嘈杂声和战场上的各种武器射击声淹没，但如果狙击手必须单独或在前沿阵地对敌射击，最好还是拧上这个消音器以减小被敌方发现的机会。

（3）SIG – SAUERP226 半自动手枪现为英国第 22 团 SAS 特种部队的辅助武器。

SIG – SAUERP226 半自动手枪

SIG – SAUERP226 自动手枪，口径为 9mm，使用 PARABELLUM 弹，全长 196mm，全重 750g，弹匣容量 15 + 1 发。具有多项创新设计：一是内置式自动撞针保险，它是由扳机联杆来驱动撞针阻铁，阻铁随时卡住撞针，除非扣动扳机到释放击锤前一刻才会顶开阻铁，这项设计使手枪的安全性提高了很多；二是击锤释放钮，能释放扬起的击锤，减少因释放击锤所造成的意外。

P226 原本是为 1980 年代初期参与美国 JSSAP 办公室主持的 XM9 手枪竞争计划而设计的，竞争的优胜者会成为美军新的制式辅助武器。在那次竞争中意大利伯莱塔 92F 取胜，除了伯莱塔 92F 外，只有 SIG—SAUERP226 被评为"技术上可以接受"的枪支。当时测试的标准非常严格，没有一把枪能够通过所有的测试，所以最好的两种也只能被评为"技术上可接受"。伯莱塔取胜的原因是价格上的优势，而此后几年 P226 很不走运，几次参加西方军队的武器招标，每次都是名列前茅，但每次总有伯莱塔手枪跟它一起竞争，而且伯莱塔手枪总是凭借更为便宜的价格把 SIG—SAUER 手枪挤出合同之外。从美国到欧洲，SIG—SAUERP266 一路输给伯莱塔手枪。

然而尽管 P226 因为价格问题落败于伯莱塔 92F，但性能表现都很好的 P226 却因此而受到执法机构和特种作战单位的青睐。在美国，像 ATF、FBI、DEA、财政与犯罪研究局（IRS/CID）、能源部等联邦机构，还有多个州或地区性警察局的普通警员或特警队也采用了 P226 手枪。而许多特种部队也比较喜欢使用这种优异的辅助武器，包括英国的第 22 团 SAS，美国海军海豹突击队。

对于靶枪射手来说有许多理由说明 P226 也许是 P220 系列手枪中最好的一种，与在此之前的 P220 和 P225 相比，P226 主要的卖点在于增大了弹匣容量，标准的 P226 弹匣容量为 15 发弹，另外还有一个 20 发的大容量弹匣。

（4）M18A1 步兵地雷也是英国 SAS 特种部队的装备之一。

M18A1 又称 CLAYMORE 地雷，是一种定向雷，最初的型号为 M18，质量比 M18A1 轻，壳体用玻璃纤维增强的聚苯乙烯塑料制成，外形呈弯曲的长方形，沿弧面一侧的塑料体中嵌有钢珠，钢珠的后面装有炸药，雷体项部有供瞄准的观察孔，两侧为雷管室，

M18A1 步兵地雷

底部有两对剪刀形支腿。该雷用 M57 点火机起爆，这是一种手提式脉冲发电机，手起动一次可产生双脉冲电流。用 30 米电线将 M57 与地雷中的 M4 雷管连接，便能将其起爆，也可以设置成拉发或绊发起爆。该雷的训练型号为 M68。除英国有装备外，还装备了澳大利亚、智利、南朝鲜、马来西亚、澳门、泰国、美国等国家。

（5）英国陆军在第二次世界大战结束时是以维克斯 MK1 式机枪作为其持续火力武器、以布伦机枪作为轻机枪的。

7.62mm 北约枪弹的采用，促使他们不得不重新选择一种通用机枪。经过长时间的试验，比利时的 FNMAG 机枪中选，英国皇家军械厂获得特许生产权，并将其命名为 L7A1 式，用以装备本国及英联邦其他一些国家。L7A1 式于 1960 年开始装备部队。以后又做了一些改进，定为 L7A2 式。L7A2 式通用机枪是英军目前大量装备的武器，也是第 22 特别空勤团的现役装备。另外澳大利亚、加拿大和新西兰也装备了此枪。

该枪作为轻机枪使用时采用两脚架，作为重机枪使用时可以安装在英国研制的 L4A1 式带缓冲器的三脚架上。

手持 L85A1 突击步枪（上）、
L86A1 轻机枪（下）的英国士兵

（6）L86A1 式 5.56mm 轻型支援武器是 L85A1 式单兵武器（突击步枪）的重枪管型，又可称之为 SA80 式轻机枪。

L86A1 式和 L85A1 式的设计原理一样，外形也十分相似，比较明显的区别就是采用了较长而且较重的枪管，并加装脚架、肩托和后握把。因而有较高的初速和精度。英国陆军在 80 年代共订购了 8000 挺 L86A1 式，主要装备给步兵班，每班两挺；海军、空军订货超过 1 万挺。

L86A1 式轻机枪结构大体上与 L85A1 式突击步枪相同，是一种导气式武器，采用枪机回转闭锁方式，由 30 发弹匣供弹。导气系统属活塞短行程结构，由活塞、活塞杆和导气节套等组成。活塞调节孔有两个选择尺寸（一个是正常的，一个是加大的）。闭锁系统为多突笋的机头闭锁系统。击针的惯性很小，没有击针簧。枪机的结构设计可保证枪机在开锁（没有完全闭锁）的情况下，不会打击枪弹底火。枪口部的消焰器外径尺寸是标准的，该枪能发射枪榴弹。其瞄准装置也与 L85A1 相同。

总而言之，目前特警部队或特种部队使用的枪械变化很大，其发展方向主要是小型、轻便、射速快、精度高、口径小、具有夜视和瞄准等功能。专家们预测，随着高技术的迅猛发展，枪的改进会更快，造型、结构、使用的材料等等都会越来越新奇，不排除在不远的将来，一些智能枪、激光枪、火箭枪、甚至原子枪等问世，枪的家族会千姿百态。

轻型装甲车

特种部队除远距离、大规模机动需要乘机或乘船外，近距离作战一般情况下都离不开车。因此，车辆成了特种部队的基本装备之一。

在这里，我们集中介绍西方国家特种部队的几种装甲车辆：

（1）德国"奔驰"230GE 型多用途装甲车。该车采用 4×4 底盘，车长 4.15 米，宽 1.7 米，高 2 米，最大公路时速为 117 千米，自重 1.67 吨，最大载荷 750 千克。可用于特种部队的巡逻、运输等多种任务。

（2）英国"格洛弗·韦布"装甲巡逻车。该车采用高硬度装甲，车体为半硬壳式结构，可防 7.62mm 机枪射击。该车采用 4×4 底盘，车长 5.6 米，宽 2.2 米，高 2.35 米，最大公路时速 125 千米，载员 14 人，战斗全重 10 吨。

法国 VBL 轻型装甲车

（3）法国 VBL 轻型装甲车。该车采用 4×4 底盘，车长 3.7 米，宽 2.02 米，高 1.7 米（不含车顶机枪），车顶装有一挺 7.62mm 机枪，最大公路时速 95 千米，水中时速 4 千米，战斗全重 3.55 吨。

（4）英国"陆游防御者"装甲战斗车。该车是"陆游者"装甲战斗车的系列车，采用 4×4 底盘，车长 3.72 米，宽 1.79 米，高 2 米，战斗全重 2.4 吨，车顶装有一挺 7.62mm 机枪。它既可用于执行特种作战任务，又可作为普通多用途战斗车使用。

（5）瑞士"比歇尔·盖耶"DURO 型装甲输送车。该车采用 4×4 底盘，车长 4.74 米，宽 1.96 米，高 2.55 米，最大公路时速 100 千米，自重 4.5 吨，最大载荷 1.5 吨。该车既可输送人员、物资，又可改装为救护车或通信指挥车。

特种手器

美国一家公司专门为在丛林地区执行任务的特种部队研制出一种名为"丛林大王二号"的多用途匕首。这种匕首锋刃长 14 厘米，刀背有锯齿。刀鞘设计独特，里面装有多种专供困难条件下求生存的用具，如：指北针、信号反光镜、药瓶、手术刀、胶布、止血带、铅笔、别针、针线包、打火石、磨刀石、鱼钩和鱼线、鱼叉式罐头刀、开瓶刀、螺丝刀等。此外，刀鞘底部还有一把折叠叉，接上乳胶管就成了一把弹弓。

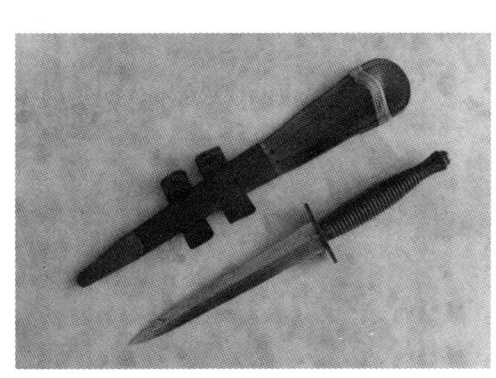

特种兵使用的匕首

电击匕首的头部采用优质钢材，表面镀铬抛光，做成终端电极，可放出 5 万伏高压，能把敌人、凶手、暴徒当场击晕，使其束手就擒。

美国为陆军突击队研制了一种新型多用途刺刀，它除了作为传统的刺刀使用外，还可作为野战匕首、铁丝钳、开瓶器和锯使用。

电击手套的外表与普通手套相似，掌心处装有三个纽扣式的电极，电池装在手腕处，接触或擒拿敌人、凶犯时，电极一通，可使对方全身肌肉产生痉挛，无力反抗。

微型舰艇

俄剪刀鱼微型潜艇长 28 米，潜航的最大速度为 6.5 节，活动范围为 1000 海里，编制乘员 6 人。

美新式微型潜艇可以附着在核潜艇上，偷偷地接近海上目标，发动突然袭击然后迅速离开现场。它能承载 12 名海军海豹突击队的士兵，下潜深度、速度也很快。此外，美海军特种部队现装备有 DSV 微型潜艇和 UUV 无人驾驶微型潜艇。无人驾驶潜艇主要用于执行布设鱼雷和扫雷等危险的特种任务。

美气旋式巡逻艇全名为远程气旋式海岸巡逻艇。它能续航 2000 海里，最高时速达 35 海里，可以到很远的地点去执行特种任务。这种巡逻艇可载 36 人。

特种弹药

为了适应特种作战的需要，世界各国都在研制和生产特种用途的弹药：

窃听弹 这是一种无声的哑弹。它的外形和普通子弹一样，直径约 10 毫米。但是，它是一个具有极高灵敏度的微型电子仪器，里边装有超高频发射器和电池。它可以窃听方圆数十米内的谈话和各种动静，并将获得的情报迅速地发射回来。这种子弹可以侦察前进道路上的动静，探听敌人的谈话，探查前方有没有伏兵等。特别是在两军对峙的战场上，只要能将子弹打进敌指挥机关，就能获取可靠的情报。

救生弹 美国研制成功的这种奇特炸弹，可用于救人。这种救生弹的弹头内装有镇静剂和急救药品，它射入人体后不会损伤人体。如果在战斗中伤员生命危急，而医务人员又难以接近，就可以发射这种子弹进行急救。另外在登山及其他运动中有人员在山顶、谷底发生意外，而一时又难以救助时，也可利用这种子弹来维持生命。

致痒弹 为了维护国内的社会治安，菲律宾军事科学研究发展中心用从当地一种野生植物的果实中提取的原料，研制成功一种新型子弹。被这

种子弹击中的人员不会死去，但全身奇痒难受。

催泪弹

催泪弹 有袖珍式、爆破散式、驱逐散式、定向进式和落地旋转式等几种类型。通常由专门的防暴枪发射或用制式枪及榴弹发射器发射，亦可像手榴弹一样用手投掷，还可以用喷雾器喷射。这种弹发射后，会立即使人大量流泪，眼睛有烧灼感，造成眼睑痉挛，鼻喉发痒，喷嚏咳嗽不止。

毒气弹 主要有烟幕毒气弹、防暴毒气弹、催泪瓦斯弹等。当敌人接触到这些化学剂及其蒸气时，眼、鼻、喉会感到异常难受；若进入食道，会造成永久性伤害；皮肤接触后有瘙痒和针扎感。一般情况下，能使人丧失活动能力 20～30 分钟，有时能使人处于昏死状态。

噪音弹 德国科学家利用噪声制成了一种新式噪音炸弹。这种炸弹爆炸时能产生极大的噪音音波，可使人们的听觉和中枢神经发生麻痹，造成短时间的昏迷。噪音炸弹用途广泛，特别是在处理劫机、绑架等特殊情况

SAS 队员在反恐行动中

时，更为有效。德国边防军第9反恐怖纵队在处理一起劫机事件中，向机舱内投掷了五枚噪音弹，机上人员全部昏迷，劫机事件很快平息，暴徒全部被抓获，而机上乘客和机组人员不久就苏醒了。

俄罗斯特种科技研究所最近首次向外界披露了该所研制的"黎明"强噪音弹。该弹爆炸后会发出高达172分贝的巨响。由于人们在正常情况下只能承受约90分贝的噪音，因而172分贝的巨响足以使歹徒短暂失聪、失明。据称，这种强噪音弹最适用于拯救人质或在闹市区追捕匪徒。

灭火弹 它首先由前苏联研制成功，使用非常简便。只要将它投置于熊熊烈火中，灭火弹就会立即爆炸。随着爆炸声响，大火就会被扑灭。这是因为灭火弹爆炸的瞬间能释放出大量的二氧化碳，覆盖烈火。这种炸弹体积小，重量轻，携带方便，适用于各种条件下的灭火。特别是对于缺水地区及其他特殊条件下的灭火尤为适宜。

催眠弹 它是由英国研制而成的。这种炸弹以软质材料为弹体，爆炸时不会伤人。炸弹内装有高效催眠剂，一枚炸弹足以使十几人在极短的时间内进入睡眠状态。

达姆弹 又称"炸子儿"。从结构上看，这种子弹唯一的特点就是弹头露出直径1毫米的铅心，与19世纪流行打猎物专用的"半被甲"猎枪弹很相似。由于弹头部露铅，弹丸侵入肌体后，立即变成蘑菇状，并发生断裂，在很短的时间内将全部能量都传给肌体，形成可怕的爆炸型弹伤——

达姆弹

不仅伤口大，而且容易造成肢体断裂，加之铅本身有毒，所以这种子弹的杀伤力很强。

纵火导弹 美军正在研制一种全天候空对地纵火导弹，弹内装阶梯式烈性炸药和由纵火材料锆合金、软钢按比例配置的预制块，传爆器与导管相接固定在导弹上。该弹主要用来烧毁敌方的重要军事设施。

纵火地雷 可根据需要设计成不同大小，装填不同的燃烧剂，以便在海岸、陆地设置火障，封锁交通要道等。

特异武器

液体发射药枪是由美国研制成功的，其特点是弹丸初速度比普通子弹大得多。这种枪用含90%的硝酸肼的液体做发射药，发射专用弹丸，其初速度可达1500米/秒，比一般的弹丸初速度高近一倍。弹丸装在带弹性齿的弹丸座上，弹丸上有液体发射药导孔。为了防止烯气从弹丸和枪膛壁间漏出，弹丸上有闭气环。弹丸座上有拉壳钩可将弹丸从枪膛内拉出，用弹匣供给弹丸。

为了追求更大的杀伤力，比利时研制成功了一种52毫米无声、无烟、无光的迫击炮。这种迫击炮射击时不会暴露发射阵地，因此十分适合于侦察支队和特种作战支队使用。

目前，这种炮有两种型号，一种是带两脚架的常规型，射程140～700米；另一种是突击型，开脚架，全重仅有3.6千克，射程200～700米。主要配用的有杀伤弹、照明弹和烟幕弹。

美国布鲁克斯烟火器材公司推出一种MX－5精神错乱型手榴弹。它由飞脱杠杆点火器和内含烟火剂的塑料弹体组成，兼有防水密封结构。投射后，从弹内抛射出一束小烟火弹，再经1.5秒的延期时间后，发出强烈闪电和震耳的爆炸声，使对方暂时神志慌乱和迷失方向，但不造成伤害。该弹是这家公司与英国秘密保安部联合研制的，目前已在一些国家特种部队中装备使用。

英国哈利和韦勒有限公司生产的

SAS队员戎装风采

H&W 系列眩晕手榴弹，使用电引信、子弹药，在散布后 1 秒钟爆炸。其爆炸发出的轰鸣声和强烈的闪光使近处的人产生眩晕，迷失方向。该弹体长 134 毫米，直径 51 毫米，重 301 克。

闪光巨响刺激型枪榴弹能使敌人暂时失明几个小时，引起暂时耳聋，神经错乱，甚至丧失活动能力或陷入昏迷状态。

弱爆器是由英国特种部队的米格·格拉感发明的。它是将化学性液体藏于一个密封塑质长方形容器内，容器底部中央向内凹陷。把它置于炸弹或可疑物体上，如炸弹爆炸，会使弱爆器内的液体化学剂气化，从而抑制 90% 的火球及碎片扩散，减轻伤亡。弱爆器重 17 千克，适用于各种金属外壳炸弹。

炫目强光电筒可利用特制电弧光源，射出的平行强光束达 200 米远。照射人眼，可使受光者眩晕或短时失明，失去反抗能力。

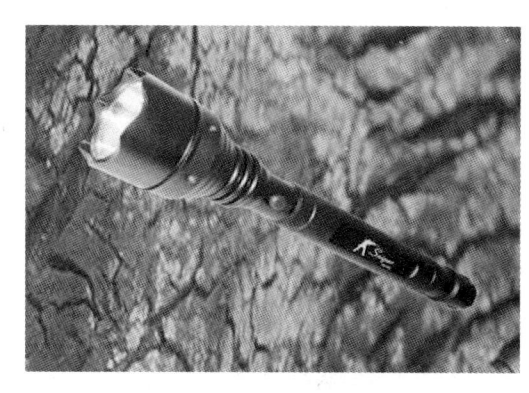

炫目强光电筒

美国新近研制了几种致盲激光武器，能使敌方眼睛失明。它们是：

激光对抗系统，安装在 M－16 步枪上，可以施放出一种光波，在 1 千米内能把人的视网膜烧坏。

佩刀–203，一种激光手榴弹，爆炸后可以使人暂时失明。

炫光，这是一种对敌人威胁很大的激光武器，它对皮肤和眼睛都有危害。

此外，高效驱虫剂是为了适用于特种部队在丛林、沼泽等蚊虫多的地方作战而研制的。美国特种部队正在研制一种可直接喷洒在军服上的高效驱虫剂。这种喷雾驱虫剂喷在军服上，可使军人在数月内免遭害虫侵扰，而且军服即使洗涤过数次也不会降低驱虫药效。

高端微型武器

（1）"蚂蚁"间谍。这种微型武器的样子形如蚂蚁，其背部装备一块太阳能电池板，它能够在犯罪分子控制的地点或敌占区到处漫游，但不为敌人所注意。它们或钻入犯罪分子的潜隐地，或爬进敌军指挥部。每只"蚂蚁"身上都装有一组传感器，从而把刺探的军情告诉己方。

（2）"黄蜂"炸弹。这种微型武器与"蚂蚁"间谍武器的原理基本相同，其样子形如黄蜂，背部也装有一块太阳能电池板，便于到处飞行，但它的体积稍大于蚂蚁，能携带炸药去摧毁敌人的输电线路或电脑通信电缆。

（3）"小草"传感器。该微型武器的形状犹如路旁小草，设计师们给它装有摄像机和传感器，使其像人的眼睛一样在交通路口监视着周围的景物，感知外界的动静，但因其体积微小，混杂于周围草丛，很难辨认。它的作用是探测敌人及其运输工具的行动，并将情报传回特种部队指挥部。

（4）迷你飞机。该微型武器的体积如同一张5英镑的纸币，机上装有传感器，能嗅出柴油机排放出的废气，拍摄红外照片，或向数十千米外的己方部队提供敌方目标和位置坐标，以保证予敌以有效打击。

机动灵活的特殊编组

英军特种部队的编组形式和人员编配标准，主要是根据其任务而确定的。尽管由于各国的情况不同，特种部队的规模和编组也不尽相同，但在体制上实行统一集中指挥，在编制上强调小而精、机动灵活、便于快速反应等却是相同的。

实行集中统一的指挥体制

为加强领导，实施高效的作战指挥，各国特种部队普遍采用集中统一指挥的组织体制，最高指挥权大都由统帅部直接掌握。具体实施，基本上分两类：

一类以苏俄为代表，其特种部队（不含克格勃的特种部队）由总参情报部负责实施总的业务指导。具体地说，特种部队训练大纲、训练计划、装备的配发等均由总参情报部负责。总参情报部还直接辖有特种部队教导营和特种部队训练中心。

SAS 队员模型

另一类以英、美等国为代表，其特种部队由统帅部中的作战部门直接指挥，如美军特种部队是各军种中的一个独立兵种部队，其作战指挥由参谋长联席会议的特种作战司令部直接负责。该司令部统一制定和组织特种部队的作战行动计划、预算分配、军事训练和演习、战备建设等并协调和监督三军特种部队的行动。美国陆、海、空三军都设有特种作战司令部；太平洋和大西洋战区也分别设有特种作战司令部，统辖联合特种作战特遣部队。英、法、德等西欧国家和埃及、约旦等国的特种部队的指挥权和使用权，一般也都由国防部或军种参谋部直接掌握，有的甚至由总统直接控制。这一类特种部队在行政上与情报部门无隶属关系，但在业务上仍有密切的联系。在海湾战争中，多国部队组成联军特种作战司令部，由多国部队总司令施瓦茨科普夫直接指挥，使参战各国的特种部队协调一致地行动，发挥了较高的作战效能。

贯彻少而精的编制原则

特种部队的作战行动，一般以独立作战为主。为便于快速反应，英军特种部队的编成，十分强调精干、轻便、灵活。其人数一般只占军队总员额的1%－3%。美三军特种部队总数为4.2万余人，占三军总人数（不含文职人员）的2%；以色列的特种部队占三军总兵力的2.5%。由于特种部队的后勤保障形式灵活多样，特别是作战小支队，基本上不专门编配后勤保障人员，因而，特种部队的战斗人员比例高，后勤保障人员比例极低。特种部队人员精干，素质高，军官、军士占的比例大。由于特种作战任务的广泛和复杂，特种部队成员需要掌握多方面的技能，并保持较高素质，因此士兵中老兵比例较大。美海军特种部队的士兵全部是军士。俄海军特种作战连编制115人，其中军官9人、准尉11人，大大高于一般连队（军官5人，准尉1人），军士占士兵的比例也高于一般部队。特种部队人员素质高，单兵技能全面，独立作战能力强。美军一个特种作战小组（由12人组成）的作战能力相当于普通部队50人的作战能力。

目光如电的 SAS 队员

作为特种部队的最大编制单位，目前有旅一级编制的仅有俄国、韩国、印度、以色列等少数军队，但旅的规模也不大，与团一级相仿，如俄军特种任务旅编制人数仅1000－1300人，配属方面军；韩国"空降特种作战旅"编制人数约1800人。只有泰国编有特战师。

团（大队）是多数国家特种部队的基本编制单位。如美陆军特种部队编有5个特种作战大队、1个特种作战航空团和1个心理战大队，都是团一级的，美海军编有2个特种作战大队，每个大队700－900人；英军特别空中勤务团编制为700人左右；法军的1个伞兵突击团，约编1000人；越南特工部队也编成团，每团

1500－1600人。

连、排、班、小组为各国特种部队主要任务编组形式。特种部队也可以成建制地以整旅、整团的规模集中执行任务，但此种情况比较少，一般以分散的形式执行任务。如美军特种部队在越南战争期间，一般以班、排为单位，组成特遣支队遂行任务。越特工部队也大都以小支队的形式遂行任务，少则几人，多则几十人；俄特种部队战时也以特种任务小组为主要活动形式，据称，一个特种任务旅，可编成135个特种任务小组，每个小组通常由2名军官、2名爆破手、4名侦察员、1名通信员、1名医务人员组成。美军的特种作战小组通常由12人组成。在马岛战争中，英军特种支队的战斗编组灵活机动，少则2－4人，多达10余人，并可在执行任务过程中临时调整。各组以分散活动为主，必要时亦可适当集中。

着眼于快速反应能力

在编组特种部队时十分注重快速反应能力。如美陆军特种作战司令部所属的5个特种部队大队、第4心理战大队和第75别动团的3个别动营都可实施空降，这些部队随时都可执行快速机动作战任务。现在英国的特种部队，如特别空中勤务团和特种舟艇部队，都可实施快速机动。这些部队除具有很强的快速机动能力外，还具有很强的适应性，可以较好

SAS队员在战斗中

地遂行多种不同性质的任务，因而也被称为"救火队"。

急难险重的特别任务

由于特种部队强调以少胜多、以弱制强、以奇取胜，具有常规部队所起不到的作用，为此，英军高层决策者总是在特定的情况下，针对不同的作战对象，把非同寻常、急难险重的作战任务赋予这类部队，并根据遂行特定作战任务的需要，来建设特种部队。特种部队可实施各种战略、战役和战术行动。美国特种作战司令部前任司令斯蒂纳陆军上将曾指出："在当今复杂的多极世界里，特种部队是执行美国安全战略的非常理想的工具。"英军特种部队执行的作战任务主要有：

侦察搜索

孙子曰："知己知彼，百战不殆。"不明敌情，便无法作战。因此，战前的侦察与搜索工作是必不可少的。侦察搜索的方法是多种多样的，目前最常用的方法有以下几种：

（1）利用报纸、杂志和官方文件以及军政首脑的讲话，进行综合系统地分析，从中捕捉有价值的东西。但是，这种方法有利有弊，利的方面是指它能系统解析，不为表面现象所迷惑，准确率较高。弊的方面是它费时太多，不便应付一些突发事件。对那些紧急的恐怖活动，往往不等新闻媒体披露，就得采取应急措施。究竟何时采用此种方法，只能视情况而定。

（2）利用电视、收音机广播和无线电通信进行监听。电视和收音机广播与刊物一样，通过这种新闻载体，可以捕捉到有价值的信息，但亦费时费力。不如监听无线电通信的方法快捷，尤其是监听电报、破译密码的方法更是有效，它不仅能清楚地了解敌人的企图，同时还能探明通信站和雷达基地，掌握其确切位置、通信电波和雷达电波的波长、电波变更的方法、电波干扰及反电波干扰。通过了解通信数量和次数的多少，查明敌人的各种情况。

（3）进行敌后侦察，搜索重要情报。特种部队通常采取预先潜伏、空降和从地面、海上渗入的办法，进行敌后侦察搜索。例如，他们在进入某地时，可能装扮成旅游团、代表团和体育代表队，或者是海员、飞机乘客和卡车司机。此外，他们还可能以技术人员、卫兵、园丁、厨师等身份派往某地附近，渗入敌后，进行无线电窃听、照相、捕俘，或混入当地居民中获取情报。海湾战争期间，美军特种部队就曾挑选一些懂阿拉伯语、长相酷似伊拉克人的队员，化装成伊拉克的老百姓，秘密潜入到伊方重要设施、交通要道附近，侦察伊军的兵力部署和作战企图，尤其是在搜索伊军的机动式"飞毛腿"导弹发射架方

侦察行动中的 SAS 队员

面，特种部队发挥了突出的作用。

特种部队在执行侦察搜索任务时，由于不用携带重武器装备，因此比较机动灵活。他们不论从空中或者从海上渗入敌后时，必须首先掩藏好上陆的装备（降落伞或潜水衣）。离开此地后，若干个行动小组在比较安全的地点共设一个防御基地，不易随身携带的装备均留在基地内，基地四周将敷设地雷或绊索照明弹。尔后，留下几名队员在远处监护基地，其他队员分小组到远处执行任务。如果基地被敌人发现，绊索照明弹和地雷的爆炸声将给哨兵报警。于是，他们将迅速赶到其他预定的集合地点，向完成任务后返回的侦察小组通报危险情况。基地的位置可能随时改变，藏匿地点从一个地方转移到另一个地方。如果队员少、没有什么可留下的装备，而且在执行任务后当天返回，或者是缴获了敌人运输车辆等，即不必考虑建立这样的基地。

在实施战斗搜索时，特种部队运动缓慢，并注意伪装。若与敌军遭遇，特种部队队员通常不投入战斗，而是疏散，然后到预定地点集合。一

特种部队：特：在哪里

且发现目标，即与上级有关单位取得联系，及时报告目标坐标，由己方其他部队用飞机或导弹实施打击。完成任务后，特种部队各小组迅速撤离该地，以免遭到敌人打击。然而，在某种情况下，特种部队将往往独自摧毁目标。这时，他们要发扬顽强的作战精神，利用近战、夜战、奇袭或爆破等特种作战战术，将目标彻底摧毁。在世界各国特种部队的战史上，这种战例举不胜举。

骚扰破坏

通过各种手段深入敌后，以奇袭方式，破坏敌指挥中心、机场、桥梁、防空设施以及交通枢纽、油气管道、发电设施、工厂、仓库等重要目标，是特种部队的一项"绝活儿"。

第二次世界大战时，在欧洲战场上，英美苏盟军充分使用"蛙人"遂行各种特殊任务，取得很大成果。英海军水下爆破队在诺曼底登陆作战中大显身手。他们不顾德军猛烈炮火，清除了诺曼底海岸第一线的障碍物，为盟军顺利登陆创造了条件。登陆成功后，水下爆破队又为英海军陆战队向纵深发展开辟了通路。

朝鲜战争中，美海军水下爆破队负责执行朝鲜海岸的侦察任务。他们

SAS 队员严阵以待

还渗入朝鲜人民军后方爆破桥梁、铁路、车站、通信枢纽等目标。美国海军还专门训练了一种"蛙人"，使用特种装备，在海上破坏中朝的渔业生产，美军称此行动为"渔网战"。

1973年的第四次中东战争开始前夕，埃及得知以色列在苏伊士运河中埋设了人工火阵，企图以此封锁运河。埃及特种部队当即派出"蛙人"小队潜入水中，破坏了以军布设在运河用于形成人工火阵的全部喷油管，使以军人工火阵计划彻底破产。

直接参战

特种部队技能全面，突击力量强，并具有应付各种复杂情况的灵活应变能力。他们不但能独立作战，完成各项艰巨任务，而且在现代战争中，越来越多地被用于直接参战，配合正规主力部队作战。他们有时充当突击队；有时担任佯攻，侧翼惑敌；有时深入敌阵，抢占要点。

1982年，英国特种部队直接参加对阿根廷的马岛战争，最终取得决定性的胜利。

在海湾战争中，英国特种部队实施了广泛的作战行动，有力地配合了多国部队陆、海、空军主力部队的作战。

特种部队：特：在哪里

组织营救

由于经过特殊训练，特种部队在组织营救活动中经常充当主角。不管是战场营救还是在反恐怖行动中营救人质，特种部队都有出色表现。有些国家建立了进行营救活动的专职特种部队，如美国的"三角洲"部队、英国的特别空勤团、德国的第9边防警备队（GSG9）等等。

1980年5月，英国特别空勤团队员对在伦敦的伊朗大使馆被困人质采取了非常有效的营救行动，让英国特别空勤团名字一下子从默默无闻变得家喻户晓。

1976年7月以色列特种部队精选近200名武装突击队员，分乘4架军用运输机，采取超低空飞行，远距离偷袭乌干达恩德培机场，抢救出被劫持的94名人质，当场击毙全部劫机者，并炸毁10余架乌干达作战飞机，

SAS 队员在反恐行动中

整个袭击行动仅用了 53 分钟，当时在国际上引起很大反响。

1976 年 8 月，埃及特种部队成功地制服了一架波音客机的劫持者，救出了机上的人质。

1977 年 10 月 18 日，德国第 9 边防警备队在索马里首都摩加迪沙营救出被恐怖分子劫持的飞机和人质。

海湾战争中，美军中央部队司令部将营救飞行员的任务交给了陆军第 160 航空团第 3 营。在空袭阶段，该营组织了多次营救飞行员的行动。其中一次，当伊军士兵已接近到距离跳伞的美军飞行员仅有 300 米时，营救的直升机及时赶到，将伊军击退，救出了飞行员。这些成功的营救行动对鼓舞飞行员和部队的士气起到了一定的作用。除了营救飞行员，该营还数次将深入伊拉克境内的特种部队小队成功地营救出来。例如在 1991 年 2 月中旬的一次营救行动中，该营的"黑鹰"式直升机在离地面 3 米的高度上飞行 240 千米，深入到幼发拉底河以北地区将受伊军围困 9 个小时的 9 名特种部队成员安全撤出。

斩首行动

特种部队可采取特工手段，对敌国政府要员或军队高级指挥人员进行绑架或暗杀，使其国家或军队失去控制，不战自乱。

1979 年 12 月 27 日苏军入侵阿富汗之前，苏内务部第一副部长帕普金率领特种突击队员，秘密潜入阿富汗首都，暗杀了阿军总参谋长、保安局长、司法部长和国家元首阿明，使阿富汗顿时陷入一片混乱，苏军趁机发兵占领。

1988 年 4 月 16 日，以色列情报机构派遣一支约 30 人的突击队，化妆成黎巴嫩游客，潜入突尼斯境内，暗杀了巴勒斯坦解放组织第二号领袖、武装力量副总司令阿布·查哈德。

心理战术

特种部队为支援正规部队的作战行动，通过实施各种宣传活动，例如散布假消息，歪曲事件真相，对敌方军民的现实认识施加影响，以涣散敌方军心，迷惑敌方人员，让他们停止抵抗、开小差或缴械投降，削弱敌方战斗力，支持敌方内部反对势力的政治活动，促使当地民众对已军采取友好态度，直接配合已方正规部队作战。

在海湾战争中，美英等多国部队的"联合心理战委员会"在布什总统的直接授意下，制订了周密的心理战计划，使用了各种先进技术手段，投入了大量训练有素的心理战部队，对伊拉克展开了强大的心理攻势。据不完全统计，在战前和战争中，多国部队共散发了各类传单约 2800 万张和大量的录音带、录像带，组织了一批懂阿拉语、通晓阿拉伯文化传统和风俗习惯的专家，在战区内建立了"海湾之声"广播电台，每天对伊军进行 18 小时的战场广播。同时向多国部队的每个作战营派出战场喊话小组，跟随部队进行战场宣传。在多国部队尤其是特种部队心理战的影响下，伊军至少有 6 万人向多国部队投降。在战后审讯俘虏时得知，90% 的俘虏都看过多国部队散发的传单，70% 的俘虏承认是受到这种心理战的影响而决定投降的。由此可见，特种部队的心理战术是多么重要。

二战时期建奇功

英国是世界上最早组建特种部队的国家，英国特种部队装备先进，训练有素，人员精干，作战神勇，是英国干预力量的尖兵、特种战的先锋。它是世界上最令人感到畏惧也是最受人尊敬的特种部队，这正是通过一次次出色地完成各种急难险重的特别任务铸就的。英国特种部队诞生于硝烟弥漫的二战战场，而且是在英军处于劣势的情况下，它创建的目的就是为了担任各种特别任务，有时是为了捣毁敌人重要的军事要点，如"狠咬"纳粹的伍兹伯格雷达；有时是给予敌人突然一击中其要害，如奇袭波尔多港；有时是直接参加战斗，如在欧洲战场上的作战；有时是担任警戒保卫工作，如首相国宴上的枪声，等等。总之，它就像一把灵活机动的尖刀，哪里需要它就插向哪里。

英国特种部队从创建之初就屡建奇功，为英军甚至是为二战盟军最终战胜法西斯军队立下了汗马功劳。

捣毁意军导水管

制定"巨人"计划

1940 年 6 月 10 日，意大利与德国结成同盟，宣布与英法开战，并开始蚕食英国、法国控制下的一些小国、弱国。当时，意大利军队主要通过塔兰托、布林迪西、巴里等军港被海运至阿尔及利亚、利比亚等国。在那里发动侵略战争，并使战争不断升级。

英国袭击队指挥部决心对上述军港进行破坏活动，延缓意军的出征行动。然而由于兵力太少，加之意大利军港重兵把守，戒备森严，偷袭成功的可能性很小。该如何有效实施敌后破坏作战呢？指挥部派出多个行动小组，分头潜入那些军港，进行详细、认真地勘查，结果发现塔兰托、布林迪西、巴里等军港有一个致命的弱点——缺乏淡水。

原来，这些军港使用的淡水主要靠一条从沃尔图诺山上通下的导水管供应，若将这条导水管破坏，就可切断这些军港的淡水供应。军港得不到淡水，必然会陷于半瘫痪状态。

机不可失，时不我待。指挥部司令官罗杰·凯斯海军上将决心抓住这个机会，给意大利军港制造一个"水荒"。在伦敦一家自来水公司的大力帮助和指导下，袭击队确定了攻击地段。为此，凯斯海军上将亲自挑选了空降突击小分队。小分队由 6 名军官、32 名士兵组成，由普里查德少校指挥。这是空降伞兵连成立以来执行的第一次作战行动，它无论对袭击队还是对处在低潮的英军，都具有十分重要的意义。因此，凯斯将军严格要求他们，"这次行动只许成功，不许失败。"

指挥部迅速拟定好了一份作战方案。其方案主要内容如下：

突击小分队乘八架威特雷式轰炸机于 1941 年 2 月 7 日飞抵马耳他，在那里进行作战的最后准备并待命出击。2 月 10 日晚，六架轰炸机运载突击小分队，另两架则装满炸弹准备实施牵制性攻击或对地面进行火力支援。突击小分队跳伞着陆后，立即对沃尔图诺山腰处两条平行设置的导水管实施爆破。完成任务后，小分队从陆路赶到塞列河口，登上一艘在那里接应他们的英军"胜利"号潜艇。然后，由潜艇运送他们回国。由于此次行动仅是针对一条水管，英军自我解嘲地称其为"巨人"计划。

行动中的差错

2 月 10 日夜晚，天气晴朗，皓月当空。马耳他机场上，英国突击小分

二战时期建奇功

队精神抖擞地登上了轰炸机。片刻，八架威特雷式轰炸机发出震耳欲聋的隆隆声，呼啸着腾空而起，转眼间，机群便消失在茫茫夜空里。

马耳他机场

轰炸机在高空发出沉闷的声音，迎着凛冽的寒风，直扑意大利的海岸线。当飞机快到目标上空时，突击小分队小心翼翼地打开飞机底舱上的门，一阵寒风袭进炸弹舱，队员们一个个冷得缩起了脖子。

"准备跳伞！"指挥官厉声命令。

于是，第一批跳伞的几名队员马上面对面地蹲在敞开的底舱门两侧，准备跳伞。从轰炸机狭窄的炸弹舱里往外跳伞，既需要勇气和胆量，更需要技术和经验。如果跳离飞机时用力过猛，机外气流会形成一股很大的力，把人扔到与跳出方向相反一侧的舱门边缘上，撞个头破血流。如果跳出舱门时用劲过小，背后笨重的伞包又容易挂在舱门上，使人悬挂在飞机上，被强大气流抛向机身，撞得鼻青脸肿。因此，这些伞兵在跳伞训练阶段，常常伤筋动骨，遍体鳞伤，真是吃了不少苦头。经过严格训练，现在大部分袭击队的伞兵基本上都能熟练地掌握跳伞的技巧。

机舱里的红灯亮了，它告诉队员们再有 5 秒钟就要到达伞降地域。也许是第一次进行空降作战，队员们个个都有点紧张。第一名队员开始向前移动，将双腿悬挂在舱外，完全做好了下跳的准备。显示跳伞的绿灯一亮，他便弓腰跳了下去。紧接着，其他队员一个接一个地跳了下去。

张开的白色降落伞就像一朵朵绽开的大白花，在寒冷的空中飘荡，徐徐下降。由于山坡上积雪较厚，有的地方结着冰，这给队员们安全着陆带来了很大困难。大多数队员着陆技术发挥得不好，一个个摔得浑身是雪，受轻伤的不少，有一名队员甚至小腿骨折。尽管如此，整个伞降还是比较成功的。

然而，糟糕的是，普里查德少校在清点队伍时，发现负责爆破的戴利上尉和工兵们不在集合的队列中。原来，戴利乘坐的飞机因发生机械故障未能按时起飞。后来好不容易升空后，飞机又迷航飞错了地方。于是戴利和他的爆破组全部糊里糊涂地空降到距目标数十千米的山谷中。

少尉自告奋勇

没有爆破组和工兵人员，等于失去了最后的进攻破坏手段，对完成任务带来了极大的困难。"这次行动只许成功，不许失败！"普里查德想起了凯斯将军最后的叮嘱。——执行这么一个小小的任务居然还会出这么大的差错，这如何是好！普里查德少校气得暴跳如雷，七窍生烟，但又无可奈何。

正当少校焦急万分之际，帕特森少尉走上前来，自告奋勇地要求拍任爆破任务，并反复解释他有几个月的工兵经历，完全能胜任爆破作业。普里查德立刻转怒为喜，按帕特森的要求，重新挑选了八名队员组建了爆破组。

突击小分队爬上了沃尔士诺山腰，此时天已破晓。不久，他们来到了预定的目标地点，两条平行设置的粗大水管展现在眼前。帕特森少尉发现，水管的支座远比想象的坚固得多。它根本不是原先想象的那样是用石块砌成，而是由钢筋水泥浇筑而成的。帕特森少尉也感到十分棘手，不由得皱起了眉头。原用于爆破的炸药及爆破器材全在戴利的爆破组那里，而他们现在不知在何方。可眼下连一点炸药也没有，这么坚固的大水管如何摧毁它呢?！

二战时期建奇功

大家都把热切期待的眼光投向了帕特森少尉。少尉不辜负大家的希望，突然灵机一动，想到了一个可行的办法。他让突击队员将手雷、手榴弹全部集中起来，绑扎成捆，作为爆破器材。在爆破地点附近，横躺着一座小桥，估计敌军很可能会利用这座小桥送来修筑材料，将毁坏的水管重新修复。因此，少尉建议把这座小桥也一并炸掉。普里查德少校同意了他的要求。在伞兵突击队员的警卫下，临时组成的八名爆破组成员在帕特森少尉的带领下，开始了紧张的爆破准备工作。

爆破工作进行得非常顺利，可以说是天衣无缝。中午 12 点 30 分，在山谷中突然出现了三声惊天动地的巨响。其响声沿山谷回荡开来，传向远方。

"爆破成功了！""爆炸成功啦！"突击队员们欢呼起来。在爆炸的一瞬间，水管断裂，水柱冲天而起，约有数十米高，在明媚的阳光下，场面十分壮观。但是，由于缺少炸药，爆炸当量不够，水管的破损程度并不十分理想，也许短期内就能修复。此时此刻，普里查德少校也顾不了这些，急令他的小分队立即撤离这个已暴露的危险区。于是，突击小分队分成两个小组，分头钻进山沟，向着塞列河口方向前进。

万般无奈当俘虏

山地陡峭，天气寒冷，已经劳累了一天的突击队员们又饥又累，前进速度十分缓慢。为了能迅速逃离虎口，指挥官催促着他们快走。然而，士兵们总是觉得迈不开步子。他们实在是太累了，需要充饥，需要休息。可是，情况紧急，意大利追兵随时可能出现。指挥官只得像赶鸭子一般地强迫部下继续前进。

第二天清晨，有一路突击队员又饿又渴，再也挪不动步子了，他们累得东倒西歪，指挥官只得让他们坐下休息一会儿。这时，一群去赶集的意大利山民正巧路过这儿，发现了他们。山民们好奇地围观着这支衣冠不整的部队，越看越觉得令人生疑，于是有人报告去了。英军突击队的小伙子们，此时累得都快要趴下来了，既懒得招惹他们，也顾不了许多。不多时，一支意大利巡逻队赶来了。抵抗是无用的，又累又饿的突击队员们无路可寻，万般无奈，只好选择投降。他们将武器稀里哗啦地丢在山坡上，举着双手走下山来。

另一路突击队员的情况也十分不妙，他们晕头转向地闯进一个山村，正好遇上了意大利警察。没有勇气进行战斗，抵抗只是死路一条，他们也向警察缴了械。

这两路队员在意大利的一个战俘营相聚，真有说不出的滋味儿。而且，参加"巨人"作战的全部突击队员均在那里会合了。因为戴利上尉带领的爆破组也在那儿。原来，他们着陆后，像一群无头苍蝇似地在山区转悠了几天，没吃没喝，最后在饥寒交迫中被迫向意大利巡逻队缴了枪。

意义重大

这次"巨人"作战没有达成原先的目的，所有突击队员全部成为意军的俘虏，对意大利军港几乎没有造成什么影响。就在军港的蓄水池即将干涸之际，被英军炸坏的导水管就修复了，淡水仍源源不断流向各个军港。军港也仍和往日一样地发挥着战争的特殊效用。

尽管如此，"巨人"作战是在法西斯侵略扩张连连告捷、气焰十分嚣张之际，而盟军连遭败绩、士气十分低落的情况下进行的，虽然其规模较小，战果也不甚明显，却向敌人显示出了盟军与敌战斗到底的决心，并且或多或少地给意大利带来了心理上的冲击。因此，从某种意义上来讲，这也可以说是一次较为成功的空降突击作战，起到了扰乱敌方补给供应、延缓敌人行动的作用。

"狠咬"纳粹的伍兹伯格雷达

目标锁定

自从二次大战开战以来，皇家空军就绞尽脑汁地想把战争带到德国本土。尤其是在法国沦陷后，英国在欧洲更显得势单力孤，而且被迫采取守势，于是更急于将战火烧到德国本土。然而，1941 年至 1942 年之间，英国要想集结一支规模大的部队对欧洲大陆进行大规模的反攻，简直比登天还难。此时，英国唯一能采取的进攻行动，显然只有空中轰炸了。

显而易见，要想对德军实施有效的战略轰炸，以最小的代价获取最大的成功，皇家空军面临的首要问题就是对付德国精密而强大的防空警戒系统。

而此时德国的防空网，由于部署了一种新型雷达而得到了极大地改进。希特勒深知拥有高精度的先进防空预警系统的重要意义，也深知保守此项军事秘密的意义，因此，德军始终对其装备的新型雷达系统采取严格的保密措施。尽管英军千方百计想探寻德军雷达的秘密，但始终未能如愿。

德军的雷达站沿欧洲大陆占领区的海岸线零星分布。到 1941 年 10 月，皇家空军的喷火战斗机已发现并辨别出大约 27 处德军雷达站的位置。以往，皇家空军的飞机在飞越德军占领区时，曾侦测到其雷达的电讯号，并且想尽办法企图确定它的频率，然而直到 1941 年底仍无法取得结果。

时间已经愈来愈紧迫了，如果要使预定在 1942 年春实施的轰炸行动取得成功，并使损失减少到最低限度，最重要的事情显然就是尽快获取德军第一线的防空雷达的详细资料，以便找到对付的办法。

正当皇家空军一筹莫展、手足无措的时候，东方间谍雪中送炭，提供了他们一直可望而不可即的第一手情报——德军防空警戒系统的新型装备：伍兹伯格雷达。

超低空侦察

早在 1941 年 11 月，英国电子技术专家查尔斯·法兰克博士在检查一张从中高度拍摄到的航空照片，此张照片是皇家空军驻在牛津郡班森基地的照相侦察大队在例行的侦照飞行中所拍摄到的一系列照片中的一张。由于拍照高度太高，很难从其中明确地看出德军到底在搞什么名堂。但是这位细心的科学家突然发现，在一栋独立的房子附近有一个特别可疑的建筑物，他认为那很可能就是一座雷达天线的一部分。于是他立刻打电话报告联合作战总部，建议对当地再进行一次特别的低空拍照，以取得更多的详细资料。

皇家空军一见事情非同小可，决定派遣班森基地中经验最丰富的侦察照相飞行员来完成这一特别任务。中尉飞行员东尼希尔受命驾驶飞机悄然来到佛瑞亚。一天，他驾驶飞机低低地掠过峭壁，不偏不倚地从雷达站的正上方通过。但是，正当他调转机头，准备再度进入并开始拍照时，却突然发现那该死的照相机竟在这一紧要关头出故障了！尽管他又急又气，但也毫无办法。他只好对那个被称为"电碗"的东西匆匆看了几眼之后就悻悻然返航。

第二天一大早，东尼希尔打破不成文的惯例，单枪匹马又对当地德军的雷达站进行了一次一模一样的侦察。这一次，他成功地拍摄了二次大战中最著名、并足以使他引以为荣的绝妙的超低空侦察摄影照片。

这张斜角度照片，清楚地显示出那座伍兹伯格雷达天线、独立房屋以及附近的地形与道路。这帧照片为英国情报部门进一步了解伍兹伯格雷达提供了丰富详细的资料数据，并且为后来的空袭行动提供了可靠的依据。

运筹帷幄

二战时期建奇功

1942年1月的一天，在英军联合作战总部的办公室里，英国皇家海军大臣路易斯·蒙特贝登爵士正在召开一次非常机密的会议。会议气氛紧张而热烈，出席会议的是他的高级助手及参谋人员，会议内容是拟订夺取布宜诺佛德军雷达的方案。

在仔细查看航空照片和有关资料后，参谋们大都主张发动一次空降突袭，而不要采用当时惯用的海上登陆突击。"这是由于虽然伍兹伯格雷达站距海岸只有不到100米，但是海岸陡峭的悬崖和德军配置在那里的强大防御兵力，使得海上突击完全不可能。"一位来自特空团的有经验的参谋十分肯定他说。

"是的，我也认为是这样。"联合作战总部的首脑蒙特贝登点点头。他还提请大家注意，"从东尼希尔中尉的照片来看，虽然不难推测出德军的指挥所就在那栋独立房屋中，但那还驻扎着大约100名德国兵，里面包括一个海防连的一部分，他们控制着当地的海防哨；另外还包括一部分未执勤的信号手和雷达操作员。此外还有更危险的；那就是在距雷达站大约3千米的南面的圣布宜诺佛村里，驻扎有一个连的预备队，并且配备有装甲车辆。该村既有便道可通农庄，又有便道可通海岸。而在南方稍远的地方还有一个预备步兵团，负责当地的防务。面对如此强大的防御力量，这次行动势必采用'打了就跑'的作战战术。而这种战术要想成功，就得靠事前周密的策划与异常明快的决断力。"

根据这一提议，会议决定挑选一支技术高超、训练有素的伞兵部队来执行这次任务，并计划进行一次陆、海、空联合作战。联合作战总部将此次突击行动的代号秘密命名为"狠咬"。不言而喻，英军准备去"狠咬"纳粹的伍兹伯格雷达这块硬骨头。

由于这次行动的目的十分特殊，因此一群英国科学家在琼斯博士的率领下，就如何夺取雷达的技术问题进行了详细研究，并且特别列出了一些必须弄到手的最重要的零部件来。当然，最理想的做法，莫过于把整个雷达站拆掉，完完整整地带回英国。但是从开始这种做法就被否决了，因为德国雷达又大又重。要在那么仓促的时间里用人力搬上海岸根本是不可能的。最后，琼斯博士又建议说："为了确保这次行动能带回足够有用的情报，还必须要有一位专家随行。"

联合作战总部采纳了这一意见，皇家空军的一位雷达专家、年轻的柯克斯自告奋勇要求前往。作为袭击部队的一员，他立即熟悉了有关情况，并在凌威训练中心接受特殊跳伞训练。在顺利进行了五次跳伞后，他正式取得了人人羡慕的英国伞兵的蓝色伞徽，并在即将实施的夺取纳粹雷达突袭战斗中立下了汗马之功。

"红色恶魔"整装待发

对于谁将去啃希特勒的这块硬骨头，联合作战总部经过一番热烈讨论，最后选定号称"红色恶魔"的特别空勤团第2伞兵大队C连作为执行此次突击任务的主力部队。

领受任务后，C连便开始了与其说是严格，不如说是严酷的战前强化训练，只是此时连里的士兵们不知道眼前这次任务的具体内容。为了掩护这次行动的真正意图，总部对 C 连士兵们说，要为皇室举行一次御前示范表演。

这对英国士兵来说，当然是一件十分光荣的事情，因此大家训练起来特别认真、特别卖劲，每天花大量时间反复演练同样的课目。负责督导训练的是该连军士长史玉钦，他是从著名的"黑表团"调来的，是个不知疲倦为何物，一旦相识便令人永远忘不了的人物。

训练进行了相当长的一段时间以后，连队长官终于透露了此行的真正目的。大家在麦德曼亨第一次看见了他们这次行动的目标，因为在皇家空军的侦照部内特地为他们设置了一个布宜诺佛的地形模型。这个模型是由在战前当过雕刻师的中尉飞行官乔佛瑞狄莱和一群专家一起精心制作的，与东尼希尔中尉所拍摄的照片一模一样，分毫不差。凭借这具模型和航空照片的帮助，担任这次突袭作战指挥官的约翰·佛斯特少校和其他军官们一起拟定出了整个行动的细节部分。

准备参与这次行动的人员，官、兵合计 119 人，编成三个攻击组，每个组都以英国历史上著名的水手的名字命名。预定将这支奇兵送到目标区上空的是皇家空军第 51 轰炸中队，乘坐的是双螺旋桨的"惠特利"型轰炸机。该中队队长为皮卡德少校，他在当时就已经是一个

"惠特利"型轰炸机

著名的轰炸高手。负责将突击队接回英国本岛的则是皇家海军舰艇部队。海军也要派出一支特别分遣船队直接参与作战。这支船队包括数艘攻击登陆艇和机动炮艇，并由两艘驱逐舰担任后援。此外，登陆艇上还搭载有由所谓的"皇家燧石枪兵"和"南威尔士边民"下来的突击队员。

毫无疑问，这是一次极为罕见的特种作战。因为它不仅是一次陆、

海、空三军的联合行动，要求各参战部队之间必须进行密切配合，而且也是英军自开战以来，第一次以这样大的规模来实施如此困难的突击作战。

丘吉尔的盛怒

1942年2月11日，德国袖珍战列舰夏恩霍斯特号和格而斯努号从母港布列斯特起锚出海，根本无视英国皇家海空军的存在，竟在光天化日之下，耀武扬威、堂而皇之地通过英吉利海峡，并且还严重干扰了仅仅30千米之外的英国海岸线上的雷达！这种明目张胆的挑衅行为严重地挫伤了英国人的自尊心。

昔日不可一世的日不落帝国，而今却受到如此不堪承受的屈辱，作为首相的丘吉尔得知德国人的行径后，感觉无地自容，难以面见江东父老。盛怒之下，他立即命令英军对德军飞扬跋扈的行为作出反应，并督促英军对纳粹雷达迅速采取突击，以牙还牙，以显示大不列颠帝国的存在。

丘吉尔

遵照丘吉尔首相的指示，准备执行突击任务的部队，于2月15日在萨斯柏瑞平原完成了最后一次跳伞演习后，便开始了临战前的最后准备。到2月23日，战前准备一切就绪。

负责指挥此次突袭行动主力攻击部队的指挥官是佛斯特少校。他的父亲曾是皇家空军飞行大队长，第一次世界大战期间曾指挥过多次著名战役，并立下了赫赫战功，成为皇家空军功勋卓著的飞行员。耳濡目染的熏陶，使佛斯特从少年起便对飞机、对蓝天产生了浓厚的兴趣，立志长大后要像父亲那样驾机飞上蓝天，成为一名杰出的空战指挥员。大战开战至今，佛斯特一直还没有机会参加能足以使他痛快酣畅的战斗。如今，机会终于来了，佛斯特欣喜若狂。他暗暗下定决心，要在空战史上为皇家空军再添光彩。

佛斯特的主力支队由 50 名成员组成，其下再分为两组：一组负责攻击雷达站，另一组负责进攻独立房屋。该支队的成员包括雷达专家柯克斯上士及一群来自第 1 空降野战大队的队员。这些队员由丹尼斯·福伦上尉指挥，主要任务是拆卸柯克斯上士所指定的雷达零部件。这帮埋头苦干的青年人曾经用一套英国炮兵的雷达做过特殊训练。在英国科学家的想象中，这具雷达与德国的伍兹伯格雷达是极相似的。

指挥第二支攻击支队的是查特利中尉，他同他所率领的 40 名伞兵的主要任务是攻占德军防守的海岸地带，并掩护部队撤离战场。

第三支支队由约翰·蒂摩西中尉率领，成员 30 人，主要进行迟滞作战，以封锁整个行动地区，并阻滞德军的增援部队。

攻击部队共分成三个部分，但要降落在同一指定地区。着陆区一方面要深入内陆，以使德军不易发现，但同时又不能离目标太远，以使部队能迅速对目标发动袭击。此外，在目标区内要预先设置在夜间也能明显识别的标志。

"咬"下雷达

"狼咬"行动计划早已部署，然而，由于天公不作美，这次行动一再延迟。最后，英军终于决定 1942 年 2 月 27 日为出击日期。这天夜晚，满月高挂天际，海水正好是涨潮期，目标区则白雪皑皑，天气状况完全适合执行任务。在惠特夏郡皇家空军楚克斯顿基地，12 架双发动机的惠特利轰炸机在柏油跑道上一字排开，升火待发，所有参与行动的人员，个个精神抖擞，鱼贯登机。装载完毕后，12 架满载的飞机在迷茫的夜色中逐一升空。

在惠特利机群隆隆地飞向法国海岸之际，皇家海军的接应舰队早已出发，准备不久在海岸边会师。为了分散德军的注意力，皇家空军的轰炸机事先在目标区的南面和北面做了一些骚扰性轰炸。因此，在午夜过后不久，当真正的攻击主力来到目标区上空的时候，就只碰到德军的一些零星的高射炮火。有几架飞机被击中，但是并没有造成真正的损失。

然而，有两架飞机为躲开高射炮火而采取惊险的闪避动作，因而稍稍

二战时期建奇功

偏离了航线，没能把查特利中尉的第二攻击支队准确地空投在目标区内。

佛斯特少校挡着机舱门，带头一跃而下。紧跟着，他的队员也一一跳出，安静而准确地降落在预定地点，全体队员在雪地上毫发无损。德军早就听惯了夜里来来去去的飞机声，根本就没有注意到天外来客的降临。

惠特利机群隆隆的发动机声逐渐消逝在夜空中。此时，佛斯特少校轻声地向周围的四位领队发出了行动的命令，各人便分别率队向各自的目标前进。少校一马当先，带着四个队员以迅雷不及掩耳之势冲进那栋房屋，当场击毙在门口的一个卫兵。外面的杨格中尉一听见枪声大作，便立刻带领他的队员扑向雷达站。等到少校回头来加入到他们的行列的时候，此地的敌人已被肃清。六个德国兵有五个被击毙，一个早已吓得魂飞魄散，乖乖地做了俘虏，只能眼睁睁地看着柯克斯上上下下地搬弄那部雷达。

队员们立刻开始拆卸雷达，借着手电筒微弱的灯光，他们拆下了雷达的每一个重要部件。但是光线却引来了德军的火力，因为德军早已从梦中惊醒。时间越来越紧迫，已经可以听到机动车的声音，增援的德军已经上路，并且正向雷达站走来，不一会就要到了。

蒂摩西中尉的阻击部队投入了战斗，他们以密集的火力猛烈地扫射增援的德军，以尽量为主力部队争取时间。佛斯特少校催促着柯克斯等人加快动作，因为枪声愈来愈近，情势愈来愈紧张。整个突击行动已进行了15分钟，必须立刻撤退，否则就来不及了。此时大家也顾不得那么多了，士兵们把重要零件整组整组地从机器里扯出来，背在背上就走。

途中，他们遇到了德军相当顽强的阻击，因为查特利中尉空降时偏离了方位，未能按时攻占海岸线。当佛斯特正准备命令部队自行向海岸线的德军发起攻击时，查特利带着他的队员快速赶到了海边，他们爬到峭壁顶部开始向德军猛烈射击。在两面夹击下，海岸线很快被英军占领。

到了凌晨两点，袭击部队集结在海岸等待海军前来接应。他们几次试图与海军联络，但是均告失败。正在万分焦急之时，海军舰艇终于出现，并且立刻向海岸峭壁顶部提供火力掩护，而此时大批德军也刚好赶到。佛斯特立即指挥装载及登舰作业，不一会儿，所有人员均已上船，舰艇马上撤退，并很快驶出了德军的射程之外。

这次袭击行动，英军特种部队大获全胜，创造了一个奇迹，因为他们把所有指定的雷达零部件都弄到手了。至此，整个"狠咬"突击作战行动圆满结束。英军除了夺取了几乎一部完整的雷达外，还逮到了三个俘虏，其中包括一名雷达操作员。

英军在这次奇袭行动中所得到的伍兹伯格雷达及相关资料，在日后的整个战争中，都对英国空军战略轰炸司令部的行动及电子战的作战方式，产生了极为深远的影响。就连德军也对英国佬的这次行动有了很深的印象，而且十分赞赏突击部队精确无误的配合和极高的行动效率。至于佛斯特少校本人，则在1944年率领第2伞兵团，在突袭安恒铁之役中再度扬名，成为二次世界大战中英国皇家空军功勋卓著的空战飞行员，实现了他梦寐以求的夙愿。

捣毁德国海军基地——圣纳泽尔港

心腹之患

1942年3月，尽管已经入春了，可是位于法国西海岸比斯开湾卢瓦尔河河口的重要港口圣纳泽尔依然寒气逼人。德国海军的舰船载着即将出征的官兵、载着送往前线的军火及战略物资，正耀武扬威地频繁穿梭于海面上。

圣纳泽尔所在的卢瓦尔河口，河口宽500米，有沙泥浅滩，主滩在低潮时方露出水面。河口的卡喷特水道弯曲，长约2.5千米，水道大部靠近北岸，通过莱斯摩里浅滩灯塔之北，易于设防。

卢瓦尔河

港口内的诺曼底船坞是通入内渠的第三个入口，长 350 米，宽 50 米，是世界上最大的干坞之一，可容纳约 9 万吨的船只进入维修。两端有闸门，可将船拉入西岸的隐坞内。如果用作船坞，可关闭两端闸门，将水抽出；如果用作入口，在船只通过时，闸门交互开闭即可。

圣纳泽尔的地理位置也十分优越，战略地位极其重要。它离英国最近的港口法耳默思只有 400 千米，位于卢瓦尔河河口 10 千米处，是法国西海岸入海口的必经之地。同时，由于其重要的战略地位，所以，法军在投降前，在这里建起了可供袭击登陆之敌的坚固的防御工事，是易守难攻之地。

德军占领法国后，当然不会放弃这一天赐良港。如今，这里成了德国海军重要的海军基地，有法国唯一可容纳德国战舰德尔贝茨号的诺曼底船坞，还有德国潜艇的隐蔽所。德军在此对军舰进行维修，官兵也在此进行整训。

德军在该地区的存在，自然对近在咫尺的英国皇家海军造成了极大威胁。圣纳泽尔港无疑成了英军的心腹之患，他们一直在寻找机会，准备向德军发动一次大规模攻击，使圣纳泽尔陷于瘫痪，使强大的德国海军部队在此葬身海底，以解心头之患。于是，奇袭圣纳泽尔港的秘密作战计划于 1942 年初春，在英军中孕育形成了。

领命备战

英军战时指挥部在进行了周密细致的研究之后，决定将这项艰巨的任务交给在战争初期刚刚建立，但却已屡建奇功的特种作战部队"哥曼德"。

一接到作战命令，艾·西摩尔中校兴奋得辗转反侧，彻夜难眠。作为"哥曼德"富有经验的著名指挥官之一，他对于要率领突击队袭击防御坚固的圣纳泽尔港、摧毁德军船坞这样重要而艰巨的任务，不能不做周密的思考和充分的准备。

天还没亮，重任在身且有着早起习惯的西摩尔就已洗漱完毕。原本不修边幅的他今天特意刮了胡子，换上崭新的衬衫，从来不照镜子的他竟也破例走到镜子前面，仔细端详了一番后喃喃自语道："小伙子，蛮不错吗！"

　　他要给未来的部属们一个新的印象，他要以崭新的姿态率领他的部队去完成一项艰巨而光荣的使命。

圣纳泽尔港所在地的大教堂

　　他三步并做两步奔向车库，敏捷地跳上越野吉普车，随着一阵隆隆的马达声过后，西摩尔中校的座车便向离弦的利箭一般，向着肩负此次重任的特种作战部队"哥曼德"第二中队飞奔而去，不一会便消失在浓浓的晨雾之中。

　　特战部队"哥曼德"第二中队的驻地坐落在一个峡谷之中。西摩尔到达时，该中队正在进行山地作战训练。西摩尔观看了攀登、袭击、捕俘等课目。

　　忙活了一整天，经过精心、仔细地考核、检验之后，西摩尔从二中队几百名战士中选出了155名出类拔萃的精兵强将。这样，加上总部推荐来协助他完成任务的80名骁勇善战的精锐之师，西摩尔的队伍足以组成一支精悍的袭击突击队了。

　　带着满意的结果，西摩尔回到专为执行此次任务新组建的指挥部，还

U-2高空侦察机

没进门，电话就来了。指挥部通知他，根据空军侦察机的航空侦察，从对圣纳泽尔地区的航空照片判断的结果发现，除原已了解的德军阵地情况外，德军又在船坞附近增设了5个大炮阵地。为此，指挥部建议再增补30名队员。至此，西摩尔的突击队已拥有官兵近

300 人。

　　然而，西摩尔深深意识到，人多，并不是优势。特种作战的成员首先要精，精兵良将才是夺取胜利的根本。前年，也就是 1940 年秋天，在特别任务旅旅长亨顿准将的直接组织下，特种作战部队进行了整顿，将部队数量从十个减为六个，从而使部队更加精悍，战斗力大增。第二年，在袭击挪威西北方向的罗弗群岛的战斗，西摩尔荣立了战功，并提前晋升一级。这是他军旅生涯中最值得骄傲的一页。

　　西摩尔是个有自知之明的人，那次行动，他负责的是山地作战，捕俘偷袭对于他来说是驾轻就熟，而这次奇袭圣纳泽尔行动却是登陆和海上作战，他的经验和能力远不如上次，甚至他的游泳技术都过不了关。

　　所以，他在突击队组成不久，就组织官兵们进行海上训练，并特别强调对游泳技术的提高和进行海上作战的实战训练。在 3 月 12 日至 25 日的训练计划中，西摩尔主要安排了夜间靠离码头以及燃料补给等夜间机动训练和远航、反潜、射击等训练。

　　对于究竟如何实施此次突击任务，西摩尔早已成竹在胸。经过那一夜的辗转反侧和冥思苦想之后，一项周密审慎的作战计划已在他的脑海里酝酿成熟。西摩尔作战计划的主要内容是：由于诺曼底船坞长 51 米，高达 16 米半，厚足有 11 米，要想使如此坚固的建筑长期陷于瘫痪状态，除了使用重载船只冲撞别无选择，因此，西摩尔决定利用驱逐舰强行攻击诺曼底船坞，随后，利用延期炸药，炸毁驱逐舰部分舰体，使之下沉，与此同时，炸毁坞门及附近岸壁。在摧毁坞门的同时，突击队强行登陆，破坏船坞内的水泵车间、动力车间及油罐。完成任务后，如果情况允许，破坏德军潜艇基地以扩大战果。

　　为了保证突击任务的顺利完成，在英国靠近法国的岱翁港，西摩尔指挥突击队依据作战计划进行了一次代号为"逼真"的实战演习，堪培拉塔温号驱逐舰做了冲击船坞闸门的试验。

　　为了隐蔽伪装，使这次战斗中使用的驱逐舰堪培拉塔温号同德国的鱼雷艇相似，西摩尔建议将该舰的烟囱削短一截，并涂成与德国鱼雷艇相近的颜色。

他的提议很快被付诸实施。

在专门技术人员参与下，堪培拉塔温号进行了改装。

烟囱削短一截的堪培拉塔温号

为了通过河口的浅滩，拆去了原装的三门 100 毫米火炮、全部鱼雷发射管、深水炸弹投掷器等，使吃水由 4 米变为 2 米，并在前甲板和舰桥上装上能挡 20 毫米子弹穿透力的防弹板。

为了声东击西，迷惑敌人，隐蔽作战企图，在集结、训练、出发基地的法耳默恩港口，英军将西摩尔的"哥曼德"突击队命名为"第 10 舰艇攻击队"，并大张旗鼓地宣布这是在英吉利海峡西侧入口处的海面上实施潜艇扫荡作战的部队。

另外，英国人还放风说，这支部队将开赴海外，目前正在大量采购夏令装备。这些迹象都毫无遗漏地通过德国间谍网反馈到希特勒的办公室里。然而，正在进行军事扩张的战争狂人并没有把这些放在眼里，更不可能去对英国人的所作所为进行更仔细地研究和推敲。

临阵部署

1942 年 3 月 20 日下午 2 时整，灿烂的阳光洒落在法耳默思港平静的海面上。西摩尔中校率领突击队向着目标圣纳泽尔港悄悄地起航出发了。这里没有送行的队伍，没有欢呼的人群，一切都是在极其隐秘的情况下进行的。

西摩尔中校乘坐的旗舰阿萨斯顿号驱逐舰，率领 14 艘汽艇和 74 号鱼雷艇，以 13 节的速度向着位于比斯开湾的圣纳泽尔港破浪前进。

英军指挥部曾就指挥舰的问题进行过一番争论，最后还是采纳了西摩尔的方案。根据英军的惯例，应以较大舰只作为指挥舰，但西摩尔坚持认为，堪培拉塔温号虽已经过改装，但在涨潮时通过浅滩仍有搁浅的可能，况且冲撞坞门后，指挥战斗不便，最好使用 314 号炮艇，因为该艇航速 24

能在水陆空三栖地作战的 SAS 队员

节，备有雷达、测深仪，便于指挥。航渡中先以堪培拉塔温号为指挥舰，在卢瓦尔河口外改炮艇为指挥舰。

大战临头，西摩尔的心情如大海翻滚的波涛，难以平静。要给不可一世的德国人以重创谈何容易，况且德军拥有最坚固的防御攻势和最强大的海军力量。这是一场恶战，这是一场你死我活的激烈搏斗。

驶离港湾不久，浪涛汹涌澎湃，直扑甲板，7 级大风像是考验这些突击队员似地骤然来临。在汽艇上的士兵除了颠簸之苦外，还随时都有被波涛汹涌的大海吞没的危险。

天将黄昏，刚刚还是惊涛拍岸、咆哮不止的大海，突然变得风平浪静，简直像是进入了海市蜃楼一样的梦幻般的境地。经过数小时的海洋颠簸之后，突击队员们早已精疲力竭。西摩尔中校命令突击队员们抓紧时间休息，随时准备迎接突如其来的战斗。

翌日，平静的海上泛着晨光，海风习习，格外清爽。尤其是那些初次下海的突击队员，简直被大自然的神奇迷住了。尽管大战将至，他们还是纷纷来到甲板上，欣赏这如诗如画的良辰美景。

而此时此刻，西摩尔中校与海军舰艇指挥官莱伊德中校正在驾驶舱的海图前复议着抵达比斯开海域时的停泊队形。"报告！"他们正谈得热烈的时候，一声洪亮而急促的声音打断了他们的谈话，"请进！"职业的敏感性使西摩尔中校马上意识到了什么，他立即招呼来人进屋。突击队担任侦察任务的观察员进屋后，脚跟尚未站稳甚至忘了行军礼便气喘吁吁地大声呼叫道："报告指挥官，前方不远处发现情况。"莱伊德中校随声抬眼望去，只见前方约 450 公尺处出现的黑色物体是一艘正在上浮的潜艇。"是德国人的潜艇！"他当即下令迪尔艇向目标射击，并迅速投下水雷。

与此同时，德国潜艇也发现了英国人的舰队，紧急下潜。

思维敏锐的西摩尔的心情并未因此而感到有丝毫的轻松，事实上正好恰恰相反。因为他知道，如果德国潜艇没被击沉的话，他们一定会向圣纳泽尔港指挥部发出电报，通告他们，有一支舰队正驶向圣纳泽尔港。果真如此的话，那么，他的突击舰队可就等着挨打吧。

比斯开湾依然风平浪静，卢瓦尔河冲刷下来的泥沙使这片海底显得比较平坦。西摩尔率舰队比预定计划提前了一个半小时到达。舰队依照规定位置停泊后，西摩尔的指挥所按原计划转移到了 314 号炮艇上，其他人员也相继从驱逐舰转移到汽艇上。

西摩尔与莱伊德进行了战前的最后部署。西摩尔负责突击队的突袭，莱伊德负责接应。舰船上的海军官兵做好了协同作战的战斗准备，此外他们还负责看管好法国船员。这些船员是这天中午被英军截获的。当时，他们乘三艘拖船与舰队遭遇，突击队员们登上拖船进行搜索，船上是德军的后勤补给物资。根据事先制定的原则："如遇西班牙和中立国渔船，由挺迪尔号派检查组检查；若是法国渔船则将船员俘虏，将船击沉。"西摩尔决定，将船员转移到驱逐舰上，然后炸毁了三艘拖船。

西摩尔与莱伊德对好表，决定晚上 10 时出击。到那时，为了增援西摩尔的突击舰队作战，按计划英军要对圣纳泽尔港进行轰炸，意在使西摩尔的突击队在突袭作战时不被在克多西克角的德军雷达发现，并能掩盖汽艇行进的巨大声响。

捣毁船坞

时钟慢慢爬向了 22 时。

"启航！"西摩尔看了手表，坚定地下达了命令。

二战时期建奇功

· 151 ·

舰艇在换上了德军舰旗后，由"斯特约"号在右侧引导，向卢瓦尔河挺进。314 号炮艇率先冲向目标，它后面是"堪培拉塔温"号，14 艘汽艇摆成两列纵队阵形，最后是 74 号鱼雷艇。

就在这时，一队轰炸机轰鸣着从他们头上掠过，西摩尔根据声音判断，一共有七架"威灵顿"式飞机。不一会，卢瓦尔河上游被爆炸声吞没。圣纳泽尔上空被映得通红，探照灯划破夜空，高射炮、高射机枪响个不停。

不久，英国空军顺利完成轰炸任务后，又轰鸣着从突击队头上返航了。

西摩尔望着一片死寂的两岸，又看了看夜光表，已是 28 日深夜 1 时 20 分了。

不知是被刚才的轰炸炸懵了，还是德军没有在河口部署，舰队驶进卢瓦尔河后，没有遇上任何阻力。

"好静啊!"西摩尔内心想着。就在他为此纳闷的时候，从卢瓦尔河西岸突然射来几束探照灯光，在探照灯的强烈照射下，密集的炮火向舰队无情地倾泻过来，有两艘汽艇在突然袭击下中弹。

"赶快按德军信号灯编码向德军发信号。我们是德军的鱼雷艇，紧急呼救，受伤舰两艘，请准许进港勿延⋯⋯"

西摩尔急忙命令 314 号炮艇用 1941 年攻击挪威卑尔根以北的博库塞岛时从德国武装拖船上缴获的信号与德军联系。

一会儿，德军回了信号，大部分炮台停止了射击，只有西海岸的炮击没有停止。

于是，314 号炮艇又用国际信号发出"我部因遭自己的炮击，蒙受损失"的信号。

德军的炮击暂时停止了。西摩尔仔细地观察岸上德军的动静。下一步他们的行动会怎样呢？是观察动静还是请示报告？

不出西摩尔中校所料，狡猾的德军把他们这支舰队正在靠近码头的情况报告了指挥部。情报系统以最快的速度向各情报网点搜集情报，仅五分钟的时间就证实，这确实是支可疑的舰队，要立即阻止它靠近码头。

1 时 27 分，德军两岸炮火突然对突击队发出了密集的炮火攻击。

"堪培拉塔温"号驱逐舰被最激烈的炮火所包围。

"中校不能再迟疑了，与德军通话已不再可能。我们应当以最快速度接近诺曼底船坞，否则只有挨打。"舰长请求西摩尔中校说。

"马上降下德军舰旗，升起英国国旗。"西摩尔同意了舰长的意见。

"对着岸上的德军猛烈轰击！"

水手和突击队员们早就按捺不住了，将克制与仇恨化作力量，奋起还击。

炮弹准确而猛烈地射向各目标。德军阵地炮火很快被压制下来。在德军的炮火间歇之际，袭击部队抓紧时间迅速前进。

前面不远处就是诺曼底船坞了，黑暗中西摩尔中校隐约看到它庞大的身躯。

"撞毁它！"西摩尔不失时机地命令"堪培拉塔温"号发起攻击。

1 时 34 分，"堪培拉塔温"号驱逐舰以 19 节的速度，朝船坞的水闸猛烈撞击，舰首撞到船坞的门上发出巨响，火花四溅，站在船上的队员被强大的震动摔倒在甲板上。

船坞被严重毁坏，"堪培拉塔温"号舰首撞裂 11 米，锚链甲板搭于坞门之上，虽然便于突击队员登陆，但却妨碍驱逐舰的自沉。

诺曼底船坞

西摩尔率八名突击队员跃出炮艇，冲向船坞旁的德军指挥所。德军的火力一起转向了指挥所，挡住了西摩尔的进攻。

这时，"堪培拉塔温"号舰首炮位稍后仓内的延期引爆雷管，引爆了油仓上的24枚深水炸弹，巨响震动了大地，火光扑向天空，使敌我双方的射击一下子都停顿了下来。

这声巨响使诺曼底船坞大约要有四五年的时间才能修复。

这声巨响也使迷惑了很久的德军如梦初醒。他们终于弄清楚了这支舰队如此拼命的真实目的，紧急调集各方炮火来阻止突击队员的登陆。

就在此时，从汽艇上冲下的A小队已经炸毁了水闸的控制室；从"堪培拉塔温"号下来的B小队也冲入德军的供水站，消灭了零星守敌，迅速炸坏了供水系统。

虽俘犹喜

看到顺利得手的"哥曼德"突击队员实施强行登陆，德军集中猛烈的火力向突击队员的舰艇射来，炮火犹如凶猛的火蛇在突击队员面前立起了一道死亡的屏障。

192号汽艇首先被击中起火，左转离开队列，并抢滩于旧码头之南。

156号汽艇也被击中，操舵装置失灵，突击队员大部负伤后，转出舰队队列撤退。另有一艘汽艇被炸浪掀翻，突击队员摔入水中。

西摩尔看到自己的汽艇一艘艘被击中，心急如焚。在这种情况下，汽艇要强行登陆是极为困难的。

在已经登陆的突击小队中，只有西摩尔率领的A小队和"堪培拉塔温"号舰载的B小队形成左右两个纵队。

西摩尔急令两支小队汇合，并迅速清点了一下人数，连30多名轻重伤员一起，共有72人。现在，按第一方案，实施完突袭后迅速撤回海上是不可能的了。由于德军炮火强烈，预定撤回登陆队的汽艇或被击沉，或被迫中途返回，撤退的路已被切断。只有实施第二方案，进行地面战斗，迂回撤退。

西摩尔中校下令，马上向接应的莱伊德中校发出信号。

莱伊德接到信号后，立即指挥"阿萨斯顿"和"挺迪尔"两艘战舰向敌人炮击，掩护突击队员们后撤，接应和收容那些未能登陆的队员，并联络其余的汽艇返回海上。

这时，英国空军接到指令，也出动了21架次飞机进行空中掩护。由于敌我混战，在击落了德军5架飞机后返航。

西摩尔带领突击队员边打边撤，决定徒步向西班牙边境迂回，这样可以分散德军对袭击舰队的打击，也可以避开德军的重火力圈。

为了尽快进入平原地带，他决定带队员们先进入船坞南面的圣纳泽尔旧城，然后向右拐，进入市中心。到这时，跟随西摩尔中校的队员只剩下20人了。

他感到队员们都很疲劳了，就决定先找一处隐蔽所，略为休整一下，等第二天天黑再行动。

突然他们发现了一座防空洞，西摩尔率突击队员们钻了进去。防空洞里有现成烹饪设备和就寝用具，环境比较适合休息。

西摩尔布置好岗哨后，让队员抓紧时间休息，等天黑后两人一组行动。

然而，就在他们进入防空洞后还不到一小时，一队德国兵发现并包围了他们。

西摩尔看到反抗已经没有任何意义，就让队员们缴械投降了。

他们被带到了德军司令部，德军对他们进行了简单的审讯，而后就用车把他们送到圣纳泽尔以西20千米处的巴哈城镇的一家餐馆。这儿已经关押着许多被俘的袭击队员。

当天下午4时30分和5时30分，圣纳泽尔船坞又发生了两次爆炸。这是袭击队在午夜进攻时从鱼雷艇上发射到旧入口的定时鱼雷产生的爆炸。船坞旧入口的外闸门被炸毁，入口被封锁。坞门的开闭机器也被炸坏，在场的德军被炸死大半。

惊慌失措的德军以为突击队又来偷袭了，就盲目炮击，结果打死打伤了正在船坞内外工作的300多名法国工人。

听到外面的爆炸声，西摩尔和他的队员们脸上露出了欣慰的笑容。

在袭击圣纳泽尔港的战斗中，英国付出了巨大的代价。海军丧失了 3 名军官，751 名士兵。"哥曼德"部队失去 34 名军官，178 名士兵。最后逃脱德军关押，辗转西班牙回国的西摩尔中校只带回了 4 名队友。

虽然损失巨大，但正如西摩尔中校预料的那样，这次大胆的作战基本取得了预期的效果，使德军心惊胆战。特种作战部队"哥曼德"的名字也由此传遍了英伦三岛乃至欧洲大地。

炸毁日军间谍船

发现日军间谍船

1942 年 6 月 25 日夜，12 艘运输船满载美军太平洋舰队的武器、弹药、军服、粮秣等军用物资，沿着秘密海上供应线，迎着蒙蒙细雨，悄悄地驶向中途岛。当距中途岛还有 100 海里的时候，运输船队突然遭到日军 30 余架飞机的袭击，一串串炸弹从天而降，顿时 12 艘运输船全部被炸沉海底，无一逃脱。运输船队受拦截的报告送到了英美太平洋联合舰队司令

中途岛

切斯特·尼米兹海军上将那里，他立即召集情报与作战部门的参谋人员，商讨面临的局势。

　　参谋长查理·肖尔中将首先汇报了情况。他说："将军，我们这支运输船队采取了严格的保密措施，日军是如何获得这一情报的呢？更奇怪的是，从去年12月份以来，我们的港口、舰队、运输船队经常不断地遭到日军的突然袭击，目前已损失300多艘运输船、1艘航空母舰、4艘作战舰艇，我们的海上运输线几乎陷于瘫痪。"根据情报部门的调查，这十有八九是日军的间谍船在作怪。1941年底，日军向太平洋海域派出了几十艘伪装成渔船或民用商船的武装间谍船。中途岛战役失利后，日本人为了挽回败局，加紧了对美国海军的谍报活动，将间谍船增加到200多艘。它们广泛地搜集美国海军的兵力部署、舰队和运输队的航线与运动规律等情报，引导其各类袭击支队进行骚扰破坏。

　　1942年5月，英军司令部曾提出过一份关于歼灭日军间谍船队的建议报告和计划，但未能引起尼米兹的重视。现在吃了大亏以后，英国人拟定的那项计划重新被提出来，并迅速得到批准。

　　6月26日，英军前线司令部收到了一份敌占区送来的情报："在菲律宾的达沃港有一个日军间谍船基地。活动在太平洋海域的间谍船大都从这里出发去搜集情报，完成任务后又返回这里休整。港内经常保持有20艘左右待命出发的间谍船。

　　很快，这份情报就转到了尼米兹司令和肖尔参谋长的手中。他们立即向英军司令部去电："速以'哥曼德'袭击达沃港。"

　　达沃港位于菲律宾南部棉兰老岛的东南端，这里水深岸陡，港湾平缓，是一个天然良港。它可以同时停泊十多艘大型军舰，另外还有修理船坞和造船厂。战前，达沃港是菲律宾对外贸易的重要集散地。日军侵占菲律宾后，这里便成了日军在太平洋重要的海军基地。在日军铁蹄践踏下，美丽的港口满目疮痍，往日的繁荣景象再也不见了。高楼上孤零零地挂着太阳旗，港内一队队头戴钢盔、荷枪实弹的日本兵穿梭往来，进行警戒巡逻。为了保证基地的安全，原来居住在港口附近的码头工人，早已被迁到别的地方去了。一到夜间，整个码头区就实行戒严，除了日军巡逻兵外，

二战时期建奇功

其他任何人不得进入港口。

受命出击

仲夏时节的太平洋，晴空万里，白云慢悠悠地飘浮在蓝天之中；一望无垠的海面在微风吹拂下，掀起了一朵朵白色的浪花；成群结队的海鸥在远处追逐着航行的渔船，自由自在地嬉戏着……这一切，形成了一幅美丽的图画。然而，此时从印度出发来到太平洋的英军特种部队的队员们，却无暇欣赏这迷人的景色。接到出击命令以后，他们就乘上一艘丝毫不引人注意的旧渔轮，化装成逃难的渔民，悄悄地向目的地驶进。

这次担负炸毁日军间谍船作战任务的突击队由 18 名队员组成。他们是从"哥曼德"部队中挑选出来的优秀突击队员。从 1940 年 6 月"哥曼德"部队成立以来，他们已参加了一系列奇袭作战，一个个可谓经验丰富、身手不凡。经过十多天艰难的海上航行，突击队员们发现，菲律宾群岛已遥遥在望了。

7 月 6 日深夜，载着 18 名队员的旧渔船从西南方向悄悄地接近了棉兰老岛。待驶至水深只有 2 米多处的时候，突击队队长克拉克轻声下达了命令："隐蔽渔轮，准备登岛侦察！"

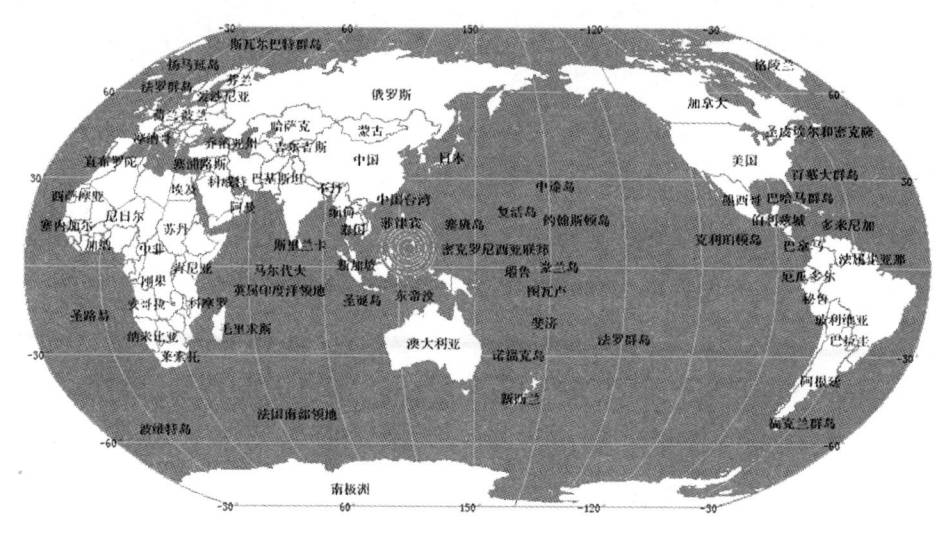

棉兰老岛（圆圈点心位置）

队员们迅速打开渔轮下层外部通水孔，海水猛然灌进舱内，很快将船沉没在海滩上。原来这艘船经过特殊改装，船舱分两层，下层为贮水层，灌满水后能使整条船沉入离水面0.5米的水中，这样在深水中抛锚或浅水中搁浅即可隐蔽起来，准备撤离时，数名队员一齐摇动排水轮，关闭通水孔，将下层舱内的水排出，渔轮自然又漂浮起来。因此，这条船被"哥曼德"队员称为"土潜艇。"

将渔轮隐蔽好后，在周围做上不显眼的记号，队员们便拉开间隔向棉兰老岛上登去。前面是一片海滩，坡度5～10度，宽约数千米，到棉兰老岛山脚约有200米。穿过这200米海滩，便是悬崖陡壁。在数千米的海滩上，每隔500米就有一座小地堡，从小地堡里射出来的探照灯光在海滩上扫来扫去，还有巡逻队不时地穿过海滩。看来，想越过这片平缓的海滩，真是比登天还难！

18名"哥曼德"队员很快将衣服脱下反穿上，立刻变成了日本兵。他们一个个肩扛日军步枪，扮成日军巡逻队，大摇大摆地向滩上走去。幸运的是，他们没遇到什么麻烦，不一会儿就来到了悬崖陡壁跟前。他们摸着黑，凭着飞爪绳、多用刀，施展练就的攀登绝技，很快便爬上了棉兰老岛岛腿顶峰。偏巧岛上是一片齐腰深的茅草以及一堆堆的树丛，真是隐蔽侦察的好地方。

这时，天已蒙蒙亮。他们回头向上看，只见岛上碉堡林立，最近的距他们只有200米。向下望去，达沃港港区尽收眼底。

港口面向西南，正面宽约800米，纵深约1000米。港口四周设置了三层障碍：内层是三列桩蛇腹型铁丝网，铁丝网上悬挂着许多爆炸物；中层水上为带有钢筋混凝土角锥的斜木架，滩上为多列拒马角锥体；外层是雷区（水上为水雷，滩上为地雷）。港口西北侧山腰上有三处岸炮阵地。港口外水面上巡逻艇不断往来行驶，港口内建有一座三层楼的中心指挥部及一座二层高的通信、警卫楼。日军间谍船均停靠在港口的左侧，巡逻队不时地出现在间谍船周围。突击队员们还发现，每艘间谍船上只有一个人在活动，估计是夜间值班的，其余的船员大概都在通信楼里休息。

从侦察到的上述情况看，无论是从岛上还是从水上，都很难进到港口内，更难接近那些间谍船。突击队经过仔细研究，决定分成岸上、水下两个组同时行动。现在，他们趁着太阳还没有爬出海面，迅速找好各自的潜伏位置，一动不动地趴在深草中、树丛里、坑洞里，以耐心地等待白天的过去。深草和树丛为他们提供了良好的隐蔽条件，但其中的蚱蜢、蚊子却给他们带来了许多麻烦，那滋味真叫人够受。忽然，一个队员觉得腿上紧绷绷的，向下一看，惊出了一身冷汗，原来一条近1米长的蛇正在缠绕他的左腿。他的右手急忙从上衣口袋内掏出袭蛇器瞄向左腿，只听见"啪"地一声，一枚毒针射进了蛇的脑袋……

天渐渐黑了，B组队员悄悄动作起来，沿着上来的原路向海中摸去……

勇炸间谍船

夜幕降临时分，港口内警卫楼上的探照灯又亮了起来。港口外海面上，巡逻艇也开始了例行巡逻。港口内日军巡逻队不停地在间谍船停靠的码头周围巡逻。

克拉克率领A组9名队员从岸上潜入港内，伺机捣毁间谍船。潜入港内并不难，难就难在如何对付巡逻队和每艘间谍船上的一个值班员。为此，他们又研究了一个岸上袭击的方案。

他们沿着一条雨水冲刷而成的沟，悄悄地向港口摸去。他们绕过大炮阵地，很快来到第一道障碍物（地雷带）前。两名队员迅速掏出轻便排雷器材，将一个个地雷排除，很快穿过地雷带。越过拒马角锥体障碍之后，来到三列桩铁丝网面前，又有两名队员迅速掏出钳子、剪刀等工具，将一个个挂雷排除，将一根根铁丝剪断，大家又很快穿过了铁丝网。然后，九名队员分成两个小组，一个小组由三人组成，向指挥楼潜行；另一小组由六人组成，向间谍船疾进。

克拉克看了看夜光表，时针指向12点，这时，附在耳朵上的微型无线通话器里，传来"噗！噗！噗！"三声暗号，表明B组已顺利到达预定位置。

指挥楼门口一左一右站着两名日军哨兵，他们两眼环顾着周围。突然

从黑暗处飞来两颗手雷，随着"轰！轰"两声巨响，两名哨兵被炸得血肉横飞，门口一侧的墙壁也被炸塌了一个缺口。紧接着楼上警报凄厉，划破夜空。间谍船附近的巡逻队迅速向指挥楼赶来。间谍船上的值班员，一个个都跑到船头向指挥楼方向望去，不知发生了什么事。就在这时，只听见一阵"噗！噗！"的声响，数名值班员一个个应声倒在甲板上。原来，当那三名队员将巡逻队吸引到指挥楼以后，克拉克等六名队员发起攻击，用消音枪将那些日本人一一击毙。然后，他们从暗处一跃而起，扑向间谍船。当他们冲到距间谍船停靠的码头不远处时，遭到日军火力拦截，两名队员当即中弹身亡，其余的队员也被敌人火力压得抬不起头来。

趁着岸上一阵混乱，B组的队员带着威力强大的磁性炸弹，潜游到间谍船底部，将装有定时起爆装置的炸弹吸附在每艘船的推进器和油箱等部位，然后迅速撤离港口。

随着一声沉闷的爆炸声，最南端的一艘间谍船首先爆炸起火，紧接着，又接二连三地传来阵阵爆炸声。所有的"哥曼德"突击队员趁着混乱，脱离敌人，摸回到"土潜艇"，很快离开了港口。

奇袭波尔多港

制定"弗兰顿"计划

1942年6月的一天，英国特种作战司令部接到军事情报总局五局转来的一份情报：

12个月之内，德国从波尔多港转运到本土大量战略物资，仅橡胶就有2.5万吨。

情报是英国驻法国代号"看门狗"的间谍提供的。他的真名叫路易·卡尔朗，战前在财政部预算局工作。

丘吉尔战时内阁接到报告，认为假如这个数字保持下去，哪怕是接近这个数字，那么第三帝国会凭借着这条供应线源源不断地得到大量原料，

继续作战，对盟军在欧洲大陆开辟第二战场十分不利。因此，他立即召集陆海空三军首脑、军事情报总局五局局长等人开会，讨论如何采取行动，瘫痪波尔多港，切断德国的这条运输线。丘吉尔仔细听取了大家的意见，认为如用陆海空军实施攻击波尔多港，至少要三个陆军师和强大的海空军支援。

这在德军势力处于巅峰的时期成功的希望很小。况且，德海军邓尼茨的潜艇部队正在大西洋成群出没（当时德军实施的潜艇战术称"狼群"），这么大规模的作战，不等靠近波尔多，便会被发现，而暴露自己的意图。于是，丘吉尔决定让军事情报总局五局与特种作战司令部联合组织特遣队，秘密袭击波尔多，将港口炸掉。

五局局长戴维·皮特里把任务交给了 B 处（反间谍）处长盖伊·利维尔，问他有什么办法。利维尔是老牌特工人员，曾获十字军勋章。他说："我们处只有军事颠覆科最适合完成这一任务，可以让他们与法国情报网联络，但是特遣队还应由特种作战司令部出。"

皮特里同意了这个意见。带着军事颠覆科科长博尔顿到了特种作战司令部，与詹姆斯司令一起研究行动计划。

詹姆斯说："我已从海军陆战队物色了一个最好的人选，名叫哈斯勒，绰号'泥鳅'，陆上水下都有一套真功夫。"说着，他打开送话器道："玛丽小姐，请哈斯勒少校进来。"詹姆斯朝皮特里挥挥手说："老伙计，我包您见了满意，您听说过'人鱼雷'的事情吗？哈斯勒曾在地中海接连将十颗高爆炸弹附在意大利军舰的舰腹，结果这十艘舰全部报销了。"

不大一会儿，哈斯勒敲门进来了。他年纪 30 岁左右，身材高大，肩膀很宽，发达的肌肉使他那套大号军装显得不合体，也许是海军陆军战队军官的缘故，他的脸被海风吹成酱红色，眉棱、颧骨、下巴，整个脸的轮廓分明，而且显得坚硬。如果脱去军装，简直是个渔夫或码头工人。

皮特里和博尔顿十分满意，笑着与哈斯勒握握手。这时，詹姆斯说："局长先生，人，我交给您了，还需要什么人，由哈斯勒少校帮您挑选。但是，波尔多不是地中海，炸海口不是炸军舰，那边您一定要安排好才是！"

皮特里回答："我想没问题。先由哈斯勒少校挑选 11 名特遣队员，进行严格训练。同时，我们在那边搜集有关情报。"

博尔顿道："我们在波尔多的情报人员已在开始这方面的工作了。'看门狗'、'海狸'、'乞丐'都是这次行动的参加者。"

尔后，詹姆斯和皮特里仔细研究了行动方案，制定了代号"弗兰顿"的奇袭波尔多港计划。

哈斯勒从海军陆战队挑选了 11 名优秀队员，他们除了刺杀、爆破、擒拿、驾车、开船外，还都会讲法语。包括哈斯勒在内，他们在英国东南的南开普顿港进行了四个月的紧张训练。

训练十分严格，艰苦的体力适应训练和夜行军齐头并进。队员们经常在夜里神不知鬼不觉地划着橡皮舟，或者干脆潜水爬上巨大的、守卫森严的军舰，把磁性炸药送上去。计划规定，必须炸沉数艘舰船，堵塞皮尔多港通道，可能时毁坏港口设施。

二战时期建奇功

虎穴侦察

1942 年 11 月 30 日，哈斯勒率领特遣队登上了"金枪鱼"号潜艇，悄悄离开南开普顿港，在夜色中向南驶去。狭小的船舱拥挤闷热，大家拼命吸着烟，打发时间。

"少校，你去过巴黎吗？"队员"麻雀"问，他真名叫米尔兹，只有 22 岁，最为活跃。

"没去过。"哈斯勒摇摇头。

"哎，你问这干嘛？是不是想到世界有名的'花城'玩玩、乐乐？"队员麦克米农逗着问。他 27 岁，绰号叫"油壶"。

"别胡扯，巴黎与波尔多相距甚远，怎么能去那儿？再说，还不知道能不能活着回来。一个名叫卢伯的队员打断了他的话。

"别说了，'狙击手'"哈斯勒翻个身说："抓紧时间休息。在潜艇里体力消耗大，别等到了波尔多，连船舱都爬不出来。"

12月6日凌晨，他们在法国波尔多港外面5海里处爬出潜艇，12个人分乘三艘橡皮舟，向岸上划去。海上正起着早潮，暗绿色的海水，卷起城墙一样高的巨浪狂涌过来，浪尖像千万个伸出来的舌头。当他们涌到岸边时，不断发出激烈的沉雷一般的浪声。橡皮舟如同树叶一样在大浪中漂浮，很快有两艘橡皮舟被海浪打翻，四名特遣队员瞬间便被冲得无影无踪。

两小时后，哈斯勒等另外8名队员终于在一个名叫圣·维维恩的渔村登陆了。他们藏好橡皮舟，从皮囊里取出德军军装穿上，然后隐蔽在一个小沟里吃早饭。哈斯勒见天色还早，便让大家轮流睡一会儿，下午再行动。

他们刚睡下，便被德军侦察机吵醒了。原来，德国人已发现英国人登陆了。前一天晚上，波尔多市德军警备司令部得到海岸雷达站报告，一艘英国潜艇在港外10海里处浮出水面，尔后去向不明。早上，德军海上巡逻队又在岸上发现了一艘破橡皮舟和两具英国人的尸体。顿时，整个城市加强了警戒。

中午过后，哈斯勒带着"麻雀"、"油壶"、"狙击手"进城找"看门狗"卡尔朗接头。嘱咐其他人继续隐蔽，保护好炸药等爆破装备。

路上，不时有德军巡逻队开过。哈斯勒意识到处境很危险，随时都有可能被盘查。只要遇到盖世太保，他们的假证件难免要露馅。

"看，后面又过来辆小汽车。""麻雀"眼尖，对哈斯勒说。

"干掉它，坐车进城。"少校命令做好截击准备。

"嗨，请停一下。""油壶"向汽车摆摆手。

车停了，从车上下来一名少尉，不满地问："怎么回事儿，你们疯了？"

"对不起，我们这位长官想搭车，他的腿负伤了。""油壶"上前解释道。

"你们知道这是谁的车吗?"德国少尉揶揄道:"这是警备司令部的,懂吗?"

"即使是希特勒的车,我们也敢坐!"身穿德军少校军服的哈斯勒答道。

德军少尉一愣,还没明白是怎么回事儿,便被"麻雀"的飞镖刺死了。车上坐着一个德军中校参谋军官,见状不好,急令司机开车,可是,司机一着急,汽车没启动起来,那个中校推开车门便跑。"瞧我的。""麻雀"抽出德军少尉身上的镖,又飞了出去,只听一声怪叫,那个中校便滚在道旁的沟里了。

"上车。"哈斯勒他们把司机绑起来,扔进沟里,开车进城了。多亏那两个军官证件,他们很顺利地通过了检查站。

卡尔朗住在路易大街斯温门巷 15 号。哈斯勒驾车开到巷口,留下"狙击手"和"油壶",带着"麻雀"上了楼。

"喂,您找谁?"一个绅士模样的人打开门问道。

"我是德国军官,想请卡门先生到船厂一趟。"哈斯勒用暗语回答。

"噢,他不在,不过,您可进来等他。"

哈斯勒一听不对劲,因为对方应该回答:"您找错了,卡门先生在对面小巷住。"所以,他知道出事了。但是,脸上却作出一副失望的神情,两手一摊道:"真见鬼,我们没有时间等他,请您转告他一下。"说罢,转身向"麻雀"使个眼色便走。这时,两个头戴礼帽的男人从楼上下来,堵住哈斯勒问:"先生,能看看您的证件吗?"

"盖世太保!"哈斯勒马上明白这所房子有埋伏。他点点头,把手伸进口袋,猛然挥手一个勾拳击倒对方,"麻雀"早有准备,用飞镖杀死开门人,转身便跑,到了车前,叫道:"快,……有埋伏,快跑。"

"油壶"已经把车发动起来了,"狙击手"连续两个点射,打死前面几个盖世太保,然后飞身上了车。

枪声大作,警笛四起。德军司令部接到报告,下令封死通往城外的所有通道。摩托队在街上寻找那辆汽车。哈斯勒见状,命令甩掉敌人,转到僻静处,丢掉汽车,徒步脱身。不久,他们碰上一支巡逻队,为首军官向他们要通行证。"狙击手"不由分说，抢起卡宾枪把德军打倒在地。后来，他们跳入一条小河，游到对岸，才把德国人甩掉。

"他妈的，差点回不来了。""油壶"又骂开了，哈斯勒等几个人回到上陆点，已经22时了。他们简单地吃完饭，开始研究次日如何行动。

哈斯勒一声不吭地抽着烟，好半天才决定："不管怎样，不入虎穴，焉得虎子。明天还要进城。先去找'海狸'。没有他们，弄不到港口详细情况，就炸不掉它。"

"好吧，头儿。明天我再跟您去一趟。但愿这次别再倒霉。""麻雀"嬉皮笑脸地说，随手把一支飞镖甩向一棵大树。

巧施苦肉计

次日黄昏，哈斯勒和"麻雀"又进城了。这次倒未遇上什么麻烦，很快在土耳其浴室找到了老板希拉克——"海狸"。希拉克把"看门狗"卡尔朗出事的消息告诉给哈斯勒。原来，卡尔朗自从接到伦敦要他全力获取波尔多港的详细情报的指示后，曾设法潜入了港口基建处，应聘当了预算工程师。不料，港口警卫处有一个名叫尤他的"法奸"，认识卡尔朗并知道他的身份，因此卡尔朗很快就暴露了。当盖世太保抓他时，跳楼自杀了。

希拉克是个身材瘦小的老头，头发已经灰白，眼窝深陷，但炯炯有神，眼睛几乎被那灰色的长眉毛所淹没。宽阔的额头与体型不太相称，上面有几道浅细的皱纹。他将已熄灭的大雪茄又点上，接着道："德国人见卡尔朗钻入港口，疑心是冲着波尔多港来的，因此已加强了戒备，要进去很难。"

哈斯勒问："有无办法弄到港口平面图、轮船进出港时间表、泊位等材料？"

"所有这些都在档案室。"希拉克回答："档案室在港内东二楼105房间，楼内有警卫。档案室钥匙由一个名叫洛格尔的老姑娘保管。此人生活严肃，不苟言笑，活像个机器人。保险箱有警铃连着警卫处值班室。如擅自开箱，号码不对，警铃大起，便别想跑出去了。"

"噢，您知道的真详细。难道您去过？"哈斯勒开了句玩笑。

希拉克也笑了，他说："大概说对了。战前我曾在港内作建筑工人，那座楼是我们盖的。另外，'乞丐'拉罗什就在港内开贮藏车。一会，他会来的。"

果然，喝杯茶的工夫，"乞丐"进来了。这个人又高又胖，宽大的脸庞刮得光光的，额头特别宽，鼻子又高又直。哈斯勒见他那身打扮，笑了。只见他穿着一件沾满油污的破棉袄，这棉袄有些长，还有不少烧焦的小洞，露出变成灰色的棉花。他穿着的一条法军黄色军裤，也已经变成了褐色，脚上是一双很旧的翻毛皮靴，其中有一只可能鞋底快掉了，所以用一段铁丝缠上了。真是活脱脱的乞丐相。

他们互相认识，寒暄一阵后，就开始谈论档案室的事。话题又转到那个叫洛格尔的老姑娘。

拉罗什呷了口茶眉飞色舞地介绍道："洛格尔已经40岁了，还是个老处女。贞操这玩意儿好比一只梨，不能不保鲜，可是时间长了，也会干瘪无味，那时就再无人问津了。洛格尔就是这样，一天到晚正经，对男人冷淡，从不主动献勤奉媚，性情古怪得令人生厌。"

哈斯勒笑了，问道："有没有办法接近她？"

拉罗什摇摇头。

"难道见到她的机会都没有吗？"

"让我想想。对了，每周六这个老处女必去圣马丁大教堂做祈祷。"拉罗什道。

"既然这样，我们会和她见面的。"

几天后，在波尔多市圣马丁大教堂内，几十个男女在祈祷。其中几个男人不时盯着坐在第二排的一位身穿黑衣的中年女子。过了一会儿，哈斯勒向其他几个人递了个眼色，会意一笑，起身走到那位女子的身边坐下来，装作虔诚地祈祷。

作完祈祷后，哈斯勒又随着她出来。可是那位女子似乎根本没看见旁边有人，径直出了教堂，准备穿过马路去。这当儿，一辆黑色轿车也启动了，朝着她冲了过去。这位女人发现后，大叫一声，不知所措地站在马路中央，眼看汽车就要撞上了，就在此时，哈斯勒猛冲过去，把那女人扑倒，而自己却让汽车刮倒，血顺着前额流下来。

那女人明白过来发生的一切，蹲在哈斯勒的眼前，本来显得呆滞的脸忽然露出了歉意的微笑。

"先生，您不要紧吧?"声音很轻柔。

"没事儿。您呢，小姐，您吓着了吧?"哈斯勒忍着头痛，勉强地笑笑。

那个女人掏出手帕，按住哈斯勒的伤口，关切地询问："如果您允许的话，我送您到医院好吗?"

哈斯勒点点头，那女人叫了辆出租车，一起去了医院。

医生检查了哈斯勒的伤情，撞得真不轻，额角缝了 11 针，左手骨折，打了封闭，并建议他住院治疗。在住院期间，那个女人每天晚上都去看他，而且很准时。除她之外，希拉克、拉罗什也来过。拉罗什见四周无人，用拳捣了哈斯勒一下，大笑道："行，真有你的。也许这个老处女真要在你手上开花了。"

原来，为了接近洛格尔，他们玩了一个苦肉计。那天开车的就是拉罗什，撞倒哈斯勒后，便逃之夭夭了。

哈斯勒咧着嘴笑骂说："他妈的，差点儿让你给撞死，你也太狠了。"

"这没关系，让洛格尔的手抚摸几下就不疼了。"拉罗什惬意地说。

半个月后，哈斯勒出院了。洛格尔小姐来接他，小心翼翼地问："我想请先生到我的寓所喝咖啡，好吗?"

哈斯勒点头答应了。坐在出租车里，拐了几道湾，穿过几条街道，他根本没有注意到。车速很快，像是距目的地还远。哈斯勒脸上看上去很平静，但心里却在琢磨怎么利用这个最佳时机，彻底摧毁这个老处女的防线，让她失去警惕，找个机会把钥匙弄到手。

车子终于停下了。"请进吧。"洛格尔轻轻催促着止步不前的哈斯勒，走进了她的居室。室内的门窗挂着厚厚的帘子，屋内的一角放着一张席梦思床和一个衣橱，一张桌子上放有两盏有灯罩的台灯，靠墙边摆着一只铺有棉垫的椅子和一张破旧的双人沙发。

"请坐。"洛格尔拉开窗帘，屋内顿时明亮起来。然后她去煮咖啡。不大一会儿功夫，便端着醇香的咖啡走进来，麻利地倒了两杯，递给哈斯勒道："请吧。"然后自己坐下来。

"先生，您为我付出这么大的代价，今天出院了，让我怎么感谢您呢？"洛格尔恬静地道。

"这点倒无所谓。不过我想问您一下，那天为什么那样不经心，是不是有什么不顺心？"哈斯勒试探道。

"不顺心？"

"比如，与男朋友吵架了……。"

洛格尔脸一红，叹口气道："男朋友？我哪有那个福气。"说着从精致的手提包里掏出一块手帕，擦了擦嘴。哈斯勒心里一动，他听到手提包里有金属碰击的声音，一定是钥匙！他想。

"您怎么会没福气？倒是别人没福气得到您。"哈斯勒大胆地挑逗说。

洛格尔脸色更红了，脑袋深埋在怀里，许久没抬起来，似乎在想着什么。哈斯勒也没动。

"说吧，您需要什么？"许久，洛格尔抬眼言不由衷地问。

"我需要你，亲爱的。"哈斯勒站起身，走过去，用手把她拉起来，揽在怀里，轻柔地道。

"噢——"洛格尔只觉一阵眩晕，想拒绝，但是却浑身无力，伏在哈斯勒的怀中，竟哭起来。

半夜时分，万籁俱寂。哈斯勒慢慢睁开眼，仔细听着周围的一切，悄悄溜下床，在地毯上爬，向沙发摸去。睡前，他记得那个手提包放在那儿了。他的动作像猫一样，无声无息。哈斯勒借着月色打开了手提包，轻轻提出那串钥匙，要往事先准备好的橡皮胶膜上按。

"那不是保险柜的钥匙！"一个声音突然响了起来，在黑暗中响得出奇，如炸雷一般，碰在墙壁上，碎了，撞在房间里，又被黑暗吞没了。哈斯勒一惊，猛地回身，只见洛格尔坐在床上，看着他，神情十分冷漠。

哈斯勒赶紧拉上布幔，然后打开灯，坐在沙发上，点燃一支烟，从慌乱中恢复过来，镇静地道："我应该向您讲述一切吗？"

"不，我不想听。"洛格尔哭了，"难道您救我就为了这些吗？"哈斯勒走上前，坐在床边，搂过她道："不全是，但我不能不这样做。"

"噢，天呐，您的事对我来说无关紧要，不过，您为什么要骗我？"洛格尔很伤心。

"因为是在战争期间，蠢货，你听我说。"哈斯勒有些心烦，骂了一声可又觉得后悔，语气又低下来道："我必须这样做，亲爱的，我爱你。"

"可您这样会毁了我。"洛格尔慢慢镇静下来："正是我胆子小，才没干任何引起别人怀疑的事情，整天把自己关在这间斗室中，顾影自怜。您的闯入，使我很高兴，可是，现在……"

"听我说，洛格尔。不是我毁了你，而是德国人把我们毁了。否则，我这个英国人，为什么冒着刺骨的海水潜入你们法国？想想看，我为啥？"

"什么，您是英国人？"洛格尔吃惊地问。

"对，我是地道的英格兰人。我要炸掉波尔多，使德国人无法继续进行战争！"

洛格尔靠在哈斯勒的怀里，喃喃地道："亲爱的，把我带走吧，我可以帮助你们。"

"档案室的钥匙在哪儿？"

"德国人规定，每天下班要把钥匙交到警卫处值班室。到第二天上班前，任何人都不许动它。"

"我需要波尔多港平面图、泊位等材料，有办法搞到吗？"

洛格尔想了一会，说："别弄钥匙了，明天我给你拿回来，但次日必须归还。"

第二天下班前，洛格尔把哈斯勒需要的情报资料从保险箱里取出，放在内衣里。刚走出房，心就怦怦乱跳，她觉得到处都有眼睛看着她。洛格尔又回到办公室，双手摸着胸前，生怕心脏跳出来。她喝口凉开水，把情报从怀里掏出来，看看是否少了。掂来掂去不知放哪儿合适。突然把眼睛一亮，一咬牙，反锁上房门，解下裤带，把情报资料叠成卫生巾大小，外层包上软纸，然后慢慢放入内裤里。系好裤带，她似乎镇静多了，腼腆地笑了笑，推门走出保密室。

终于回到家了。洛格尔在卫生间取出情报，小心地平展开皱折，用几本书压好。她刚洗漱完，哈斯勒就进来了。当他看到所需要的情报顺利到手时，高兴地叫道："太棒了！"

佐伯特太太的指点

洛格尔带出的情报详细标明着港内的设施、泊位、船舶进出港的时间。但是却没有入港水路图。港口警戒森严，从正门入港已不可能。唯一的办法是从水下潜进去。可是，到哪去了解港口附近的地形水路图呢？

"头儿，我有个老邻居名叫佐伯特太太，战前就定居在这附近。我想是不是找她想想办法。""麻雀"道。

哈斯勒看看表，已经 20 点了，便说："好吧，明天早上你和'狙击手'一起去，晚上 19 时到卡佐小岛上，我们在那儿等你。"

次日一大早儿，"麻雀"和"狙击手"离开宿营地，穿过芦苇荡，上了大路。中午时分，他们敲开了佐伯特太太的房门。

"哎哟，亲爱的，是你呀！"佐伯特太太擦着灰黄的老眼，真不敢相信能在这里见到英国人。惊奇地说："好久没说英语了，简直快把我憋死了，这里除了法语，就是日尔曼语，好像我们的陛下消失了。"这个略有些驼背的小老太婆，嘴大得咧到耳根，尖尖的鼻子好像越过上唇向嘴里探望似的，下巴颏哆嗦地念叨着。

"对不起，佐伯特太太，我不能同您讲英语。""麻雀"操着流利的法语说："不仅不说英语，而且您还要把我当做一个地道的法国人，懂吗？"

佐伯特太太听后，似乎知道些什么，叹了口气，改用法语道："我明白了，你不是来看我，而是来这杀人的。哎，你还像小时候那样淘气。"她用手抹了一下掉在前襟的口水，接着说："虽然我老了，杀人恐怕不行，但也许有点用。说吧，需要我干什么。"

"麻雀"说明了来意。她想了一会儿，从书架上抽出一本地图，指着波尔多港说："有一条小河汊可以绕到港里，老头子在世时，我同他到那儿捉过螃蟹，由于水位低，不太好走，像块沼泽地，谁知现在怎么样了。"

"太好了，只要能避开德国人的巡逻艇就行。"

二战时期建奇功

"这倒没问题，因为那条河汊别说汽艇，就是小木船都难走。"

吃完饭，他们告辞了。"麻雀"捧着佐伯特太太的脸，轻轻吻着她的双颊说："妈妈，再见——不要忘了，我是用英语同您告别的。"

"愿英王陛下保佑你们，我的孩子。"伫立在黄昏中送行的佐伯特太太哭了。

19时"麻雀"与哈斯勒会合了。哈斯勒听完汇报，高兴地拍拍"麻雀"的肩膀道："真不错，战后为你请功。如果你回不去了，军功章给你的儿子。"说完，他下令道："立即出发。现在是12月29日，1943年元旦之前一定要使波尔多港瘫痪。"

炸毁港口

他们顺着佐伯特太太指示的路，整整划行了两天。这条河与其说是河，不如说是片沼泽，水位很浅，有的地段干脆就是泥沼，一步跨下，扑哧一声，水顿时漫到膝盖，每走一步都像踩在弹簧软垫上那么摇摇晃晃。但是，他们并没有回头，而是推着橡皮舟径直向前。终于在12月31日走出河汊抵达了目的地。

哈斯勒从望远镜里看见港内停泊着许多商船。他拿出复制的港口泊位图和船舶进出港时间表，对大家说："现在港内1～8号泊位有4艘大型货船和4艘待修的巡洋炮舰。咱们一个人一条船，两个人一组，在今晚24时将炸弹安装完毕，元旦凌晨起爆。完成任务后回到这里集合。"

在枪林弹雨中的 SAS 队员

夜晚，特遣队员们把橡皮舟从苇塘里拖出来，顺着流水慢慢接近港口航道。隆冬的水面，十分寒冷。哈斯勒从怀里摸出酒瓶，咕嘟了几大口。队员们学着他的样子，也喝了些酒，然后按照哈斯勒的命令悄悄潜入水中，向泊位游去。

"油壶"潜到一艘大型商船旁，浮了上来，这是一艘外型肥胖的专门偷越封锁线的货船。"油壶"从腰上解下高爆炸弹，拉开保险，定好时，刚要往船上放，突然甲板上传来一阵嘈杂声。他赶紧潜下去，可是半天也没有动静，便又慢慢浮上来，刚一露头，一股臊气味扑到脸上，原来是几个船员向海里撒尿。"油壶"气得要命，但又不敢发作，只得在心里骂了几句，用海水洗洗脸上的尿水，然后将磁性高爆炸弹附在船身上。

　　其他队员的行动也很顺利，只有"狙击手"遇上了一点麻烦。他要炸的是一艘炮舰。舰长是个警惕性很高的军官，军舰虽大修，仍设双岗护舰。活该出事儿，"狙击手"接近那艘炮舰后，正准备行动，不料船舷哨兵探头发现了他，刚要大叫，"狙击手"手疾眼快，抬手用消音手枪将哨兵打下海，接着扑过去，把尸体拖入海底，将哨兵的手塞到礁缝里，使尸体浮不上来。然后又慢慢潜入炮舰的另一侧，把磁性高爆炸弹贴在船舷。这时，哨兵落水的那侧甲板挤满了德国人，探照灯把海面照得通亮，但寂静的海面没有什么可疑情况，德国人放下救生艇搜寻也没找到什么，只好向上报告失踪一名水兵。

　　哈斯勒见八个人全回来了，高兴地道："元旦凌晨3时，德国舰船就要爆炸，现在，我们马上登陆，换上便衣，分头返回英国。"

　　1943年元旦凌晨3时，"轰隆——"，"轰隆——"，接二连三的爆炸声，从波尔多传来，巨大的声浪把港内所有建筑物的玻璃窗都震碎了。爆炸声过后，8艘货船、炮舰燃起熊熊大火，很快沉入港内，将波尔多港全部阻塞。英军的"弗兰顿计划"成功了。这次行动终于切断了德军这条重要的供应线，使德军直到战争结束也没有完全恢复起来。

　　德军见波尔多港被炸瘫痪，恼怒到极点。希特勒专门从柏林发来指令：凡英国特遣队员，

比斯开湾

一律格杀勿论。整个比斯开湾（波尔多港位于该地区）处于德军的大搜捕中。不久，"油壶"、"狙击手"等六名特遣队员和"乞丐"被德国人追捕，不幸遇难。只有哈斯勒、"麻雀"和洛格尔躲过搜捕，辗转五个月，在法国抵抗力量的帮助下，经直布罗陀回到了英国。

炸毁德国重水厂

首战失利

重水主要是指氧化氘，即氢的同位素（氘）和氧的化合物，化学式是 D_2O。普通水中重水约占 0.015%。其物理性质和普通水有一定的差异，熔点是 3.82℃，沸点是 101.42℃，密度为 1.10445 千克每立方米（25℃）。重水可用作原子核反应堆的中子减速剂和获得重氢（氘）的原料，因此，成为制造原子弹必不可少的物质。

20 世纪 40 年代初，仅有挪威的诺尔斯克电气化工厂能从含有特殊矿物质的普通水中提取重水。

1940 年，纳粹德国为了研制更具杀伤力的武器，开始了核裂变的实验，并向诺尔斯克电气化工厂大量订购重水，使诺尔斯克重水厂的重水年产量由 140 千克一下子猛增到 4540 千克。

希特勒

"我不要买它的重水，我要它成为我的重水加工厂。"希特勒站在地图前用手指着挪威对他的将军们咆哮着。不久，德军就占领了挪威，也占领了诺尔斯克重水厂。

这个工厂位于挪威奥斯陆西部约110 千米的险峻的丛山中。钢筋混凝土建成的七层楼房和同样坚固的电解水工厂，就隐藏在 300 米高的山崖上。

"必须保护好这个工厂，不能让丘吉尔发现它。"希特勒下令，对这个工厂要严加防范，防止英国人和挪威秘密抵抗组织的破坏，同时要求工厂扩大重水的生产。

德国船只的频繁出入，引起了英美两国情报机关的注意。经过侦察，盟军大吃一惊，原来德国船只在从挪威往德国运输重水，这重水主要用于核裂变的实验。如果德国原子核裂变研究成功的话，它不仅是盟军的灾难，也是全世界的灾难。

"英国政府不能漠视这种行为。漠视就是放纵，放纵就等于帮助希特勒。我们必须破坏掉这个工厂。"丘吉尔捻了捻手中的雪茄，对他的联合作战司令部的幕僚们说。

最后，炸毁电解水厂的任务交给了两个空军特务排（即英空军特别行动队前身）。

为了使行动成功率更高，英军首先动用各种力量广泛搜集情报。这时，挪威抵抗运动组织为英军提供了一份非常有价值的重水厂生产设备安装图。布朗宁少将拿到这张图后，与诺曼上校对它进行了认真细致地分析与研究。

他们认为，由于德军在挪威的防空警报设施没有雷达装置，可以派滑翔机把作战队员运送到那里去，并由挪威抵抗组织在工厂的北侧高地负责接应。但考虑到挪威属于高纬度国家，中部沿海地带天气恶劣多变，高地上沟壑纵横，碎石遍野，装载作战队员和炸药的滑翔机着陆时要冒很大的风险，而且炸毁目标需要大量的炸药又不宜于伞降，他们决定使用两架滑翔机，由轰炸机拖曳，把32名作战队员分成两组，每组16人。最后，他们共同制定了行动计划。

经过紧张而秘密的训练，1942年10月19日，英国皇家空军两架"哈利法克斯"轰炸机牵引着两架滑翔机，从苏格兰最北部一个军用机场起飞，向挪威奥斯陆西部飞去。

队员们根据预先计划要在目标区附近一个地点着陆。这个着陆点由挪威秘密抵抗组织成员负责用篝火进行标示，并由一名特工控制一个小型无

二战时期建奇功

线电信标机，给飞机指示位置，以确保滑翔机在预定空域与轰炸机脱离。

就要接近预定空域了，轰炸机机组人员开始紧张起来。

"见鬼，导航系统出问题了。接收不到地面信号。"第一机组的驾驶员突然发现飞机上的导航器不工作了。

"依靠地图飞行，接近着陆点。"机长毫不犹豫地说。

"云层太厚，我们什么也看不清。"黑暗中驾驶员轻声说。

飞机在密云中毫无目标地飞着，就像只疲惫的大笨鸟拖着一只刚刚学飞的小云雀，在夜空中寻找回家的路。

"不好，飞机结冰了。"冷重的空气将飞机紧紧地裹住了。

在斯塔万格北部上空，飞机像重重的铅块往下坠落。这时，拖曳滑翔机的绳索突然断落，滑翔机在毫无牵引的情况下，向黑暗的大地滑去。随后在几声轰响中，两名驾驶员、六名作战队员光荣牺牲，四名身负重伤。

这时，第二机组已经飞进了目标区。他们看到同伴遇难后，个个心情非常沉重。由于急于着陆，滑翔机与轰炸机过早地脱离，在赫莱兰德附近降落。就在三名队员刚跳下飞机时，雨点般的子弹将他们击倒。随后，一队德国兵向飞机扑了过来，把其余的作战队员全部捉住。整个偷袭行动失败了。德国兵又用截获的英军无线电信号，找到失事的英国另一架滑翔机，将炸药和受伤的作战队员一起押运到爱格尔宋德市的德军城防司令部，并开始了审讯。然而队员们面对德军拷问，并没有屈服，他们视死如归。

"按照元首的命令，把他们统统枪毙。"在得不到任何情报的情况下，德军下令处决了被俘的英国空军作战队员。

行动的失利，使英国再一次感受到了巨大的压力。战争是无情的，要赢得战争的胜利，就必须对敌人进行不懈地打击。

"神鹰"队出击

1942年6月18日晚，英国首相丘吉尔的专机匆匆降落在华盛顿机场。他是前来与罗斯福总统进一步探讨开辟第二战场可能性的。

随后，盟军在非洲打响了"火炬"战役，11月英军第8集团军在埃及取得重大胜利，并向西追击意大利军队。

1942年冬，苏联武装力量在斯大林格勒粉碎了德国法西斯军队的战略围攻。德国损失了当时苏德战场的1/4的兵力。德军有32个师和3个旅全部被歼灭，16个师遭受重创，第二次世界大战开始发生根本性的转折。

华盛顿机场

1943年2月，盟军加大了在北非的攻击力度，并为3月21日突破马雷斯防线做准备。

然而，希特勒并不甘心自己的失败。他继续集中大量的物力、财力，任用一批科学家，加紧研制V—QSQS2火箭和大规模杀伤武器——原子弹，企图依靠新式武器来挽救战争的败局。而此时英美的原子弹研究才刚刚起步，希特勒的计划一旦成功，首先研制出原子武器用于战场，战争将发生不可预料的逆转。所以，必须进一步阻止希特勒对原子弹的研制。于是，英国总参谋部又制定了一份摧毁德国原子弹原料基地——重水工厂的行动计划。

鉴于第一次突袭的教训，联合作战司令部决定挑选六名经验丰富的曾在该地区居住过的"哥曼德"特种队员组成代号为"神鹰队"的特种突击队，用伞降的方式深入到德占区，去炸毁重水工厂。首先，根据特工人员提供的情报，制作了一个重水工厂的立体模型，让这几名特种队员利用模型反复演练，使他们熟记德军警卫人员的位置及换岗的时间，掌握工厂每一扇门的开关方法。同时，为了转移德军的视线，联合作战司令部还有意制造要破坏工厂附近堤坝的假情报，以迷惑德军，使他们把工厂的警卫支队抽调到堤坝上。

英国战时内阁联合作战司令部坚固的地下作战室里，丘吉尔低沉的声音又响了起来：

二战时期建奇功

在恶劣环境中执行任务的 SAS 队员

　　"先生们，英国的命运和盟军的胜利将取决于你们的行动。我和我的内阁成员们等着你们的好消息。"

　　他表情严肃地看着眼前的这六名信心十足的"哥曼德"。六名特种队员感到责任更加重大了。队长威廉·卡里用力点了点头。

　　1943 年 2 月 14 日午夜，英军一架远程轰炸机爬高后，在万米高空朝挪威方向急速飞去。机上载着六名化了装的"哥曼德"特种队员。他们是执行首相的命令，去摧毁德军重水工厂的神鹰突击队。

　　队长卡里和一名队员化装成德国士兵，另外四名，两名化装成挪威工人，两名化装成挪威学生。他们每人都随身携带无声手枪、定时炸弹、攀登器材等特殊武器装备。此时，他们神情庄重，飞机轰隆的马达与他们的心一起跳动。

　　"001，001，距一号地区还有 30 千米。请做好准备！"

　　卡里耳机里传来飞行员的声音。

　　一号地区——距诺尔克斯 30 千米的斯库利凯湖，就要到了。

　　"神鹰注意，准备跳伞！"卡里发出了命令。

　　飞机呼啸着打开舱门，六个黑点飘向漫漫的夜空。

　　几分钟后，黑点徐徐降落在斯库利凯湖厚厚的冰面上，随后他们迅速围拢在一起。卡里取出地图和指北针，判明准确方位后，吩咐队员们藏好降落伞，快速离开湖面，踏入宽约 40 千米、纵深 25 千米雪封冰冻的原始森林。

他们知道，要完成炸掉重水工厂这一任务，必须首先战胜眼前这一片白皑皑的林海雪原。他们向严酷的大自然发起了挑战。

森林里，齐膝深的积雪覆盖了整个地面，纵横交错的冰锥挂满树枝。要走出这个地狱般的原始森林，不仅要有顽强的意志，而且要有战胜困难的勇气和能力。

两名队员手持刨冰斧在前面开路，遇到冰锥疏松的地方，他们就小心翼翼地从冰锥缝中钻过去；遇到冰锥稠密难以过去的地方，他们就打掉冰尖从冰锥下面爬过去。

夜晚北欧的寒风凛冽而刺骨，队员们迎着寒风向前艰难地行进着。此时，天色渐亮，他们才走完四分之三的路程。稍作停留后，他们加快了前进的步伐。

然而，刚穿过冰封的密林，一道长约几十千米、高约三百米的冰墙又横在队员们的面前。

"上！"队长卡里说了一声。

队员们迅速取出冰钉、绳索、挠爪绳，然后把所有的绳索连接起来，并将挠爪在绳端固定好，绑在一枚小火箭上，瞄准好方向，把火箭发射出去。"嗖"的一声，火箭带着挠爪绳射向了冰墙的顶部。待挠爪抓牢冰墙顶部时，三名队员又一起上去拉了拉绳索，证实挠爪扎紧后，他们两人一组，借助冰钉，分别爬上了冰墙。

随后，队员们冒着寒风继续向诺尔斯克城前进。

在爬过一道山梁后，他们登上了一座山峰。从山顶望去，前面是平坦的雪原，诺尔斯克就在离此 10 千米的地方。

"天黑进城。"队长卡里放下手中的望远镜说。

按照行动计划，突击队要在晚上跟挪威秘密抵抗组织接头，得到重水工厂的布局图。

夜幕很快降临了。诺尔斯克城剧院里，音乐四起，这里正上演歌舞节目。观众都专心地欣赏着。

二战时期建奇功

这时，一位年轻的姑娘轻轻地来到一个空座边坐下，顺手把一块白色手帕塞给身边坐的一位"青年学生"的手里，然后，自己专注地欣赏着节目。一会儿，这位"青年学生"起身离开剧院，很快消逝在夜色中。这位"青年学生"就是英国特种队员。

拿到手帕后，他返回到挪威地下组织提供的秘密地下室里，把白手帕浸放到药水里。不一会儿，手帕上呈现出一段文字和一幅示意图。

上面说，工厂位于城西8千米的达麦山洼里，厂里驻扎着德军的一个加强连。重水提炼车间就设在这里面，车间与地面工厂有500米长的地道连接，提炼车间经常需要锯末，每周六要运进一卡车。

示意图上显示，重水提炼车间的电缆管道从地下车间连到地面工厂。车间右侧是水槽，左侧是各路出水管，中间是大型重水提炼机，正面是操作台，车间四个角各有一名德军监守。

"看来，我们要进入工厂必须乘坐运送锯末的卡车。"卡里看完示意图后说。

"哪儿有呢？"队员们疑惑地问。

"路上拦截。"

2月17日上午7时，正是重水厂工人上班的时间。工人们一个个接受德军岗哨的严格检查后，有秩序地走向各自的车间。

在诺尔斯克城通向达麦的山路上，一辆载满锯末的军用卡车，正向重水工厂驶来。

山路崎岖，卡车缓缓地行驶着。在山路的一个拐弯处，开车的司机突然发现前面有两个士兵在向卡车招手。他们可能是要搭车的。卡车在他们跟前停了下来。这两名士兵一下子跳到卡车驾驶室的踏板上。

"能带段路吗？"话音未落，"噗、噗"两声，子弹已射入了司机和押车军官的胸膛。然后，他们将尸体拖到隐蔽的地方，拿上证件，迅速返回卡车。这时，他们的同伴也爬上了卡车，躲在木屑里。这几个人正是卡里和他的神鹰队员们。

傍晚时分，这辆卡车缓慢地开到了工厂门口，这时工厂里的工人都已经下班了。

"怎么这么晚才来？"门岗的卫兵拦住卡车不解地问。

"汽车出了问题，所以耽搁了。"司机把车窗摇开一条缝，回答说。

"真是的！"卫兵边往驾驶室里看边嘟囔着。然后挥了一下手，让卡车开了进去。

卡车驶进工厂后，直奔地道口而去。

"喂，车开错地方了。锯末不是卸在这里，是那边，那边。"地道口的两名卫兵冲着卡车喊叫着。

"就是这儿，没错。"卡车里的军官对这两名卫兵不耐烦地说。

两名卫兵看到卡车就要开过来了，赶快上前拦挡。卡车里的军官拔出手枪，对着他们就是两枪，两个卫兵应声倒地。

躲在锯末包里的四名队员，也迅速钻了出来。两人留在地道口冒充卫兵，负责警戒，其余两人跟随队长卡里向地道里冲去。

他们冲到离地道里二道门不远的地方，就被正在站岗的两名卫兵看到了。

"你们不是下岗了吗？还来这儿干嘛？"两名卫兵不解地问。

"我们是来取忘记的东西。"卡里沉着地回答。

在距离两名卫兵二十多米的时候，队员们用无声手枪将他们击毙了。

随后，队员们继续向地下车间的提炼室走去。他们轻轻地走进每一层车间，把那些毫无防备的卫兵干掉。

在提炼车间，四名监护员在忙碌着。卡里他们突然闪了进来。没等这几名监护员反应过来，子弹已经射入了他们的体内。第四名监护员在被子弹射中的同时，突然意识到这是敌人来破坏，就用力踩响脚下的警报器。顿时，尖厉的警报声响彻整个厂区。

听到刺耳的警报声，警卫工厂的德军知道工厂出事了，马上集合队伍，向地道里冲来。

"快，安放炸弹！"队长卡里命令队员们马上行动。他们很快就把大型提纯器、操作台、水槽上都安装好了高爆定时炸弹。

"撤！"一会儿工夫，他们就撤出地道，跳上拉锯末的卡车，向工厂门口冲去。

二战时期建奇功

在快要接近工厂门口时，隐蔽在地堡里的德军向卡车扔出了两颗手雷。"轰、轰"两声，卡车的前轮被炸坏，而后，两侧地堡里又喷出两条火舌。

驾驶室里，卡里和驾车队员差点被炸中，惊悸中他们迅速跳下卡车。几个滚动战术动作，避开了两侧地堡里的火力，闪到一座二层楼的楼梯口。

此时，德军加强连在连长的指挥下也围了过来。双方展开了激烈的战斗。队员们用手枪、手雷进行还击。撂倒了三四十个德国兵，但终因寡不敌众，边打边撤，撤到了楼里。

"头儿，子弹快用完了。"一名队员急切地报告。

"快往楼上撤！"卡里高声喊道。他知道，到了二楼就有逃脱的希望，因为这楼的东边还连着五座楼房，楼和楼的距离只有1.5米。

捣毁德军重水厂的漫画

"不能让他们上楼！"德军指挥官似乎看出了卡里的意图，迅速抢入一楼警卫室，打开了二楼火爆器按钮。顷刻，二楼一片火海。

"拉下防火面罩，往上冲！"卡里从帽子里拉下防火罩，将后脑、脖子和脸部盖得严严实实，然后迅速穿过火海。其他队员跟着也穿过了火海。他们身上穿的衣服是自动降温服，可以经得住烈火3～5秒钟的熏烤。

通过二楼窗台，他们跳到另一座楼上。

这时，楼下的德军以为这几个特种队员被烈火困在里面，兴奋地大喊大叫。

"报告，他们已经跑到另一座楼上了。"

"什么？给我追！"德军指挥官发狂地喊着。

卡里他们一连跳跃了四座楼顶。当准备向第五座楼顶跳跃时，突然发现第五座楼顶上有四五名德军爬了上来。

"干掉他们!"卡里话音未落,四把匕首已经向德国兵飞去,德国兵摔到楼下。

再跳上最后一座楼就可以逃出这地狱了。卡里他们以极快的速度跃到了第六座楼的楼顶,楼的东侧就是工厂的围墙。围墙高2米,距楼只有1.2米。

"跳!"

队员们奋身一跃从楼顶跳到围墙上,又从围墙上纵身一跳跳到了地面上,然后迅速向达麦山中奔去。刚跑出不远,六名德军驾驶的两辆摩托车从工厂里朝他们追了过来。

"卧倒!"队员们快速趴下。待摩托车快要驶到跟前时,他们用无声手枪把六个德国兵全部击中,摩托车在毫无控制的情况下冲向路边。

这时,大地一阵震颤,工厂里传出一连串沉闷的爆炸声。队员们知道,这是他们安放的定时炸弹爆炸了。卡里脸上露出了欣喜的笑容。

"撤!"卡里挥了一下手,然后跨上德国人送来的摩托车,沿着山路朝东方疾驶而去。

他们的行动,打破了希特勒研制原子武器的美梦,给欧洲人民和世界人民带来了胜利的曙光与和平的希望。

二战时期建奇功

特种部队在欧洲作战

北非战役结束后,盟军中某些身居高官要职的人员纳闷着:特别空勤团是否会即将失去其耀眼的光环。特别空勤团诞生于沙漠,充分利用了沙漠所赋予的得天独厚条件而取得了辉煌的胜利。他们也许应该永远留在沙漠,结束于沙漠之中。然而事实并非像人们想象的那样,特别空勤团并未在沙漠中止步不前。

毋庸置疑,特别空勤团从成立至今已经过了一段相当可观的历程。开始时仅六十多人,几辆货车,一个人便可制定作战计划,与司令部和皇家空军联系申请必要的援助，足以胜任领导这支部队。对于司令部来说，不管怎么样，类似如此规模的部队还能有所作为总是值得高兴的，即使失败也是无碍大局。到1943年初，当第一团与第二团合并之后，特别空勤团便成了一支相当规模的战斗队伍，必须要有一定数量的外部资源才能维持日常的活动，而且还要有合理的，一定规模的内部组织才能维持其正常运作，这些都要求特别空勤团必须改变其原来的作战方式。

在正规化军事工作和人员工作方面，大卫·斯特林显得比较笨拙，他喜欢凭借"熟人关系网"处理事情。与此同时，他也没能清醒地认识到：当特别空勤团膨胀之后，再也不能将其视作他私人的部队，可以继续像往常那样以外行的方式进行管理。有一次，在指挥巡逻队作战任务时，作为指挥员的他在沙漠中迷失了方向。对于即将到来的意大利战役，如果说斯特林当时对特别空勤团如何指挥有一个深思熟虑的计划的话，那计划也是装在他的大脑之中，现在正伴随着他一起困在了德军的牢房中。

确实，当北非的战争结束后，特别空勤团也已暂时"分崩离析"。法国中队已从英国军队中离开，加入了自由法国抵抗组织，为后来的特别空勤团第3团和第4团奠定了基础，神灵中队也已离开，回到了希腊军队的控制之下。第1团似乎注定解散，暂缓实施，A、B两中队更名为特种袭击中队，编制250人，由斯特林的自然接班人梅尼指挥，这支部队不久便被派到巴勒斯坦接受进一步的整训，准备迎接更大更艰巨的挑战。

西西里入侵

盟军准备在1943年7月入侵西西里。遗憾的是，该战役的策划者没能恰当地利用特别空勤团的超凡智慧和能力。大卫·斯特林的弟弟比尔·斯特林曾多次设法劝说其上司，最好能将特别空勤团以小型的支队布署到敌人防线的腹地，打击敌人的机场、通信线路和其他类似的目标。然而，事与愿违，特种袭击中队和第2团均奉命承担标准的突击队的战斗，在主力中队的前方对付敌人的一系列目标。

在首次行动中，特种袭击中队占领了3个海岸炮台，打死100多名敌人，俘获600余名士兵，自己仅1人死亡，6名战士负伤。与此同时，第

2 团的一个中队登陆占领了敌人的灯塔和一个可疑的炮兵阵地。不过事后发现总共只有 3 个意大利军人进行抵抗。然而，第 2 团的另外 2 个小组被空投到该岛北部，执行特别空勤团较为传统的作战任务，不幸的是他们发生了一连串伞兵空投时常见的事故：士兵跳下后极为分散，互不照面；设备丢失或损坏；寻找不到像样的目标等，没有取得可让人评头论足的战果。

1943 年 9 月，盟军从西西里向意大利本土挺进，这一段时间相对比较平静。特种袭击中队和第 2 团的部分人员参加了突击或侦察活动，表现勇猛顽强，收到了很好的效果。不过当时也有一些非议，认为没有充分发挥他们的特长和特别训练的优势。也有极少数的人被派遣执行特别空勤团的传统任务，在

西西里岛

计划并不周详，补给极度困难的情况下，他们照样取得了预期的战斗效果。

尽管拥有最丰富经验的敌后战斗人员，特种袭击中队也只是担任一般的突击任务，通常是整个中队一起去完成任务。9 月，中队与第 8 军团一起穿越尤卡坦海峡，登陆后占领了主登陆场北部的阵地。海军登陆艇不时地被损坏，部队的无线电几乎个个失灵，不过总算以轻微的伤亡完成了作战任务。几天后，与同样是大材小用的第 1 空降师的伞兵，特别空勤团第 2 团的大部分官兵从海上在塔兰托登陆，利用吉普车在主攻部队的前面巡逻开道，凡是遇到的德军均被他们消灭。

当第 8 军团 10 月初向亚德里亚海岸挺进时，特种袭击中队在意大利的第 2 次、也是最后一次的战斗发生在泰尔莫利。当时，特种袭击中队和多支突击部队登陆后，从塔兰托赶来的特别空勤团第 2 团的部分官兵也加入了战斗，占领了该城市。没过多久，特别空勤团和突击部队不得不浴血奋战，反击德军的反攻，坚守阵地。这次战斗之后，特种袭击中队从战斗

二战时期建奇功

前线撤出，在1943年底回到了英国，准备参加即将到来的盟军在法国北部进攻日开始的战役。

战俘行动

1943年9月，意大利退出战争时，许多从集中营逃出的盟军战俘仍游荡在当时德军防线的后方，特别空勤团第2团的作战任务就是想尽一切办法将成群的战俘送回到盟军一方。

在这段时间，特别空勤团执行传统作战任务的次数屈指可数。在战役开始阶段，他们在婆婆纳作战的任务是摧毁斯塔西亚和热那亚，波伦亚和普拉托，佛罗伦萨和阿雷佐之间的铁路线。特别空勤团两个小组共14人跳伞抵达目标，彼克尼上尉指挥的小组空投到了波伦亚的南部，加上杜杰恩上尉指挥的另一小组共同负责摧毁斯培西亚和热那亚之间的铁路。战斗于1943年9月7日打响，两个巡逻队的命运各不相同。

本次战斗以后，再也没有人看到彼克尼本人了。后来有人说他被游击队发现，以后就一直与游击队在一起作战。他的副手将小组一分为二，分头袭击敌人。他们至少炸掉了两辆火车，其中一辆毁于隧道，将一条主要干线彻底地堵塞。杜杰恩的一个小支队也成功地毁坏了两辆火车，同样将火车堵塞于隧道之中。杜杰恩本人，还有特别空勤团的一名叫布朗特的士兵被敌人俘虏，壮烈牺牲，另外还有两名军士失踪，可能也遭到了同样的厄运。

杀害被俘的特别空勤团人员是依据希特勒下达的所谓"突击队命令"执行的。在这份命令中，希特勒命令道："所有俘获的特种部队人员必须立即移交到最近的盖世太保部队……这是一些极端危险的人物，凡发现有特种部队人员必须立即上报……必须坚决地将他们消灭。"隆美尔和北非的其他将领从未执行这一命令。意大利的形势则全然不同，一旦特别空勤团的官兵被捕，等待他们的便是严刑拷打和死亡。

尽管有些微的损失，婆婆纳战斗仍取得了伟大的胜利：特别空勤团的两组巡逻队在关键时刻成功地阻止了德军增援部队向意大利南部的移动。耗尽全部携带的炸药之后，幸存的特别空勤团人员弹尽粮绝，加之严冬即将降临，他们不得不长途跋涉，向南部的盟军防线进发。逃离虎口的最近路线至少也需要两个月，有一名士兵在多名意大利平民的帮助下度过了七个月之后才总算死里逃生。在战争开始时，头几天所取得的胜利充分说明了特别空勤团执行这类作战行动确实是他们的专长，行之有效，接下来的长途跋涉、逃生也证明特别空勤团官兵能自由地在敌人防线后方活动相当长的时间。

10月，特别空勤团第2团还发动了少量小规模的海上袭击，在一定意义上给予敌人沉重的打击。1944年1月，他们开展了短暂的伞兵和海上偷袭，炸毁了佩扎罗附近亚得里亚海的铁路桥，攻击佩鲁贾附近机场的战斗也取得了胜利。德军的许多侦察飞机被特别空勤团最传统的"路易斯炸弹"炸毁。之后，他们从意大利撤退，在临近诺曼底进攻日时于1944年4月最终回到了英国。

1944年1月，特别空勤团旅组建，由罗德里克·麦克里欧德准将后来成为罗德里克上将爵士指挥，该旅由特种袭击中队又一次编为特别空勤团第1团，特别空勤团第2团，第2和第3自由法国人伞兵营后来叫做特别空勤团第3团和第4团，比利时独立伞兵中队后来叫做特别空勤团第5团和总司令部侦察团的F中队"幽灵"组成，拥有2500名官兵，司令部的部队由第1空降兵部队司令弗雷德里克·伯朗宁中校领导。

从特别空勤团的角度而论，这一整编绝非是至臻至美的组合。这样一来，特别空勤团的指挥员不能直接接触最高司令部，特别空勤团早期在非洲沙漠时享有的那种权力，争取以最佳的方式投入战争变得难以实现。当组织诺曼底大规模反攻时，艾森豪威尔、蒙哥马利和他们的参谋根本没有闲暇时间来顾及一个旅的作战行动，空降部队的指挥员也是火烧眉毛，更有其他重要的事情考虑，无暇顾及法国境内零星的巡逻和小儿科的作战行动。确实，许多

艾森豪威尔

空降部队的参谋根本不谙特种部队擅长的这种袭击行动，也根本不了解他们这一行当所具有的专长。正因为缺乏了解，在某些小节上往往是弄巧成拙就下令要特别空勤团士兵穿戴空降兵贝雷帽。就事而论，在计划参谋人员看来，这是好意授予特权，而这些沙漠中过来的老兵则认为是对他们的奇耻大辱。

其他方面的对立、摩擦和责任交织也同样影响到特别空勤团将如何参加作战行动。战争初期，曾建立了特种作战管理部，鼓励在德国占领区建立和发展抵抗组织，开展破坏和其他类似的活动。自由法国也有特种作战管理部的部门和行动小组。如何协调这些小组与特别空勤团的活动，解决各种烦杂的领导关系的矛盾也日趋尖锐。作为一个组织，特种作战管理部极富政治色彩，从任何意义上来讲都是如此，与特工人员长期处于竞争状态，因为特种作战管理部肩负着几乎是全然不同的责任。

当时，敌占区国家抵抗组织间也存在着形形色色的局部和全国性的冲突。抵抗小组通常都有明确的政治倾向——共产主义，自由党，社会主义，保守党，在反对德军的同时，他们都想以牺牲对手的利益，竭力壮大自己的力量，他们注视着战后的优势。眼前，盟军似乎将肯定赢得这场战争的事实自然很容易吸收所有的抵抗力量，当然这种人员上的膨胀也将证明是有得也有失。这些新生的抵抗者需要培训和装备，而提供训练和装备难免会妨碍特别空勤团的作战行动，缺少纪律和安全观念又是这些抵抗组织的一个致命的弱点。

盖世奇功

有关特别空勤团究竟应如何使用的争议最终导致比尔·斯特林辞去特别空勤团第2团指挥员的职务，布雷恩·法兰克斯中校接替了他的职务。特别空勤团在欧洲西北部战役中将扮演的角色也最终一锤定音。根据计划，侦察小队将被空投到敌占区，与当地的抵抗组织取得联系，对当地的基本局势作出评估。如果某一地区条件成熟可供利用，增援人员将会迅速赶到，建立起抗敌的步哨基地。

基地建立后，特别空勤团巡逻人员就着手为当地的抵抗战士提供咨询，间或提供培训，不时还对占领军发起游击战争：桥梁被炸毁，铁路被毁坏，火车出轨，道路埋雷，敌人的护航船队遭到攻击，为皇家空军空袭指引目标等。

皇家空军第38大队、46大队和特殊任务中队负责为在法国和比利时作战的特别空勤团的插入和补给工作提供支持。尽管这是皇家空军的一项新任务，它们都以高超的技术兢兢业业地执行，常常是因缺乏有效的通信而要克服大量难以置信的困难。除了正常地补给武器、弹药和炸药之外，他们还带来了吉普车。这些吉普车类似于北非使用的那种车型，但没有了沙漠适应性，部分还装置了装甲板。他们将成为特别空勤团在欧洲作战的得力助手，对德军是一种真正的威胁。

从诺曼底开战日到10月底，40多个特别空勤团支队被派往法国。这时法国大部分已掌握在盟军手中。这些支队人数不等，多者可能是一支150余人的正规部队，少者仅是屈指可数的几个人组成的小组。包括特别空勤团的法国支队在内，这期间特别空勤团总共伤亡大约350人，其中大部分是被德军俘虏后遭杀害的。他们的作战行动同时也引起了德军的报复，许多抵抗战士和平民遭到杀害和谋杀。然而，据特别空勤团的报告，他们总共打死和俘虏了10000多名德军官兵，加上一长串实物破坏的清单，其中包括毁坏29辆机车，切断164条铁路线，向皇家空军指引了400个轰炸目标。对于一支不足2500人的部队来说，这真是一个盖世奇功，为盟军的胜利做出了不可磨灭的贡献。

二战时期建奇功

以小击大

第一支派驻法国西南索恩——卢瓦尔县的特别空勤团部队是为了参加洪代斯沃思战斗。先头部队于1944年6月5日空投，其他人员也于月底到达。大多数特别空勤团第1团的A中队的官兵参加了这次持续三个月的战斗。除了为皇家空军指引轰炸目标之外，这次作战总共22次摧毁敌人位于各地的铁路线，造成敌军200余人伤亡，俘获德军100多人。

类似于洪代斯沃思战斗的增援行动在1944年夏天打响，持续了两个月时间。这次特别空勤团第1团D中队约60名官兵参加了战斗，任务是瘫痪朗布依、奥尔良和沙特乐地区的铁路系统。这支以驾驶吉普车闻名的中队由伊恩·范威克少校指挥。他们眼光非凡，用来攻击德军供应护送队的方法真是令人难以置信。

发现德军在夜间开灯行进后，范威克下令其分遣队如法炮制，特别空勤团的车辆常常是混杂在敌人车辆内一起行进而不被敌人发现。不过有一次跳伞计划被泄漏，参与该次行动的绝大多数人员不是在着陆时被打死就是被俘继之被杀害。尽管有这样或那样的损失，包括范威克少校本人也在一次伏击战中牺牲，如同洪代斯沃思战斗一样，增援行动产生的影响与其不成比例的参加人数和少量的代价是不可同日而语的。

"大意失荆州"

特别空勤团一次"大意失荆州"的战斗当数巴尔斯凯特战斗。当时部队被派往普瓦捷地区，任务是延缓德军从法国南部向诺曼底战场进发的速度，在这场战斗中，特别空勤团在沙泰勒罗成功地发现了一辆燃料货车，皇家空军后来及时地将它炸毁，否则巴尔斯凯特战斗便会一无所获。由于当地的抵抗小组动摇不定，没有实力，加之特别空勤团人员似乎也失去了在其他地方所显示的那种魄力和胆量，部队的主要基地于7月初遭到德国突然袭击，大约40名官兵被杀害，其余的幸存者立即撤离。

当德军的入侵进一步发展时，盟军从诺曼底海滩的反攻爆发了，开始向内地挺进，特别空勤团接令向法国北部进发。在这次挺进中，特别空勤团参加了一连串的战斗，包括由第2团发动的最大规模的洛伊道战斗。从1944年8月中旬开始，特别空勤团被派往孚日山脉地区。

先头部队遇到了大量的困难，无线电机不是丢失便

诺曼底战场纪念雕塑

是损坏，当地的抵抗组织领导人相互不和，热衷于内讧、垄断武器供应，图谋自己使用，而对帮助特别空勤团漠不关心；像往常一样，安全形势也极为严峻。在这样的局面下，法兰克斯于8月底至9月初随同其他几支增援小组到达先头部队，亲自指挥战斗。

随着法兰克斯和其他小队的到来，洛伊道战斗正式开始。当时由于法兰克斯不太愿意与那些虽说存在但时时刻刻动摇不定的当地抵抗力量发生联系，可供他指挥的官兵仅87人。这支小型的队伍负责牵制德军两个师的兵力，也成功地为盟军赢得了一系列的作战时间。由于不能到前线参加作战，德军的两个师便奉命彻底消灭特别空勤团。他们在农村四处搜查，寻找这些来无影去无踪的敌人。

不过这些胜利也付出了血的代价。在10月9日到12日的几天内，洛伊通的幸存者向外渗透投向盟军防线时，30多名成员失踪，其中28人被敌人活捉，后来遭到盖世太保的严刑拷打并被杀害。特别空勤团基地附近的穆塞村有200余人被德军抓去作为人质，其中大部分人员在战后没有返回。

SAS 的威利斯吉普车

经过这一阶段之后，绝大多数特种空军后备人员已返回英国或正在返回英国的途中。他们将在英国休整一个冬天，并进一步培训。在此期间，指挥员和高级军官则考虑部队的发展计划，以便为最终赢得对德作战的胜利做出贡献。不过这时有一点十分明确：特别空勤团不宜在德国国内纵深地区作战，因那里的民众对特别空勤团怀有敌意，而比利时和荷兰境内未解放的部分领土人口太稠密，地形过于暴露。

当主力部队于1944年3月份恢复全力向前推进的时候，特别空勤团的任务便是紧密地配合主力部队，位于主力部队的前面作战。与此同时，特别空勤团还计划到荷兰作战，确保在德军溃败时，能使权力有序地移交给盟军控制。从 1944 年 12 月开始，由罗伊·法兰少校指挥的特别空勤团第 2 团第 3 中队被派往意大利，在第二次世界大战剩下的最后几个月与当地敌后作战的游击队并肩作战。

最后的战斗

第 3 中队的前卫于 1944 年 12 月到达意大利，月底就有一些人投入了战斗。在 1944 年 12 月底到 1945 年 3 月的一段时间里，第 3 中队参与了几次小型的战斗。一个小组负责在热那亚和斯培西亚之间的西海岸线附近活动，他们成功地破坏了许多敌人的设施，使得一支庞大的德国部队日夜不停地四处寻找他们。另一组被派去堵截勃伦纳山口通向奥地利的铁路线，这支部队未能如愿完成任务，并有部分人员伤亡。

特别空勤团在这几个月中承担的最大任务便是 1945 年 3 月在斯培西亚和波伦亚之间进行的沙颈岬战斗。该地的游击队活动由迈克·里上尉领导和特种作战管理局协调，游击队员本身人员比较复杂，有各种政治信仰的意大利人和逃跑出来的俄罗斯战俘。

罗伊·法兰到达后，对这些游击队员逐一进行了考查，有些人还是一些十几岁的青少年。他认为必须采取某些极端的措施才能将他们变成一支

SAS 队员协同作战

战斗力量，随即提出了一份长长的补给清单，内容包括 75 毫米的榴指弹枪，意大利语、俄语和德语翻译人员以带颜色羽饰的卡其布贝雷帽的苏格兰风笛演奏者。两条要求是为了鼓舞意大利人的士气。这些补给品和一些武器弹药很快便空投到达，法兰开始组织游击队员训练。经过两周以后，法兰所训练的，具有 50 名特别空勤团成员和游击队营便可以开赴前线并投入首次战斗了。

到了 3 月下旬，法兰决定进攻位于阿尔比内亚 2 栋大别墅里的一个德军的主要司令部。不凑巧的是，在进攻的当晚，德军司令正好外出，只有一些参谋被打死，司令部大楼被烧毁。特别空勤团一方有三人牺牲，少数进攻人员负伤。在布伦机枪火力的掩护下，游击队点燃了房子，朝着与他们到来全然相反的方向撤离，离开了他们在山间的隐藏处，正式与沙颈岬基地剩下的人员汇合。

当德军不断图谋跟踪游击队撤离山区的行动时，在塞基亚河一带又爆发了几次战斗。特别空勤团每次派出的战斗巡逻队通常由一半英国兵和一半游击队员组成。在几次激战中尽管敌军在人数上占绝对的优势，但英国人和意大利游击队员组成的部队总是能出奇制胜，成为胜利者。

战争的进程对德国人极为不利，使得他们垂头丧气。不断向前挺进的美国第 1 装甲师开始将剩下的德军三个师逼退到塞基亚河彼岸。与此同时，德军还常常受到特别空勤团和游击队组成的部队的骚扰。当法兰接到命令悄悄离开他中队的时候，意大利境内的战争在不到两个星期的时间后便结束了。

暂时谢幕

当一切顺利进行着的时候，迈克·卡尔弗特中将接手特别空勤团。卡尔弗特中将是在缅甸日本防线的后方与同盟国军士兵一道作战时起的现在的名字，他将成为战争结束前特别空勤团的最高指挥官。

在欧洲北部最后几个星期的战斗中，特别空勤团在荷兰十分活跃。跨越莱茵河后，特别空勤团参与了向德国本土的进军。这时特别空勤团又是渗透到敌军的纵深地带，相反，吉普巡逻队常常就在盟军进攻的正前方，

二战时期建奇功

占领桥梁，伏击德国部队，捕获可疑的战争罪犯和其他重要的纳粹党徒。尽管战争明显地即将结束，但某些战斗却十分激烈。在一次激战中，佩迪·梅尼因不顾一切救出了遭到伏击的手下士兵，第三次荣获优异服务勋章。

德军在 5 月份投降后，特别空勤团的两个团被派遣到挪威。在那里的三个月时间里，他们帮助重建合法的挪威政府。

和平自然意味着军队要缩编。当局很快做决定，尽管战争期间取得了辉煌成就，但是目前特别空勤团已是英雄无用武之地了。1945 年 10 月，该团宣告解散，后来又进行了重组。

首相国宴上的枪声

希特勒的暗杀密令

1943 年初冬，位于厄尔布尔士山南麓的德黑兰，依然到处盛开着芬芳袭人的玫瑰花。但是，在这个城市的每一条街道的十字路口上，都布满了身穿各国军装的特别值勤戒严部队。他们驾驶着敞篷吉普车和轻型坦克，在路口、街头、巷尾紧张地来回巡逻。

德黑兰会议上的三巨头

原来，这里正在召开反法西斯盟国的"三巨头"最高元首会议——德黑兰会议。苏联领袖斯大林、美国总统罗斯福和英国首相丘吉尔在此聚会，讨论决定最后消灭纳粹德国的战略计划，发表了著名的《德黑兰宣言》。说来也巧，英国首相丘吉尔的 69 岁寿辰正好是 11 月 30 日。为了庆贺会议的圆满成功和自己的生日寿辰，丘吉尔决定举行一次盛大的国宴，并邀请斯大林和罗斯福等各国首脑出席。

在此期间，希特勒多次发出暗杀苏、美、英三国元首的密令。但是，派遣出去的许多间谍和杀手不是被盟军反谍报机构破获逮捕，就是在严密的警戒下无法靠近会议中心。当希特勒通过谍报网得知丘吉尔将举行国宴庆祝寿辰时，他又下了一道命令："启用隐蔽最深的高级间谍MS，在丘吉尔的生日典礼上安放烈性定时炸弹！"

一个极其重大的暗杀行动开始了！

"哥曼德"严阵以待

1943年11月29日，国宴典礼的一切都准备就绪。这时，丘吉尔首相的侍卫长汤普森竟然接到了一份极其秘密的情报：据潜伏在德国柏林的英国高级谍报人员急电，这次参加德黑兰会议的一位盟军领袖的私人秘书被德国间谍机关用几十万英镑和美女收买拉下了水，并且答应亲手制造这一起"领袖爆炸案"。汤普森看着电文，不禁冷汗直流。

他立即驱车前往丘吉尔的下榻之处，向他报告这一重大情况。汤普森对丘吉尔说："首相，这个盟军领袖的私人秘书也是应邀出席国宴34人中的一个，如果他在现场，那将会带来巨大的危险。我建议明天用特别手段将他隔开，使他无法出席宴会。如果必要的话，就立即逮捕他！"

丘吉尔手拿燃着青烟的烟斗，沉思良久。最后他严肃冷静地对汤普森说："我们现在还没有确凿的证据，不宜匆忙下手。"他指示汤普森要严格做好国宴的保卫工作，如那人要下手，立即逮捕他。此事务必万无一失，不能伤害盟国的其他客人。

肩负着重大责任的汤普森，立刻驱车离开去布置保卫工作。曾经作为"哥曼德"一名成员的汤普森，首先想到的就是英军中最精锐的特种部队——哥曼德。汤普森将这些身怀绝技，有很强战斗力的特种兵部署在会议中心的最重要的各个场所，以防止出现万一。这时处于高度紧张的汤普森才感到轻松多了。于是，"哥曼德"特种兵换上了英军普通的军装，戴上铮亮的钢盔，手持汤普逊轻机枪和特种微型无声手枪，像一只只跃跃欲

试的猎豹，奔赴各自的岗位，警惕注视着角角落落一切可疑的迹象。

黑暗中的绝杀

11 月 30 日，丘吉尔的生日庆贺国宴如期举行。整个大厅里装饰一新，光彩夺目。大厅正中的一张巨大的圆桌上，放着一只精制的大蛋糕，蛋糕上 69 支红烛跳动着明亮的火焰，使大厅的气氛更为喜气洋洋。橡树木大门开了，丘吉尔和斯大林、罗斯福等 34 位客人谈笑着步入了大厅。当丘吉尔兴高采烈地吹灭一根根红烛时，掌声充满了大厅。

可是，紧张万分的汤普森和"哥曼德"队员这时根本无心关注这一热烈的场面，而一直严密监视着那个私人秘书及大厅中间任何一个有一丝一毫可疑迹象的人。那个笑容满面的秘书，似乎没有一点要动手制造"领袖爆炸案"的行为，只见他在丘吉尔切割蛋糕仪式完毕后，就轻松自在地坐在座位上不停地为丘吉尔鼓掌。这时，一名细心的"哥曼德"队员发现：这个私人秘书似乎并没有像其他客人一样在尽情品味着山珍海味，而是若有所思。更重要的是：他坐在大厅的最后一道门边的座位上，而这里是他不该坐的位置！特种兵的手插进了宽大的裤袋，紧紧攥着一支打开了保险的微型手枪。

大厅的南门打开了，只见一个身穿白色西装的瘦小侍者手托着一只大盘缓缓走进了大门，一名"哥曼德"队员立刻用鹰一般的眼睛盯上了这个侍者。当侍者偶尔抬头看到在人群中有一双锋利的目光正对着他时，他的脸色突然"刷"地一下变白了。他浑身一哆嗦，脚步一踉跄，连人带盘跌倒在了旁边一位盟军将军身上。周围的客人一见，都为侍者和将军的狼狈相而大笑起来。笑声未停，大厅中辉煌夺目的灯光突然全部熄灭了，顿时大厅中一片漆黑。只听得早就盯上侍者的"哥曼德"队员大叫一声："抓住侍者！"

话音未落，一声震耳欲聋的枪声"砰"的一声在大厅中震响了！

整个大厅一片混乱。当灯光再次亮起来时，只见在丘吉尔、斯大林、罗斯福身边都立满了"哥曼德"特种兵，他们排成一道密不透风的藩篱，无隙可击地保卫着三位领袖。那个私人秘书被"哥曼德"的神枪手当场击毙在椅子底下，太阳穴上的弹孔中流出了一滩鲜血和脑浆。他的手中还握着一支发烫冒烟的勃朗宁手枪。那个侍者也倒毙在惊魂未定的盟军将军身旁。不过他是在"哥曼德"队员用铁掌抓住他时，在黑暗中不知被何人用一根钢针刺进喉咙而丧命的。

若无其事的丘吉尔缓步走向前，与镇定自如的斯大林和罗斯福握了握手，抱歉地说：

"实在对不起，在这时发生了一点小事，让诸位扫兴了！"

他说完回头看了一眼虎气生生的"哥曼德"特种部队队员们，欣慰地笑了。

事后，经检查发现，那个侍者手托的大盘子底下，装有一枚小型烈性定时炸弹。炸弹上的爆炸时间定在 12 时上，而当"哥曼德"队员大叫"抓住侍者"时，离起爆的时间仅仅只有三分钟了！如果稍微迟疑一些的话，那么整个大厅中的人将无一幸免！

当丘吉尔返回伦敦时，他特地嘉奖了这支立有显赫功业的特种部队。"哥曼德"也因此又在自己的战功史册上增添了光辉的一笔！

二战时期建奇功

二战之后显神威

英国特种部队在二战之后，经过了重新组编，时代不同，作战任务也出现了新的变化。

在20世纪五六十年代，特种部队的反游击队战役已被反恐怖分子作战所取代，在扮演这个新角色时，SAS很快便发展出一套无与伦比的技术，特别是在北爱尔兰与爱尔兰共和军和爱尔兰国家解放军对抗作战的激励下，SAS所发展出的作战技巧在西方世界广为流传。

1980年5月的伦敦伊朗大使馆突袭战中，SAS以灵活敏捷的作战手法呈现在世界各国电视摄像机前，让SAS声名大噪，其队员也成为青少年追捧的英雄与偶像。

1982年四五月份的马岛之战，英国特种部队犹如神兵天降，大显神威，最终赢得战争的胜利，从阿根廷的手里夺得对马岛的控制权，其高超的作战技能令人惊叹。

热带丛林中的 SAS

婆罗洲岛位于印度洋和大西洋之间，是世界上仅次于格陵兰岛和新几内亚岛的第三大岛，是东南亚的门户，地理位置十分重要。岛上有茂密的热带雨林，众多的山脉和河流，海岸低洼平原大多为沼泽地带。该岛并不隶属某一个国家，而是一分为三。其中占岛 3/4 的南部属于印尼，其余 1/4 则分别为文莱和马来西亚的沙巴和沙劳越。印尼所属之地被称为加里曼丹。

1963 年，马来西亚在印尼的反对下独立，将英属北婆罗洲（沙巴）和沙劳越与马来西亚、新加坡合并为一，成立马来西亚联邦。印尼宣称英国给予马来西亚的是一种假民主，而实权仍掌握在英国人手中。印尼总统苏加诺和其他领导人决心插手此事，并发誓要彻底粉碎马来西亚联邦。为此，印尼在边境线上部署了军队，以此对北婆罗洲和沙劳越地区施加军事压力，以阻挠马来西亚独立与统一。

婆罗洲岛

1963 年 1 月，英国首次将第 22 特别空勤团的一个突击队部署在马来西亚的婆罗洲岛。其目的就是对印尼在边境上不断向马来西亚施加压力所作出的反应。其任务是充当一个防御情报网，指定任务为监视边境周围的情况。在 1600 千米的马来西亚丛林边境线上，突击队员们随时都处于临战状态，因为这条边境线非常荒凉，有些地方在地图上根本都无法找到。

早在 1948 年至 1960 年，马来西亚危机的解救行动中，他们对丛林中

的武装巡逻和心理战就非常熟悉。而特战队员们本身就具有非凡的素质，拥有在不熟悉的地区面临缺水、断粮的条件下进行长期作战的能力。因此，这次控制边境的行动对于特战队员来说唯一有效的手段是力求得到当地土著居民的支持。尤其是在加里曼丹到马来西亚沙劳越或沙巴渗透路线的两侧地区。

在特别空勤团刚进入此地区之时，他们采取的作战手段是心理战。他们组成以一名信号兵、一名军医、一名翻译和一名武器能手的四人小组。深入到当地部落村寨，与土著人的首领们进行接触，摸清基本情况，掌握土著人的需求。他们帮助土著人种田、收割和除草，为他们巡诊治病，平常十分留意土著人的风俗习惯。这样一来，土著人的顾虑被打消了，也愿意向作战小组提供他们所发现的任何情报，诸如印尼人留下的脚印和靴印等。

特别空勤团的情报工作做得非常圆满出色，印尼人在1963年4月开始实施精心筹划的边境武装侵略行动计划时，特别空勤团已经赢得了众多土著人的支援，同时筹备组建了由沃尔特·沃克少将指挥的由当地游击队队员组成的保安部队。他们与特别空勤团的队员们并肩作战，在战斗中发挥了积极作用。到1963年底，他们已经有效地控制了马来西亚一侧边境的大部分地区。印尼人发动的每次袭击都被特别空勤团粉碎。到了1964年年初，他们不仅能够防御印尼人的袭击，而且还能协助从直升机上空降的步兵去截获对方的渗透者，并在通往加里曼丹的边境线上，指挥潜伏小组或布置他们的火力组在印尼人进入马来西亚之前，就消灭他们。

在此之后，到1966年年中边境冲突结束之前，英国人采取了几次袭击行动。在袭击行动中尤其是"红葡萄酒"行动最为突出，他们有效地牵制了印尼边境的军事力量，在实际行动中，锻炼了技能，提高了实际作战能力。

"美洲虎"行动

老苏丹请 SAS 助阵

阿曼是波斯湾地区重要的
战略要地，该地区的绝大部分
石油都经阿曼出口到世界各地。
它与阿拉伯联合酋长国共同享
有穆桑代姆半岛，能轻而易举
地对伊拉克石油贸易造成威胁。
正是为了对付这个威胁，伊拉
克想方设法与穆桑代姆山上的
独立部落亲近，为他们提供有
效的武器装备和军事训练。所

阿 曼

有这些秘密援助都是由非法进入穆桑代姆的伊拉克士兵所为，这些士兵还
公开鼓励人们反对阿曼国苏丹和他的部队。

伊拉克悄悄渗透穆桑代姆的事实大白于天下后，1970 年春末，老苏
丹通过其陆军部队驻英国办公室向特别空勤团（SAS）发出了帮助驱逐入

SAS 队员奔赴战场

侵者的请求。特别空勤团毫
不迟疑，利用经销充气物品
为掩护立即向穆桑代姆部署
了一支加强的登陆小支队。
与此同时，为了确保伊拉克
人不会从内陆逃跑，空军小
支队的伞兵空投到已知的伊
拉克人阵地背后，作为切断
敌人逃跑路线的小组。后来

这支小支队没有能够发挥作用，因为伊拉克人被包围后，很快便成了登陆小支队的俘虏。

起初，人们还以为这次战斗完全制止了即将发生的一场暴乱，然而特别空勤团的战士心里明白，阿曼国内正危机四伏，一场针对老苏丹、也是针对特别空勤团的严酷动乱业已出现在地平线上。对于普通的阿曼人来说，生活犹如当头一棒，老苏丹剥夺了他们接受教育、医疗保健和民主的权利。尽管阿曼是一个十分富裕的国家，但老苏丹认为所有财富都属于他个人所有，给予人民的很少。

老苏丹不得人心

结果，阿曼成了为其统治者播种仇恨和厌恶的肥沃土地。老苏丹的敌人则将他视为一名出色的、为他们自己的事业帮助征募新兵的士官，因此不必立即暗杀他。凡公开对老苏丹表示蔑视的人，等待的是毫不留情的刑法，严重犯罪者格杀勿论，罪犯的家庭也因此遭到株连。不用说，英国政府清楚地知道，必须采取不流血的方式将其推翻。虽然阿曼一直是英国的至交朋友，但现在的老苏丹却成了一个累赘。

伴随着阿曼局势的持续恶化，老苏丹的儿子卡布斯和阿曼国佐法尔省的最高长官瓦利通告英国政府，他们准备发动和平政变推翻老苏丹。英国政府立即提供援助。1970年7月23日，瓦利在老苏丹的公寓与老苏丹对峙，经过短暂的搏斗后，两人均受伤，不过争斗的结果却对阿曼人民有利，老苏丹同意退位给他的儿子卡布斯王子，卡布斯因此成为阿曼苏丹国（简称阿曼国）第十四位苏丹兼首相，作为交易的一部分，老苏丹本人流亡到伦敦安度余生，而特别空勤团为卡布斯提供保卫人员。

在英国看来，卡布斯苏丹与其父亲是一个完全不同的人。他在英国接受教育，就学于桑赫斯特皇家军事学院，在那儿学到了不少英国的军事知识。当卡布斯开始实施改革，授于人民基本人权的时候，特别空勤团基本依据在马来西亚和婆罗洲执行的"争取民心"政策帮助他设计治国策略。

瓦茨中校帮助新苏丹制订的策略主要内容有：

1. 建立一个情报部门，监听反对广播电台及其宣传机构，并对其作出反击。

2. 组建和管理一个情报部门，随时提供阿曼政府有关民事援助项目的准确、可靠情报。

3. 任命一名得到特别空勤团医生支持的卫生官员。

4. 任命一名兽医官员，治疗阿曼当地人民喂养的牲畜。

5. 征集佐法尔部队，使其为卡布斯苏丹效劳。

这一策略后来被称为"五大阵线"运动。它要求特别空勤团在运动初期帮助培训阿曼人民，然后由阿曼人民自己接管各个部门，主管自己的事务。为了支持这一运动的发展，特别空勤团向前叛乱分子的阵地分发了大量传单，宣传阿曼政府正在向好的方面迅速演变，要求叛乱分子转变立场。凡加入佐法尔部队人员，一律获得赦免，确保他们免予刑事起诉。

SAS 的第一次胜利

在阿曼，叛乱分子主要来自佐法尔解放阵线和解放被占领的阿拉伯湾人民阵线。这两个组织的成员也相当复杂，佐法尔阵线基本上是清一色传统的佐法尔人，而解放被占领的阿拉伯湾人民阵线则是以也门为根据地的左派组织。后来这两个组织合并成了一个组织。这一合并给其中的一些成员带来了麻烦，其中许多人感到被排斥在组织之外，因此利用赦免脱离了组织。

特别空勤团和苏丹赢得了第一次胜利，一大批由富利姆·莫巴拉克指挥的游击队员纷纷向他们自首。莫巴拉克本人告发道：他对解放被占领的阿拉伯湾人民阵线的态度不再持有丝毫幻想，因此他和他的士兵从缘山起义后投奔苏丹的部队。特别空勤团和陆军情报人员立即对莫巴拉克进行了讯问，他们惊喜地发现莫巴拉克还掌

表情坚毅的 SAS 队员

握着其他重要情报。莫巴拉克建议组建一支由不抱有幻想的游击队员构成的、反抗叛乱分子的阿拉伯连队。

此后，特别空勤团开始用英国的战术和作战理论训练这些叛乱分子，阿拉伯编队士兵的 AK—47 冲锋枪换成 37.62mm、FN 自动装弹步枪。这时语言又成了交流的障碍。在通常情况下，特别空勤团四人小队里都有一位语言专家的伞兵，此时这一比例却远远不能适应需要。每个特别空勤团伞兵都必须具备在当地的工作经验，以便训练阿拉伯编队。当时，英国部队在阿曼的正式身份仅仅是军事训练，所以也被叫做英国军训队。当部队返回英国后，阿曼战斗是作为低调处理的一次事件对待，很少有人知道英国部队曾在世界上这一遥远的领土上作战过。

争取民心

在参与阿拉伯连的训练工作时，特别空勤团进行了大量"争取民心"项目的工作。他们为当地人民提供帮助，对一般的、普通的疾病提供治疗，将近六个月左右时间里，有 200 多名叛军转变了立场。有些人以前曾为苏丹武装部队卖过命，现在也逐步醒悟过来。当他们看到在卡布斯领导下，自己的祖国一天天强大起来的时候，他们又重新入伍加入了苏丹的部队。

这些人对特别空勤团而言极其宝贵，只要有可能，他们便以保护神的身份被派到当地村庄中去。到了 1971 年，其中队和 G 中队都已部署在阿曼，反对为敌人效力的阿拉伯叛军的时机业已成熟。这时，阿拉伯连已在杰贝勒马西夫沙漠高地南面沿萨拉拉的海岸平原安营扎寨。由于该地区绝大部分被叛军占领，特别空勤团准备将英国和阿曼的部队临时派往一个预先安排好的地区，试图将敌人逐赶出该地区。一旦叛军退走，便可利用这样的阵地构造飞机降落的简易机场、直升机机场和水井。这样一来，阿拉伯连便有了稳固的基地，为今后的作战打下基础。

1971 年 2 月 24 日，特别空勤团和阿拉伯连共同对海边城镇苏德发起了进攻。对发起进攻者来说，完全的胜利，增强了两支部队彼此间的信任。通过这次战斗，特别空勤团发现阿拉伯连的战斗力主要在于完成一些小型的侦察任务，而不是大规模的步兵进攻。一个阿拉伯连由30~40名士兵组成。到战役结束的时候，在这些连中服役的原叛乱分子总人数达到2000人左右。

1971年3月，A·瓦茨中校指挥特别空勤团和阿拉伯连对杰贝勒佐法尔发起了临时的试探性攻击。虽然攻击行动规模有限，但这次联合行动取得了全胜。继而瓦茨决定对杰贝勒佐法尔发起一次大规模的进攻，消灭盘踞在这里的敌人，从而在这一战略要地建立特别空勤团的立足点。

SAS队员在沙漠中协同作战

特别空勤团的两个中队，一个阿拉伯连，苏丹武装部队的两个连和一排阿斯卡里部落的成员参加了这次代号为"美洲虎"的战斗。这是一支800多人组成的联合部队，其中许多官兵都具有丰富的沙漠作战经验。

开始行动

1971年10月2日，"美洲虎"行动开始，对盘踞在杰贝勒佐法尔吉伯杰特东面、坚守前政府留下的一个简易机场的为敌人效力的阿拉伯叛军发起了进攻。在战斗的第一阶段，进攻部队分为两部分，第一部分由B中队，两个阿拉伯连和阿斯卡里人组成，他们在黑暗的掩护下从下面的山丘向简易机场前进。步行前进——车辆不可能在如此崎岖的地形行驶，也就意味着每位战士不得不在闷热、令人窒息的条件下肩负沉重的个人装具行进。在南面，由 B 中队的一个小型分遣队组成的第二部分兵力实施佯攻，试图将叛军从简易机场吸引出来。

东方发白时，特别空勤团前进到达机场附近，战士们发现所有的叛军均在晚上因佯攻逃离了阵地。在搜索了机场的周围环境之后，他们开始占领简易机场周围高地的防御阵地，从这些有利地形能观察叛军可能使用的进攻路线。为了进一步巩固机场的守卫，特别空勤团在高地周围又修建了石砌子胸墙，防止迫击炮弹的袭击。就在这时，第一批空运补给品到达了，又增加了部分战士、迫击炮、大炮和补给品。到了中午，800 多人进入阵地，准备挫败叛军的反攻。

为敌人效力的叛军终于对简易机场的西侧发动了进攻，但很快就被特别空勤团的巡逻队打退。在第二天的侦察巡逻过程中，特别空勤团又在几英里开外的吉伯杰特的边缘发现了另一个简易机场，给执行补给任务带来了方便。又过了一天，特别空勤团全体转移到这个新发现的机场。没过多久，机场周围便加强了安全措施，简易机场可供飞机起降使用。

为了最大限度地发挥新组建联合部队的作用，部队又进一步划分为两个组对周围的地形进行侦察。每组都分配有一个熟悉该地区地形和当地百姓的阿拉伯连，期望有助于在杰贝勒佐法尔开展"争取民心"的活动。然而就在两个组刚刚部署不久，一个组便遭到了一队装备精良，训练有素的叛军部队的不断进攻，在打退敌人进攻之前，特别空勤团的一名军士牺牲。几天之后，另一个组也发现了一个由大量叛军守卫的水池，同样遭到敌人的进攻。通过援军的支援，经过几天的激战才成功地将敌人驱散，部队伤亡不大。

10 月 12 日，特别空勤团和苏丹的部队成功地向叛军盘踞的地盘又推进了 25 千米，在离叛军大本营仅 8 千米的地方构筑了前方作战基地。

频繁作战

特别空勤团和为敌人效力的叛军几乎是天天都有交锋。叛军常常使用迫击炮攻打英国部队的基地，妄图驱逐英国部队。但这种如意算盘又往往难以得逞，因为特别空勤团，加上苏丹的部队和阿拉伯连，已明显地在局势上占了上风。几个月后，叛军被迫撤出了杰贝勒佐法尔这个重要的战略要地。接下来，叛军在召募新兵时也遇到了困难。特别空勤团的"争取民心"活动十分奏效，没有人愿意加入叛军的部队，目前叛军就是稳定现有的士兵也十分困难，因为苏丹的大赦和援助承诺要远比在荒凉、贫瘠的山区生活和在绝望、恐惧之中度日如年更有吸引力。对于这些为敌人效力的叛军而言，他们唯一的希望在于同苏丹及其支持者的战斗中取得一次让人信服的胜利。只有这样，他们在阿曼人民中的信誉才能得以恢复。

为了这样一场战斗，叛军选择了距萨拉拉65千米的米尔巴特沿海的一个小村庄。他们认为米尔巴特防守虚弱，易于攻击。该村庄位于萨拉拉通路的尽头，也就是说，遭到进攻后，增援部队赶到该地必须花费相当长的时间。叛军们还认为，由于它临近杰贝勒佐法尔山丘，也是一个有吸引力的目标。他们可以不费气力地从自己的堡垒下山，攻打米尔巴特。然后可以不费吹灰之力便从各个方向消失得无影无踪。审视了各种可供选择的方案后，叛军头目表示同意，因为再也没有其他方案能像米尔巴特这样具有吸引力。叛军的部队终于在1972年7月19日天刚亮时发动了进攻。

二战之后显神威

从军事角度来看，叛军选择的这个村庄仅仅是一个小部队的驻地，在一间古老的房子中驻扎着一个阿拉伯连和由9人组成的一个特别空勤团的训练队。此外，佐法尔宪兵队与当地的警察局也在此地，位于小村庄外围的北部地区。对于进攻者来

SAS队员正在操控车载 M2 重机枪

说，突击那天的天气真是天顺人意，下着雨，能见度极差。也就是说，一旦交火之后，阿曼苏丹的空军不可能立即提供空中支持。进攻确实经过精心策划，在发起第一次突袭时，叛军利用低沉的云层掩护山上基地士兵的运动，部队装备着AK—47冲锋枪、重机枪、迫击炮、火箭推进的平射弹

和一门大炮。

上了叛军的当

攻击开始前，这些为敌人效力的叛军故意在该地区暂停一切活动，作出一种他们仅仅是一支残缺不全的队伍，没有任何战斗力的假象。这一战术也曾一度奏效，米尔巴特的占领者就曾过于放松警惕。住在英国军训队基地的特别空勤团人员由于感到在海外的服务即将结束，也犯了类似的错误。在主攻开始的前几天，一小股叛军在米尔巴特附近发动了一次规模很小的进攻，人们觉出了异样的感觉。但是，特别空勤团除了派出一支60人左右的阿拉伯连去搜捕这些叛军之外，没有对加强安全采取其他任何措施。

天刚亮时，叛军的第一次进攻开始了，矛头直指离警察总部北面铁丝网1000米的警戒哨兵支队，虽然有一名警察在临死前朝天开了一枪，即时发出警告，但绝大多数警察仍都被匕首杀害。偷袭以后，叛军便公开地使用迫击炮从警察总部北面叫做杰贝勒阿里的地方向警察总部射击。

这时，B中队8小队的士兵立即意识到了战斗。在23岁的迈克·克里上尉的指挥下，他们在战斗中每人都有好几个阵位可供防守，战前他们曾进行过无数次的演练和训练。绝大部分特别空勤团的小组都爬到了英国军训队住房的顶部，从屋顶上沙袋构筑的掩体里用多用途机枪、勃朗宁重机枪和迫击炮进行还击。与此同时，由于特别空勤团对敌人从北边发起进攻已有所防备，出身斐济的一位伞兵拉巴拉克下士从英国军训队屋顶纵身一跳，到警察局原来的老总部，利用总部外面能发射重炮弹的野战炮向敌人射击。

迫击炮袭击

正当特别空勤团在英国军训队驻地等待主攻的到来时，叛军正试图用迫击炮炸毁警察局总部周围带刺的铁丝网。这时特别空勤团似乎有些无能为力，他们自己的迫击炮正在用来对付攻击他们和总部警察的200多名叛军分子。这时，一名伞兵用无线电向萨拉拉请求增援，声称我陷入十分危

险的境地，急需援助。真是幸运，这时换防 B 中队的 G 中队正准备离开基地开展为期一天的训练，23 名伞兵拥有 9 挺多功能机枪——对于人数如此之少的一个小支队真是令人羡慕的装备。但对在米尔巴特陷入重围的同事来说，G 中队真有种远水不解近渴的味道，他们还需费一番周折才能赶到。

当特别空勤团用猛烈的火力还击进攻的叛军时，他们发现叛军的主要目标是警察局总部和英国军训队住房。迈克·克里知道形势对他们越来越不利，几近令人绝望的地步。他很快意识到士兵必须立即撤离所有的站点，只有这样也许还会有一线阻击敌人进攻的希望。与此同时，在警察局总部外面，操纵炮弹的野战炮的战士也中弹严重负伤。拉巴拉克下士接替伤员，一人完成装填炮弹、瞄准和一发一发手动射击的全过程操作。不一会，四面八方密集的火力向他射来，他上身中弹，倒在了炮位旁边的沙袋上。虽然身负重伤，他仍然用无线电向英国军训队住房求救，另一名斐济伞兵跨越 400 多米的开阔地后跑过来进行援助。

穿过英国军训队住房和警察局总部的空地后，伞兵萨菲萨基在为负伤战友清理面部时，自己也中弹了。后来拉巴拉克突然以惊人之举从地上站了起来，又开始用野战炮向敌人射击。不幸的是，厄运又降临到他头上，一连串子弹打了过来，他终于英勇献身。尽管伤亡也很惨重，总部的警察仍然顽强地抵抗着敌人的进攻。在英国军训队的西北面，有 30 名左右效忠佐法尔的阿斯卡里部落人坚守在另一个小堡垒之中，他们用步枪在与叛军搏斗，十分英勇。

救援就在途中

当每个人都在奋力还击，同顽固的叛军作殊死搏斗时，来自萨拉拉的增援部队正在飞行的途中。尽管低空飞行条件十分恶劣，苏丹部队的许多飞行员都愿意利用三架阿曼的直升机承担将 23 名伞兵输送到米尔巴特的任务。就在这时，在米尔巴特，克里上尉发现炮弹的野战炮突然不响了，叛军正向大炮靠近。如果大炮落入叛军之手，大炮就会向英国军训队或警察局总部进行射击。为了不让这一幕出现，克里上尉决定与经过培训的医

二战之后显神威

生伞兵舍宾一起设法抢夺大炮。

迫于敌人的火力，他们来到大炮的掩体，开始护理伞兵萨菲萨基的伤口。当舍宾还在急救的时候，他被敌人的一发子弹击中身亡，留下克里和一名受伤的战士继续与向他们袭来的一群叛军战斗。特别空勤团真是幸运，当敌人与他们仅距手榴弹投掷距离之遥时，两架阿曼苏丹空军的打击能手攻击机穿过云雾出现在天空，猛烈地朝大炮掩体前面的叛军扫射。叛军的进攻瓦解了，他们不得不从警察总部仓惶撤退。飞机不断地在叛军阵地上空盘旋，精确地用火箭和机枪轮番对叛军袭击。从对米尔巴特的第一次进攻开始，战斗几乎持续了三个小时，特别空勤团再一次面对人数上占绝对优势的敌人坚守了阵地。

G 中队到达后，士兵们立即在直升机降落地的外部构筑了小规模战斗的工事。他们强大的火力对准了敌人的侧翼，当敌人突围逃跑后，留下340 多具敌人的尸体和大量伤员。当时英国军训队住房屋顶上的机枪热得烫手，不断地冒着蒸气。一位伞兵后来回忆道：有一段时间叛军几乎近在咫尺，他不得不拿起迫击炮，紧靠他胸膛，以便能达到合适的高度瞄准敌人。

特别空勤团在米尔巴特的战斗将在历史上留下重重的一笔，这是一支训练优良的部队，在明确的作战动机和优秀的指挥官的领导下，以少胜多的典型战例。考虑到战斗的激烈程度，8 小队仅仅两名成员牺牲，而为敌人效力的叛军则完全是另一番景象。他们来到米尔巴特的目的是要赢取对苏丹的一次大胜利，能重树他们在阿曼人民中的形象和信心。然而经过这次大的失败后，叛军丢尽了脸面，以后再也不能发起类似规模的战斗了。

米尔巴特对叛军的胜利，虽不能表示在阿曼南部的战斗从此结束，但它确实是一个转折点，标志着为敌人效力的叛军崩溃的开始。米尔巴特战斗胜利之后，苏丹的部队与约旦和伊朗的特种部队一起并肩作战，又发动了对叛军的进攻，叛军被迫进一步撤向也门边界。在建立包括地雷、带刺铁丝网、地面探测器和局部巡逻的防线后，叛军的补给线和增援也被切断。

这一策略充分地发挥了作用。在 1976 年战争结束前，敌人仅有一个主要的堡垒留了下来，那便是距离也门边境约 40 千米的沿海小镇拉克龙特。在拉克龙特的北面，叛军有一个主要的补给营地，隐蔽在瓦迪余尔斯提山上面的一系列山洞中。1975 年 1 月 4 日，特别空勤团决定同苏丹部队和阿拉伯连的成员一起，对它发起进攻。

在进攻的第一阶段，冒着山洞旁敌人阵地猛烈的机枪火力，特别空勤团率先向敌人发起突袭，这时阿拉伯连在占领前哨作战基地时就出现了伤亡。特别空勤团计划于第二天清晨发动主攻，然而就在主攻的前一天晚上，叛军却预先发动了进攻。在击退敌人的攻击后，东方破晓，三个阿曼连穿过杂草丛生的灌木向敌人占领的山梁发起了攻击。

SAS 的光辉胜利

由于指挥官错误地估计了地理位置，导致自己的部分人员暴露。在穿越开阔地带时，他们遭到叛军密集机枪火力的扫射。附近的特别空勤团伞兵发现这一情况后，立即派出四人一组的小支队支援，剩下的伞兵则用更猛烈的压制火力牵制敌人。

阿曼人的进攻受阻，而且遇到了困难。为了打破僵局，特别空勤团的一名伞兵立即请求空袭和部署在附近的迫击炮实施火力支援。偷袭的成分消失后，特别空勤团在没有能力肃清山洞里敌人的情况下，决定以大炮直接袭击山洞，将敌人封锁在山洞中。为了确保山洞今后永远不能再使用，他们又调来了萨拉丁装甲车，将无数的炮弹倾泻到了叛军的山洞里。战斗持续了五天。最后，叛军的整个补给仓库彻底瘫痪了。

虽说整个战斗并未按计划有条不紊地发展，尽管也出现了曲折，但最终还是如愿实现了开始设计的目标。

在当年余下的一段日子里，除了加强与苏丹部队和阿拉伯连之间的联络外，特别空勤团在阿曼度过了最清闲的一段时光。原来他们还计划了一次战斗，后因阿曼部队发现在计划的作战区没有发现叛军分子，这次战斗被取消。特别空勤团在阿曼的服役期即将结束，叛军对政府再也构不成威胁。

阿曼战役也许是如何打赢现代反恐战争的最佳战例，特别空勤团完全有理由为其六年所取得的成绩而自豪。这次战役与众不同的特点是，即使在参与的高峰期间，特别空勤团也仅仅只有 80 名伞兵部署在阿曼。在战役过程中，尽管条件恶劣，战斗频繁，但特别空勤团总共仅有 12 名伞兵丧失了生命。

战斗结束后，克里上尉因其在米尔巴特的出色指挥而被授于优秀服务勋章，另外两名伞兵也获得了奖章，一名军士获得了军功章，另一名获得特式军协章。

在北爱尔兰的反恐行动

在 20 世纪 60 年代后期，北爱尔兰的少数派基督教教徒对多数派新教徒的不满情绪日益高涨。这种积怨和仇恨拥有广泛的社会基础，终于随着人权运动的对立而形成了一股强大的共同声音，发生了在北爱尔兰马路上慷慨激昂的游行活动。

北爱尔兰

由于当地警察处理马路上骚乱事件的错误举动，人权主义的游行逐渐演变成了暴力，很快便在伦敦德里和北爱尔兰首府贝尔法斯特升级成教派的暴乱。到了 1969 年，属于英国管辖的北爱尔兰警方已完全失去了对时局的控制，他们请求英国政府出兵恢复法律和秩序。在开始的几周内，英国士兵受到热烈的欢迎，被人们视为可依赖的中立部队。

流产的星期天

在开始的"蜜月"期，特别空勤团 22 团 D 中队部署在北爱尔兰地区，任务是在东海岸线安特里姆群地区执行巡逻勤务。在位于北爱尔兰首府贝尔法斯特旁边的纽敦纳兹基地，特别空勤团对当地港口进行现场检查，特别是对使用港口的船只进行抽查，防止从新教徒拥有较大势力的苏格兰走私枪支。在这一期间，特别空勤

安特里姆群地区

团官兵身着标准的英国军服，头戴后备队的贝雷帽，帽上佩有双翼短剑的帽徽。

在北爱尔兰没有逗留多久，特别空勤团又被调往阿曼，因为那里更需要他们发挥其独特的作战技能，不过这一撤离显得过于草率。当时，人们所称做的北爱尔兰"叛乱分子"的势力已日趋强大，大有爆发内战之势。虽然两派的领导人都有息事宁人的愿望，而一些居心叵测的不良分子却在暗地大肆活动，蛊惑人心，遏力挑起反对安全警卫部队的暴力行动。

到1972年，时局终于到了严重关头，伦敦德里的人权游行演变成了伞兵团与抗议者之间的冲突，13人被打死。至今人们还在激烈地争论谁开的第一枪，在长达几十年的时间内，这一悲剧，即人们称做的"流产的星期天"的悲剧一直纠缠着英国部队不放。很快，天主教徒便开始反对英国部队。他们的宣传有效地帮助北爱尔兰军壮大了队伍，难怪有人称天主教徒便是北爱尔兰军的最佳新兵召募官。

以牙还牙

当捣乱分子的活动不断加剧时，恐怖小组中的各种派别开始主张对英国部队采取更加积极的行动，特别是对英国本土采取暴力行动。在这些派别之中，最为活跃的首选临时派爱尔兰共和军，它原是爱尔兰共和军的一个组成部分，1970年与爱尔兰共和军分离，奉行马克思主义的政治行为路线，声称目标之一是为了实现爱尔兰的统一。

临时派爱尔兰共和军占据着信仰天主教的贝尔法斯特西部和伦敦德里

二战之后显神威

英国路虎越野车是世界特种部队的首选

地区，特别是在阿马，或英国部队戏称的"土匪地区"有很强的势力。开始时，他们所采用的破坏方法包括向暴乱者提供汽油弹，向安全保卫部队打冷枪等。与早期的活动形成鲜明的对照，开始时他们还津津乐道地在马路上用带着钢盔的枪手构筑路障，在车辆拖查点施行搜查，后来便逐步发展为敲诈、勒索"保护"费的勾当和大规模的轰炸活动等。

在英军内部，人们越来越强烈地意识到：这种冲突、战争不是常规部队能够轻易取胜的，迟早他们将不得不面向恐怖分子作战，在方法上可能要先发制人，而不仅仅是事后作出反应。正当英国部队在商讨征服恐怖分子的作战策略时，在北爱尔兰地区发生了一系列以牙还牙的谋杀事件。即使以北爱尔兰的眼光来看，这些事件也是骇人听闻，不能容忍的。

在一次事件中，爱尔兰共和军在一辆客车上杀害十名新教徒乘客。很明显，这是对发生在前一天晚上杀害五名天主教徒的一次报复行动。英国政府对这种大规模的谋杀事件不能熟视无睹，几天之内特别空勤团便部署到阿马南部，进行反恐战斗。

开始时，特别空勤团只能向北爱尔兰地区派出一支小型的部队，其绝大部分官兵仍在阿曼作战。确实，对特别空勤团来说，这一部署决定突如其来，虽说个别士兵已参与支持正规部队的搜集活动，但这一部署无论在数量上还是规模上均十分有限，而且他们的活动仅属于防卫性质，而决不是进攻性的。

困难重重

因为高层决策者希望能尽快看到立竿见影的效果，到达阿马后，特别空勤团马不停蹄地着手开始工作，制定制止暗杀小队活动的策略。当时，多数可资利用的情报均来自高度机密的 14 情报公司，也就是英国部队内部所熟知的 14 情报公司管理的北爱尔兰情报人员和秘密活动的人员。对特别空勤团小组来说，这些情报具有重要的价值。诚然，14 情报公司与特别空勤团的任务是绝然不同的，前者负责公开和隐避情报的搜集和整理，后者的任务是近距离观察和采取直接行动获取情报。

经过一段短暂时间的熟悉准备，特别空勤团准备向阿马南部的爱尔兰共和军发起一次试探性的秘密行动，因为士兵们都十分恐惧被爱尔兰共和军俘虏的可怕后果，官兵们四个一组进行行动。他们要在狭小、肮脏和隐藏的观察站中一熬便是几天或几个星期来收集情报。被士兵们称做"运动员"的每

反恐行动中的 SAS 队员

个恐怖组织都有自己的专长，不是造炸弹就是暗杀。通过对他们活动的持续跟踪，特别空勤团便对他们策划的活动了如指掌，从而制订对策。

虽然特别空勤团喜欢用秘密观察站来搜集敌人的情报，一旦需要采用更谨慎的方法时，士兵们有时也使用 A 车在已知的恐怖分子地区巡逻，不过这种行动经常伴有风险。在一次行动中，特别空勤团的 A 车迷路到了爱尔兰共和国未标记的边界，后来车上的所有兵员均被爱尔兰警察扣留。假若这次事件对特别空勤团还不算怎么尴尬的话，那么当他们后来派出的第二辆 A 车去寻找第一辆车时又在边界迷路，车上的全体士兵再次被拘留。这一事件造成了英国政府与爱尔兰政府外交上一次大的纠葛。幸运的是，爱尔兰政府第二天未起诉便释放了所有的官兵。

1978 年 7 月发生了一起不该发生的、十分遗憾的事件。一个叫做约翰·波拉的年轻人在他父亲的土地上发现了一个隐蔽的武器库，并向皇家北爱尔兰武装警察作了汇报。特别空勤团随之也得知了这一信息，并决定

对在那儿隐藏武器的恐怖分子发起一场行动。开始行动前，士兵通知波拉家庭避开这一地点。不幸的是他最小的一个儿子不知道这一情况，当他径直走向特别空勤团的埋伏地时，被四面八方射来的子弹打死。

轿车行动

在北爱尔兰的行动中，特别空勤团也承受了损失。在一次完全可以避免的事件中，一名成员牺牲。1981年5月，理查·韦斯特马考特上尉率领一个7人巡逻队与躲藏在贝尔法斯特安特里姆路上的爱尔兰共和军的一个8人基层组织发生了冲突。当特别空勤团人员包围该地区后，一名恐怖分子用M—60机枪向他们开火，韦斯特马考特上尉因伤势过重而牺牲。担心特别空勤团的报复，爱尔兰共和军请来了当地的牧师，商议向皇家北爱尔兰武装警察投降。

虽说特别空勤团参与北爱尔兰事务是一个极为敏感的事情，但他们依然完成了多项分配的任务，有几次任务还完成得十分出色。在一次行动中，一个爱尔兰共和军的基层组织一直以飞越阿马南部英国陆军的直升机为目标进行袭击，特别空勤团的任务是除掉这一组织。他们精心策划了一个"轿车行动"，然后出其不意地向未料想到的、手持重机枪在长满树木地区等待的恐怖分子发难。作为一种诱饵，大山猎直升机飞过恐怖分子的伏击区。不难想象，恐怖分子立即向飞机开火。不到几分钟时间，特别空勤团战士乘几架其他飞机到达该地区，切断了恐怖分子的退路，干净彻底地结束了这次行动。

洛赫戈尔伏击行动

特别空勤团虽然在北爱尔兰地区的行动屡获成功，但是要论起最大的成功，当数1987年完成的洛赫戈尔伏击行动。在这次行动中，特别空勤团打死38名爱尔兰共和军恐怖分子。爱尔兰共和军曾经夸下海口："安全保卫队要想从我们这儿取得胜利，他们必须在整个行动中一直要走好运。而我们要想取得对他们的斗争胜利，我们只需一次走运就行了。"虽然这种说法大体上也是事实，但对洛赫戈尔，老天却是偏向了特别空勤团。

一天，一位负责监听爱尔兰共和军通信的情报人员完全是在无意之中收听到了一次令人担心的电话通话。电话中，爱尔兰共和军成员公开地讨论攻击阿马县洛赫戈尔村庄警察局的事宜。在他们看来，这个孤零零的皇家北爱尔兰武装警察的办公地是一个软弱的目标，只是在白天有 4 名武装的警官负责把守。他们很快从爱尔兰共和军的精锐中挑选 38 名装备精良的人员，建立了绰号为 A 组的行动小组，负责完成进攻洛赫戈尔警察局的任务。他们计划用一辆 CB 机械挖掘机，用它撞击警察局四周的围墙。一旦进入围墙里面，恐怖分子将引爆隐藏在挖掘机铲斗中的炸药。

这个天衣无缝的行动计划有一点先天不足，那就是特别空勤团也同时等待着他们。1987 年 5 月 8 日（星期五）的晚上，CB 挖掘机，连同那些能让人致命的货物——100 千克烈性炸药——缓慢地靠近了洛赫戈尔村。挖掘机上有三名爱尔兰共和军成员，在挖掘机前面还有五名恐怖分子。他们自鸣得意地发现，海岸上没有其他

SAS 队员在特别行动中

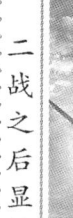

二战之后显神威

车辆，侦察小组将他们自己的面包车停放在预定目标对面的马路旁，然后引导装有炸药的挖掘机。到达后，爱尔兰共和军成员立即走下面包车，紧接着用重武器向没有人看守的警察局开火。正当他们如此行动时，隐藏在附近的特别空勤团战士立即用通用机枪和冲锋枪向他们射击，全歼了所有的 8 名恐怖分子。

不过并非所有进展均按计划执行。一名恐怖分子就在快要点燃炸弹引信之前因炸弹爆炸而炸死，警察局也同时遭到严重毁坏，三名特别空勤团士兵负伤。

战后发现，除 8 名爱尔兰共和军成员被打死外，还泱及一名无辜的平民，他的朋友也受了伤。特别空勤团担负着截断敌人逃跑路线小组的一名战士错误地将他们误认为恐怖分子，向他们开了枪。

洛赫戈尔一战成了爱尔兰共和军事业的一次大灾难，后来他们就再也

没有能力发动类似的行动了，只能对安全保卫部队挑起一些风险较低的摩托进攻战，或加速对英国本土和海外的爆炸活动。

旷日持久的鏖战

爱尔兰共和军和特别空勤团后来陷入了一场旷日持久的残酷鏖战，双方都全力以赴试图占上风。一次，爱尔兰共和军图谋在直布罗陀的军事纪念会上进行爆炸活动，特别空勤团进行了全程跟踪。当三名恐怖分子还未来得及引爆装置时就被特别空勤团战士打死。

到了20世纪90年代初期，爱尔兰共和军为了他们的事业竭力寻找支持，他们中许多比较温和的人士早已厌倦了成年累月的杀戮和暴力活动，期望结束无休止的以牙还牙的谋杀怪圈。

1990年4月，当马丁·柯里根正准备谋杀一名预备役军人时在阿马被打死，马丁·麦柯奇和北斯芒德·格鲁在搬运武器时在洛赫戈尔被打死。1991年6月，三名爱尔兰共和军士兵在笠赫执行勤务时被特别空勤团打死。过了不久，另外四名爱尔兰共和军成员在进攻警察局后也在科莱兰的克朗沃被打死。

到了这个时候，形势对临时派爱尔兰共和军十分不利，他们自己也深知这一点。当他们与英国政府谈判结束"捣乱分子"的活动时，另一个分裂出来的小派别正在幕后等待登台表演。所谓的"真正爱尔兰共和军"决心将斗争继续到底。1998年，真正爱尔兰共和军对莫马镇发动了进攻，成为北爱尔兰历史上最残酷的爆炸事件，大量的平民百姓不是被打死就是受伤。

由于爱尔兰共和军近来的停战和收缴武器协定的签订，特别空勤团近几年在北爱尔兰几乎没有多少活动。然而，如果说恐怖分子已经消灭殆尽，从此天下太平，那也未免掉以轻心了。因为爱尔兰共和军公开声称："我们现在再也不会与英国人交战了，但我们也决不会与他们和平共处。"

"猎人"行动计划

英国特别空勤团在20世纪40年代早期成立之初，它的大部分战斗生活相对来说对外比较低调。军事史学家和军事迷们是因为这个部队在北非和马来西亚战场的军事贡献才了解这支部队的，而对于一般的民众来说，通常都没有意识到英国还有这样一支专业化军事部队的存在。所有的这一切都在1980年5月的"猎人"行动之后发生了改变……

临危受命

"请速做好一切准备，营救被扣在伊朗大使馆的人质。"

英国特种空军部队总部司令的办公桌上新添了一份由有着"铁娘子"之称的撒切尔首相亲自签署的命令。签署的日期是公元1980年4月30日，这份简单而重要的命令从打印到送来此地不过才35分钟。同样，也是35分钟，特种部队二小队的队长罗斯少校从80千米外的训练场乘直升机赶回了办公室，他还穿着沾满尘土的迷彩服。这位结过三次婚的英格兰男子，乍看起来还不到30岁。他看完命令的复印件，又信手翻阅了桌上仅有的一份情况通报。

通报说，情报机关获悉几名武装人员在今天上午突然占领了伊朗驻伦敦大使馆，并扣留了在使馆的部分人员作为人质。恐怖活动使罗斯心里一阵阵发紧。恐怖分子向来以杀戮无辜为其行动的一大特征，然而最近这些

撒切尔夫人

年来，他们对各国要人的袭击、谋害事件却一日甚于一日。尽管他们本身也清楚，绑架、杀伤不是一个解决问题的办法，这不仅遭人唾弃，弄不好也招杀身之祸。可他们还是坚持这么干，以此作为他们斗争和发泄的手段。这只能增强人们对恐怖者的憎恨，呼吁各国政府，加强特种反恐怖队伍的建设！因为军人，只有军人才能成为对付恐怖活动的专业的强大的对手。

军人的天职是服从。任务受领了，罗斯立即进入了临战状态。尽管罗斯感到这次营救人质和他眼下正要办理的第三次离婚案一样的棘手，但他还是保证尽全力完成这次任务。上司很认真地暗示他，这次行动事关重大，首相亲自定名为"猎人行动计划"。意思很明显就是要他们像猎人一样捕获那些可恶的猎物。但困难的是猎人手下的猎物口里还有着更重要的猎物。

罗斯将50人的行动组减为20人，组成一支精悍的小支队，由他亲自指挥。上司在吃惊的同时很欣赏他的胆略，"特种部队的战斗力不在于人多，而在于人精"，这是英国特种空军部队一贯的作战原则。

罗斯深知，面前武装占领伊朗使馆的对手不仅是残忍的、狡诈的，而且他们占据了多方的优势，武器便是其中之一。由于经济和政治的限制，虽然特种部队的武器装备较其他部队要强，但还配备不上市场上最先进的武器。因此，在大多数情况下歹徒的装备要比他们强得多。随着犯罪手段的更加狡猾和使用武器的日益先进，肇事者和恐怖分子变得越来越心狠手毒。更重要的是，眼下恐怖分子手里还掌握着二十多名人质。人质，往往成为他们取胜的本钱。

罗斯第一步的行动是立即与在伊朗大使馆附近担负监视任务的英国警察取得联系，并亲自带一个联络小组前往视察地形。

伊朗驻英大使馆坐落在肯辛顿区五子门，这里是伦敦最繁华的地方。大使馆是一座五层大楼。武装分子占领使馆后，伦敦警察立即包围了这座建筑，并对周围街道进行了封锁警戒。同时，附近的使馆人员也相继撤离。

警官库什曼告诉罗斯，大部分的人质都在大楼的二层和三层的房间

里。伦敦警察厅为了密切注视大楼里的动向，从大楼屋顶的烟囱里放进了窃听器。这种高敏感的窃听装置可以通过传感器将大楼内的任何声响传到窃听车内。

罗斯最关心的是占领使馆的武装分子的情况。

"他们一共有五个人！"库什曼警官说，"他们自称是伊朗国籍的阿拉伯人，自称来自伊朗西南部的胡齐斯坦省。"

一位记者也凑上来补充道："武装人员的首领名叫托菲格，对，托菲格。他已打电话给我们英国广播公司了……"

"广播公司？为什么？"

"提出他们的要求。"

"什么要求？"

记者翻开了记事本："要求大体内容是，伊朗政府必须给胡齐斯坦省更多的自治权，并立即释放被关在该省监狱的 91 名阿拉伯犯人。他们还说，如在二十四小时内不满足他们的要求，就杀掉手中的二十多名人质，并炸毁这座大楼！"

罗斯一直悬着的心反倒放了下来，很庆幸，此次绑架人质事件与本国无直接关连。作为第三者做这种事，把握会更大些，因为这样就不会被政府的尊严所左右，他不禁想起他的美国同行们栽的跟斗。

去年的 11 月 4 日，也是在伊朗，德黑兰的学生占领了美国大使馆，扣押了美国的人质。使伊美双方剑拔弩张，关系破裂。在人质迟迟不得释放的情况下，卡特政府受到国内的压力，总统选举日益临近，民意测验表明选民对卡特的信任与支持迅速下降。卡特为了摆脱不妙的处境，铤而走险，采取

德黑兰

更强硬的方针解决人质问题，诉诸武力营救。4 月 22 日美特种作战部队绿

二战之后显神威

美驻伊大使馆外墙

色贝雷帽进行了一次代号为"蓝光"的武装营救人质行动。这一营救行动由卡特亲自批准，经过周密策划，计划用90名突击队员，在秘密作战专家贝克威思上校率领下，乘飞机偷偷在伊朗腹地着陆，然后潜入德黑兰，袭击美驻伊使馆，抢出人质，再乘飞机逃出伊朗。由于在伊朗境内遇到沙暴天气，飞机发生故障，突击队被迫丢下五架直升飞机、八具尸体和两架飞机残骸撤离伊朗。精心策划、耗费巨资的武力营救人质计划流产了。特种作战部队遭到了嘲笑，声誉大跌。

紧张的谈判

为了让突击队员们对使馆情况了如指掌，突袭时轻车熟路，罗斯做了个简易的使馆模型沙盘。他组织大家在沙盘前分析研究，集思广益，拿出武力突袭使馆救出人质的最佳方案。他要求对使馆内的每条路、每扇窗，甚至每个台阶都要熟悉，每个细节都要求有两个以上的方案。

为了给突击队员们树立起信心，他又列举出常在训练中讲的纳粹德国营救墨索里尼的事例。1943年，德国党卫军斯科尔兹内上尉乘滑翔机袭击了大萨索山。那一次，纳粹德国的特种作战老手斯科尔兹内在近乎不可能的条件下，成功地从一个陡峭的山顶上把囚禁的墨索里尼救了出去。不管怎么说，这也是特种战争历史上的光辉一页。

营救计划基本就绪，"猎人"行动急待实施。但英国当局认为这一行动计划非到万不得已，不付诸实施，他们希望通过谈判解决人质问题。

英国代表终于坐着美国轿车来了。卡斯丁是个有着绅士风度的矮个子，长得还算强壮，但一开口一嘴娘娘腔。就这样还能震慑住恐怖分子？不帮倒忙才怪呢！罗斯想。他顾自到一边擦枪去了。

"我国政府外交部已拍急电给伊朗政府，向政府转达了你们的要求。请相信我们，我们希望尽快解决这一事件。处于人道主义的考虑请你们释放人质。"卡斯丁通过电话向窗口的托菲格谈判。

"好吧，处于人道的考虑，我们在一天之内释放两名人质，一名是伊朗妇女，她已经怀孕三个月了；另一名吗，是一个有病的英国广播公司的记者。"托菲格履行了自己的诺言，二十四小时内放回了两名人质。

二十四小时过去了，武装分子并没有按他们所扬言的采取杀掉全部人质和炸毁使馆大楼的行动。但托菲格进一步向卡斯丁提出了要求，态度强硬，还夹杂着辱骂："听着，混蛋！马上让三个阿拉伯使馆的大使出面调停。还有，赶紧他妈地派一架飞机把我们和人质送出英国！"

最沉不住气的倒是罗斯和他的伙伴们。强绷着的弓时间长了会折断。罗斯清楚，就像拖延演出一样，感情的酝酿如超出所限的时间，这戏非演砸不可。突击队员们的忍耐是有限的。几百个上千个日日夜夜的艰苦训练，收获就在于有朝一日有用武之地。

罗斯忘不了，在一次解救人质的模拟实弹演习中，扮演人质的队友卡瑟尔因未按预定时间行动，结果被罗斯的子弹击中了头部，含怨而死。这虽属意想不到的事故，但罗斯心中的内疚是无法消除的。他曾发誓在真正的反恐怖活动中一定要把这位年青战友的那份力也尽上。

当然，现在特种部队改进了训练方法，为了避免训练中的伤亡事故，又不影响训练效果，采取了全新的现代训练方法。在反恐怖特种部队基地，专门有一幢名为"厮杀宅"的建筑。宅内有两间"厮杀屋"，每间都装有特制的电影放映屏幕，屋内人的活动，可以通过摄像机和闭路电视反映在另一间房屋的银幕上。

罗斯头脑中又闪现出训练的过程：扮演恐怖分子和人质的一方躲在一间屋子里，突击队员在另一间屋子里。训练开始，突击队员们发起攻击，朝银幕上的恐怖分子还击。攻防双方交火的全过程由摄像机全部拍摄下来，然后准确地计算出包括人质在内的双方伤亡情况，评价救援人质行动。有时，还可以反复放映录像，仔细分析研究演练中的所有动作。这才从此避免了卡瑟尔悲剧的发生。

二战之后显神威

这种新改进的训练方式很快得到英国反恐怖特种部队专家们的肯定。采用这种方式，每个参训人员每周可打 5000 发以上的子弹，计算机对每个人的每个动作都进行精确分析。对突击队员解救人质的训练要求是，突袭动作必须在四秒钟内完成，也就是说，恐怖分子还来不及做出有效反应时就被击毙。

罗斯望着眼前这些在训练中就已经出生入死过的战友们，心想，他们何尝不急着向真正的歹徒发起攻击呢？他们能在紧急攻击时不让急躁情绪影响缜密的行动吗？

"猎物"的疏漏

时间对有的人来说是以天计算的，对有的人却是以分秒计算的，可它毕竟没有停止，依然一天天一秒秒地过去了。使馆大楼里依然十分平静，武装分子提出的期限一再推迟，谈判仍马拉松式地在继续进行。

卡斯丁的"娘娘腔"有些沙哑了，托菲格的态度越来越强硬，谈判仍不紧不慢，不疼不痒地进行着。

邮差的摩托车喇叭在罗斯身后响起来，又是昨天的老邮差。他的车辆、邮包以及制服与众不同的都是红颜色，这大概是世界各国独一无二的标志。老邮差照样取出一大堆邮件、报纸之类，使馆的邮箱已经塞满，他只好搁在一边。

罗斯信手翻着还散发着油墨香味的报纸，除了几篇有关释放人质的呼吁外，消息很少，人们已不再关心政治了。大版大版刊登的是招工广告，在这里人们并不是找不到工作而是对工作越发挑剔了，"少出力，多赚钱"的准则已被普遍的人所接受。但罗斯从来没有要调换工作的念头，他认定了这既冒险又艰苦的差使。如果这也算是政治的话，这是罗斯唯一关心的政治了。他盼着用他的枪去写出新的重大新闻，用鲜血一样的色彩"染"红刊登在这些报纸的头版头条。可眼下……

无所事事的他又回到战友们中间。高墙的阴影下，突击队员们身上的黑色服装显得更黑更闷。

罗斯又想到了邮差的红色。19 世纪末，英军的服装也是红色的，设计者大概是意识到红色对人的心理所产生的刺激作用，才选定的吧，它确实使人热血沸腾，斗志倍增。可就因此，英军在袭击南非布尔人的营地时屡吃败仗。事后才发现当地布尔人穿的都是绿色军服，甚至连武器也涂上了绿色。这样便可利

丛林中的 SAS 队员

用军服在色彩丛林地中隐蔽作战，而英国人的一身红装却在周围的绿色环境中格外显眼，结果成了众矢之的，屡吃败仗。

无独有偶，去年美国眼科专家史蒂芬·索罗门却主张将消防车涂成黄色，因为人的眼睛对黄色和绿色最敏感。于是，底特律、奈特瓦克和堪萨斯等城市采纳了他的建议。果然，消防车的交通肇事因此而大为减少。可是，新的问题又出现了。消防车涂成黄色后，消防队员的灭火效率却下降，原因是黄色和绿色使人情绪安定，而红色能激发斗志和责任感。结果，今年又把消防车改为红色。罗斯认为色彩通过人的视觉作用于心理，通过联想与现实结成广泛联系。色彩也应为现实目的服务。经他建议特空队员们的衣着全部改为黑色，头戴黑色防毒面具，身穿黑色防弹衣，戴黑手套，穿黑皮靴。这种特殊的装束，用罗斯的话说可以先给恐怖分子以恐怖感，给受害者以稳定感。

武装恐怖分子的首领托菲格在进入使馆时，对两件事疏忽了，看起来他干这一行还不够老练。以致埋下了祸根。

第一件事是，武装分子闯进使馆时，担负使馆警卫任务的英国警察洛克第一个被抓，托菲格缴了他的械，甚至没收了他的警棍和武装带。然而他没有对洛克进行彻底的搜查。当然这与当时洛克驯服的态度有关。托菲格的失误，致使洛克藏在紧身上衣里的那支史密斯六四型三八口径左轮手枪安然无恙。

他们把洛克关进二楼使馆代办的办公室里，这是布置得很有伊朗风格的豪华办公室。说实话洛克在门口站了一年多，还第一次到屋子里来，他

坐在舒适的沙发上，活动了一下手脚，头脑中萌发出想用这支枪营救大家脱险的念头，也闪现过大功告成后荣升三级的梦幻。这警卫使馆的确不是个好差使，单调乏味不说，他还得听命于使馆人员，稍不留意就要遭受训斥，心里憋气得很。想到这些他献身的激情顿然烟消云散，算了吧，叫你们尝尝遭劫的味道，也好提高点对警察重要性的认识。再说，相比之下，他也不一定是这些亡命徒的对手。俗话说，软的怕硬的，硬的怕横的，横的还怕不要命的呢！若寡不敌众不仅会造成使馆人员的伤亡，弄不好连自己也得赔上性命。

洛克调整了个最佳位置，心想先好好睡上一觉再说。

第二件被托菲格忽略的是，屋子里窃听器发出的嗡嗡声响没有引起他足够的注意。开始，对此他产生过怀疑，便叫来几位被扣押的使馆人员，大多数人也搞不清这动静是打哪儿出来的。有几位明白的人当然不能把真相告诉他，就用一些假话来搪塞他，有的说是发电机声响，有的说是一种虫子叫唤……

托菲格听着这声音有些熟，但一时又难以下结论。不至于带来什么危害吧，他边想边自顾走向二楼的使馆代办办公室。

沙发上警察洛克正在酣睡，呼噜声震得窗子嗡嗡作响。托菲格不由一乐，莫非楼里的响声是这蠢猪的变奏。英国政府竟派这样的人员来守卫使馆！

"猎物" 开始咬人

被扣在这办公室里的还有一个人质是英国广播公司电视台的赫曼斯，一个有头脑而没几根头发的中年人。

赫曼斯有个应该说是良好的习惯：利用一切机会构思他所主持的节目。现在他正在异想天开地综合了几条有关被绑架人质应该注意的几项要求，以供将来遭绑架的人们参考。他断定这节目在当今世界动乱局势中一定会享有众多的观众。

他抄起代办桌上的笔信手记下来。竟一气呵成，归纳了十条之多：

一、在绑架者拥有武器的时候，一般要照他们的话去做，否则相当危险。

二、绑架者的情绪一般都很激动。如果你能保持冷静，则有助于缓和紧张的形势，这样可减轻被伤害的可能性。

三、要表现出对绑架者所说的话都很感兴趣，谈话时要保持友善的态度。具有政治动机的绑架者，常喜爱发表他们的观点。

SAS 队员营救人质

这样的交谈将有助于使他们冷静下来，因此减低他们对你安全的威胁。

四、向绑架者表示，你活着要比死了更有价值。再要告诉他们，除非你所在的单位确定你还活着，否则将不会和他们从事谈判。

五、要尽量了解你周围的环境，记住各事件发生的时间。并搜集有关声音、视像等资料。

六、在你被拘禁的房间周围留下你的指纹、物品等，以便以后有助于给绑架你的歹徒定罪判刑。

七、仔细倾听绑架者之间的任何谈话。注意他们无意中叫出的各自姓名，或他们下一步的计划。

八、决不能向绑架者说出你以后可以认出他们。如果他们让你见到他们的真面目，他们知道你将来会指证他们，或如果你提醒他们你会这样做，则可能会减低你活着的机会。

九、如果部队对你所遭绑架的房间采取突袭行动，你应趴在室内地板上，尽量寻求掩蔽。即使最不足道的保护，都有助于防止流弹的伤害。

十、在被绑架时，尽可能拖延时间，而不要使绑架者起疑心……

正写着，突然一只手夺去了他的稿纸，赫曼斯一怔。

托菲格很认真地读完，露出狞笑："赫曼斯先生，你丰富的联想给我们提供了很好的参考。哼，你别忘了，你不仅是个好导演，还是这个戏的主角……"

赫曼斯看出了他脸上的杀机。他低估了面前的这些人，不该在这种场

二战之后显神威

合开这种玩笑，如果有机会，他将要补上这一条。

托菲格一挥手，另一位武装分子走过来。托菲格道："谈判进行了六天，我们够耐心的了。再谈下去我们就是坐以待毙！去准备一下，马上执行我们六天前的决定……"

赫曼斯的笑肌僵硬了，不听使唤地降低了颤抖的频率。他知道这"决定"是什么。每隔半小时要枪杀一名人质，直到他们的要求被全部满足为止，或者说是直到人质全部杀完为止。看样子，大概要首先拿他开刀，他不禁瞟了托菲格一眼。

托菲格有他的想法，他要首先拿伊朗人开刀。

第一个站出来的是一位高大的青年人，他是伊朗使馆的新闻专员，名叫阿巴斯·拉巴萨尼，今年25岁。他自告奋勇表示愿做第一个牺牲者。

年轻人的勇敢献身精神博得伊朗外交官员们的赞叹，也震撼着托菲格。是啊，危难之中，方显英雄本色。即便在枪口下，也有征服不了的俘虏。

阿巴斯·拉巴萨尼向真主作了祈祷，吻了他的伙伴们，然后开始写遗嘱和家信。

托菲格内心很不平静，他也算是阿巴斯·拉巴萨尼的教友，因为该死的政治原因他要亲手杀掉他的教友。在真主面前，阿巴斯·拉巴萨尼是正人君子，死后可以进入天堂，可他，必定下地狱遭人唾弃。他甚至忘了，现在连封遗嘱都没留下。是不是对胜利太有把握了，他不敢再想下去，赶紧催促武装分子中最年轻的聂贾德执行。

聂贾德长相很像小孩，有着一副"童子脸"和矮小的身材。他似乎与托菲格一样，心虚使得持枪的手在不住地发颤。他拍了拍阿巴斯·拉巴萨尼，让其跟着他向楼下走去。

阿巴斯·拉巴萨尼与大家告别，他的目光异常坚定。同事们以同情和赞赏的目光送他离开了房间。几分钟后，从楼下传来三声枪响，很明显地听出来有一枪打在了水泥板上。

阿巴斯·拉巴萨尼胸口开了一个大洞，子弹是从背后射入的，他的脸异常平静。恐怖分子把他的尸体从使馆大门口推了出去。警察立即用担架将他抬走了。

托菲格本来不怎么抽烟，可自从枪杀了一名人质后，他的烟一支接一支。他从代办办公桌上抄来的一包烟不一会就抽光了。本以为枪杀人质可以迫使英国政府和伊朗政府答应他们的要求，但政府方面迟迟没有反应。就连那"娘娘腔"也不见了动静，莫非……

托菲格的担心一点没错，英国政府对恐怖行为的态度是明确和坚决的。内务大臣威廉·怀特洛表示，决不让恐怖分子的讹诈得逞。政府决定："猎人"行动开始！

"猎物"全部落网

武装分子开始杀人，这不仅没有促使他们的预谋有所进展，反倒加速了"猎人"行动计划的实施。

托菲格也有新的打算，他感到杀一个伊朗人对英国当局的刺激不大，下一步要拿英国人开刀！他把打算告诉了政府代表卡斯丁。

为了稳定武装分子的情绪，不使人质再流血，给突击队以充分准备时间和给突击队的行动以掩护，伦敦警察局根据政府的指示，采用缓兵之计，通过电话告诉武装分子，英国当局准备答应他们的要求。

托菲格得到答复后深深地松了一口气，这一招果真见效，看来希望之神就要来临了。可他万万没有想到，这时全副武装的英国特空队员们正在这座大楼周围开始对表。

罗斯手腕上的表正好指在 7 时 30 分上，他挥了一下手，向特空队员和警察发出了攻击的命令。

一架警察用来监视的直升机在大楼上空盘旋。特空队员有的登上屋顶，拴好了往下滑的绳索；有的钻入大楼的地下室；有的正在拆除大楼的墙壁。

罗斯率一名队员从屋顶顺着绳索滑下二楼阳台，他贴着墙移向门口。

大厅内人不多，被扣女人质大都关在这里，由两名武装分子在看管，他俩与人质混在一起，不易直接攻击。罗斯朝另一队员递了个眼色，队员会意地掏出一枚"晕眩手榴弹"。这是一种没有杀伤力，但爆炸几秒内可

二战之后显神威

使半径 10 米之内的人员完全丧失视力和听觉的特种弹。随着手榴弹的爆炸，发出的刺眼闪光和震耳轰鸣，大楼内立即燃起熊熊烈火，顿时浓烟滚滚。罗斯和战友利用这一时机，跃入厅内寻找他们所要袭击的目标。

与此同时，另一名特空队员顺着绳索下到二楼楼梯口的窗外，还未落地，就被在楼梯口警戒的一恐怖分子发觉了。他见到浑身漆黑的像潜水员的特空队员时先是一怔，随即举起轻便型冲锋枪隔窗向特空队员瞄准。在这千钧一发之际，被扣人质、英国警察洛克掏出已隐藏六天的手枪，向武装分子猛扑过去，并搂响手枪，一颗被焐得发热的子弹击中了恐怖分子的手臂。

特空队员一脚蹬在窗台上，一脚踹开窗子，一梭子弹将武装分子打成马蜂窝状。

被扣在二楼使馆代办办公室里的赫曼斯，此时已钻到办公桌下，他望着蔓延进屋内的火焰担心会把他烧死在屋里，急忙打开窗子，跳上阳台，挥动着双手呼救。

这时，一名特空队员从楼顶拉着绳索跳到阳台上。赫曼斯吓得瘫在地上、特空队员将他抢下来，送到隔壁的抢救小组。

赫曼斯一醒来，感到无比的后悔，后悔没随身携带摄像机。如果录下这段经历，卖新闻也能赚个大价钱。倘若插在他新构思的一部反映营救人质的电视故事片中，一定相当精彩、真实，收视率甚高。

在使馆三楼的电报房内，聂贾德看守着 14 名男性人质，这对他说来不是件艰巨的事，他见到托菲格朝阿巴斯·拉巴萨尼举枪射击时，差点哭了出来，他的基督教徒的父母从小就教诲他怎样去爱人，而从未教过他杀人。当他听到身后玻璃窗被砸碎的声音时，连抬头看的勇气都没有了，他神经质地端着枪冲着人质开火，可是已不听使唤的手将子弹全部送上房顶，圆型的冷光管被打碎了好几个。

人质安然无恙，只是落下的玻璃渣掉在脖领里，痒得他们不断地搔动。

守在房门口的武装分子勒巴德听到枪声，突然想起什么，遂奔向电报房，还未站稳就将一梭冲锋枪子弹送进屋内，屋里传来惨叫声。

勒巴德的点射大都打在使馆职员克卜拉的胸脯上，这位从未和武器打过交道的文职官员身中五弹当即死亡。他身边的使馆代办阿里弗罗茨因正在清理脖子里的玻璃渣，胳膊挡住了飞向脑袋的子弹，死里逃生。

这时，罗斯已队从一扇门冲入房间，武装分子勒巴德见势不妙，欲举枪射击，但枪内已无子弹，再换来不及了，他忙掷下枪支，高叫着："我们投降，我们投降！"钻入人质堆内。他一把拽下头上显示阿拉伯民族特点的头巾，妄图混装成人质，以伺机逃跑。

罗斯跃上去，照着那张惊慌失措的脸就是一拳，对方嗷地一声摔倒在地。罗斯心里有数，他的拳打破过多少砂袋，这一拳下去，就连最出色的整容专家也束手无策了。

人质中有两名强壮的小伙子扑上去，想在勒巴德身上出气，罗斯装作没看见，让这些受害者们发泄一下吧，这样才能得到心理上的平衡。不过他还是叮嘱旁边的一个队员："让他们悠着点，别弄死他。"

特空队员正顺利地缩小包围圈，有的越窗，有的破墙，把武装分子压向更小的空间。此时，一队武装警察也进入了使馆大楼。

在突然而凌厉的攻势面前，武装分子顿时乱了阵脚，托菲格也失去了指挥能力。他所分析过的有关成功事例和预先设计好的各种方案全都忘在了脑后，他和另一名武装分子想混迹于人质中。

"谁是恐怖分子，快站出来！"罗斯站在门口，尽量把口气放得婉转。可他的手移向扳机。

早就对恐怖分子恨得咬牙切齿的伊朗人质们怒目圆睁，逼视着歹徒。

托菲格和另一个武装分子惊惧地退出了人质圈，当他转身望见铁塔般的罗斯时，手里的枪掉在地上。

托菲格和那个武装分子立即同时弯腰去拾枪，就在这时，罗斯的枪响了。托菲格的战友当场殒命，他自己也身中四发子弹，而且弹着点都集中在致命部位。

特空队员一边进一步搜索武装分子，一边把大楼内所有的人集中起来，带到楼下。他们用已掌握的资料照片，一一进行核对。

8点15分，罗斯看看表，战斗顺利结束。五名恐怖分子，三名被当场

特战队员瞄准目标

击毙，托菲格被击成重伤，奄奄一息。罗斯望着被抬上救护车的托菲格，心里在冷笑：这家伙肯定活不到医院。

年纪最轻的武装分子聂贾德傻笑着自己钻进囚车，他的神经已偏离了正常的轨迹。

罗斯清点了一下部属，特空队员们和警察无一人伤亡。而且一个个还在摩拳擦掌跃跃欲试。他们似乎和罗斯一样，感到太不过瘾了。是啊，平时训练，他们的敌手一般最少也以一个班的兵力计算，眼下这也太不经打了。

罗斯望着又一队救护车驶入使馆，男女人质们在警察的搀扶下被扶上车，准备送去医院检查治疗。在六天的惊恐生活中，他们个个面色苍白，双目发呆，好像都刚刚大病了一场。有几个人质已动弹不得，由警察或搀或抱走向救护车。一位漂亮姑娘竟在警察怀里疯狂地吻着她的救命恩人。

此次拯救行动，他们仅用了十七分钟就消灭了对手并控制了大楼，英国特别空勤团的名字一下子从默默无闻变得家喻户晓。

神兵天降袭马岛

出其不意的枪声

万顷碧波的南大西洋与南极洲之间，有一座由东、西两个大岛和一百多个礁石岛组成的群岛，阿根廷人称之为"马尔维纳斯（简称马岛）"，英国人则管它叫"福克兰"。

远在一个世纪前，1883 年深秋的一天，著名的英国博物学家、进化论的奠基人查理·达尔文，乘坐海军勘探船"贝格尔号"登上了这座群岛。例行了一番考察之后，他面对雾气笼罩着的小岛、灰褐色而静默无息长卧的峰峦、寸草不生的乱石沙滩、狠噬着群岛的劲风和狂波巨浪，万般感慨地在自己的考察日志中记下了这么一句话："这是一个阴惨惨的荒岛。"

那时，达尔文还没有意识到，在这个以畜牧业为主、出产羊毛和皮革的群岛深处蕴藏了丰富的泥炭，还有铝、银、铁、煤。在它周围海域还蕴藏着丰富的石油。它同时也是一个十分重要的战略要地。

他更不会想到一个世纪后，这座"阴惨惨的荒岛"会成为全世界瞩目的焦点。

1982 年 4 月 2 日午夜，南太平洋被漆黑的夜幕笼罩着，风急潮涌中，似乎隐隐约约有马达的"突突"声。一支阿根廷舰队穿破激浪，向马尔维纳斯群岛急驶。

这里，几乎是地球的最南端，除了在南极洲探险的科学家外，很少有人住在比这更高的纬度上，更谈不上有现代化的军队。

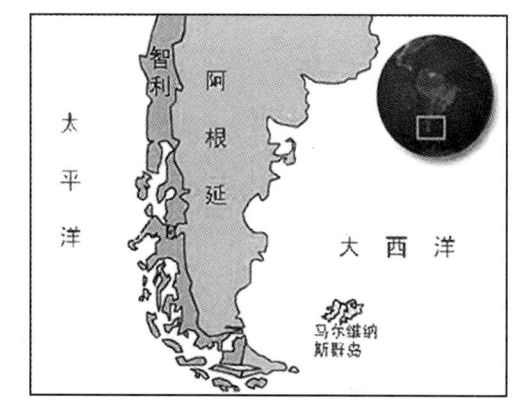

马岛位置图

在阿根廷首都布宜诺斯艾利斯，总统加尔铁里彻夜未眠，密切注视着马岛的战况。哪怕是前方传来的"最不重要的"消息，也要向他报告。

这是加尔铁里一手导演的军事行动。

马尔维纳斯群岛，总面积 1.5 万多平方千米，全部居民 2000 多人。它离阿根廷本土 600 千米，却在 1592 年被 1.3 万千米外一个叫约翰·戴维斯的英国人"发现"了，并兴冲冲地报告了英国女王。从此，马尔维纳斯群岛就划入大英帝国的版图，并命名为福克兰群岛。

但是，阿根廷人并不甘心。1826 年阿根廷独立以后，就立即宣布自己对处于南美大陆架上的马尔维纳斯群岛享有主权。英阿马岛争端由此而起。1935 年，阿根廷发行一套邮票，标明马尔维纳斯群岛属于阿根廷。

而英国则针锋相对，于1946年专门发行一张福克兰群岛的邮票，以示回击。实际上，马岛一直掌握在英国人手里。

原是阿根廷陆军总司令的加尔铁里，上台后被内政外交困扰得一筹莫展。但他不是个懦弱的人，他亲自部署了收复马岛的行动。现在，他激动万分，阿根廷人一百五十年来的梦想，今天就要在他手里实现了！

而对手，驻守在马岛的78名英国皇家海军陆战队官兵正高枕无忧。说他们毫无戒备，这也冤枉。英军守岛司令迈克·诺曼早已根据总督的指示，发布过"战时动员令"。第一线防御部队部署在马岛首府斯坦利附近被认为最容易登陆的阵地上，总兵力共两人。他们有防御工事，这就是沿着海滩围起的一些发了锈的铁丝网。手头的武器是一挺机枪和1600发子弹，机枪是老式的，并且没有替换的枪管，打500发以后就会发热膨胀，再也无法使用了。而他们接到的命令是必须"迎头痛击"敌人。

斯坦利机场也采取了"防空降"措施，一辆消防车停在跑道中央。岛上唯一的防空火炮——迫击炮已经损坏，所有的地雷都封存在仓库里。

根据"实力统计"，岛上还应有100名民防队员，但召集令下达后，只有23人前来报到。

驻岛政府最高首脑，总督莱克斯·亨特得知这些情况后，出于无奈，决心用手枪来保护自己，但马上发现手枪早已被司机兼管家唐·波纳拿走了。

他只好找来一支9毫米的自动步枪，由海军陆战队队员为他装好子弹，他花了大半天时间练习如何射击，但始终不得要领。

在一片混乱声中，阿根廷人来了。

凌晨4时30分，阿根廷的直升机在马岛着陆，载来120名特种袭击人员。为了让敌人在黑夜里难以辨认，他们都穿着黑色衣服，只有枪管在东方隐隐的晨曦中微微闪出些许亮光。登陆后，他们立即兵分两路，直扑总督府。

枪战开始了，英国人不知应该向哪里开枪，但阿根廷人也不知道，因为他们并没有看到一个敌人。

就在这时，位于布宜诺斯艾利斯总指挥部里的加尔铁里，向正在大西洋的一艘军舰上指挥战斗的陆军第五战区司令奥斯瓦多加西亚中将发出继续增援登陆部队的命令。不多时，3000 名登陆队员在 20 多辆坦克和装甲车的掩护下直奔斯坦利港。

直到凌晨 6 时，无论位于布宜诺斯艾利斯的阿根廷国家广播电台，还是位于斯坦利的英军广播电台都对此事保持沉默。阿根廷方面的沉默是故意的，这是加尔铁里的安排，但斯坦利电台的沉默是无意的，因为它对面前发生的一切不知所措。

而这时，万里以外的伦敦 BBC 广播公司外事编辑劳里·马戈利斯却收到一个奇怪的呼叫："伦敦，伦敦，我是鲍博，我是鲍博。我在斯坦利向他们报告，福克兰群岛上正发生一件令人焦虑的事情……"

原来，这是马岛上名叫鲍博的英籍居民，一位无线电业余爱好者，用自制的发报机，向英国本土发出紧急情况。他还没有报告完毕时，声音就被斯坦利港响起的雄壮的阿根廷国歌声压倒了。

面对阿根廷人的强大攻势，驻岛总督亨特只好宣布投降。投降后，守岛司令诺曼少校清查人数时发现，他的人马无一伤亡。相反的是，阿军在战斗中死亡 3 人，这是被英国士兵在守卫总督府时唯一一次有效射击击中的。总督亨特自嘲地说："至少在死亡人数的计算上，我们得胜了。"说完不久，他被允许搭乘直升机离开斯坦利港回国。

上午 10 时，斯坦利总督府前的英国米字旗被降了下来，在阿根廷士兵的狂热呼喊声中，升起了阿根廷蓝白国旗。

阿根廷举国欢腾。"加尔铁里，民族英雄！加尔铁里，民族英雄！"的口号响彻云天，收复马岛唤起的爱国热，使人们忘记了前几天，他们还在抗议物价在百分之几百地上涨，忘记了对军人独裁政府的不满，也忘记了远隔重洋的英国人还有一支难以抗御的武装力量。

有位记者问加尔铁里："你以为，大英帝国会就此罢休吗？"

他提醒一句，"现在英国执政的是玛格丽特·撒切尔夫人，她的外号叫'铁娘子'……"

加尔铁里不以为然，他打断了记者的话："英国，英国人敢再派军队到马尔维纳斯群岛吗？"他笑了笑，又说，"撒切尔夫人，她毕竟只是个

二战之后显神威

女人！"他继续陶醉在自己的胜利中。

铁娘子组织远征军

伦敦被震惊了，大英帝国被震惊了！"战争！战争！"伦敦各种报纸上都登着大字标题。社会舆论呼唤着战争，所有的人都把视线集中在首相撒切尔夫人身上。

正午时分，BBC广播公司的电视屏幕上出现了撒切尔夫人的镜头。她面带倦容，忧郁中仍不失几分刚强。"女士们，先生们！今天，我们大英帝国蒙受了本世纪以来最大的耻辱，阿根廷把我们的福克兰群岛夺去了！"

几乎整个英国都在聆听着，有人在哭泣。

"支持我吧！支持整个英国。我们要靠自己的团结和力量，来维护英国的利益！"

1982年4月3日，星期六，撒切尔夫人破例召开紧急会议。这是自1956年发生苏伊士运河危机以来，第一次在周末举行这样的会议。

下议院的会议厅里，一片吵骂声，反对党议员高呼着："辞职！辞职！"撒切尔夫人的内阁陷入空前的危机。

几分钟后，外交大臣卡林顿宣布辞职。他的副手阿金斯和主管南美政策的官员不一会儿也丢了乌纱帽。

以撒切尔夫人为首的政府摇摇欲坠。

但是，撒切尔夫人并不示弱，她霍地站起来，以特有的英国标准口音当众宣布："政府已经做出决定，一支大型特遣舰队一旦准备就绪便立即出发！英国皇家海军'无敌'号航空母舰首先起航，将于星期一离港。"她停顿了一下，"为了大英帝国的利益，我代表执政党向议会提出，对阿根廷宣战！我们将会取得胜利！"

"铁娘子"撒切尔夫人

议院大厅鸦雀无声，一秒，两秒……撒切尔惊呆了，难道议员们不支持她了吗？到第四秒钟的时候，全场一片轰响，议员们全体起立，纷纷举起双手。

这是第二次世界大战以后，英国议会第一次全票通过的一项决议。

在场的旁听记者们都面面相觑——今天是星期六，铁娘子再有办法，怎么可能在短短的两天内组织如此庞大的舰队！

不过，他们并不知道，就在几个小时前，撒切尔夫人召见了英国三军首脑，与他们商讨了如何用战争方式对付阿根廷。

命令立即发出了。

在伦敦西北一个叫诺思伍德的地方，有一座巨大的花岗岩和玻璃结构的建筑，这是皇家海军的作战指挥部，也是英军几年前为应付突发事件而成立的"快速反应司令部"。海军上将约翰·菲尔德豪斯和将近100名参谋人员在这里工作，他们正在用最现代化的通信手段处理各种临战信息。几小时后，一份详细的作战计划便交给了战时内阁。

指挥部向世界各地发出命令，呼唤在各大洋行驶的舰只立即向地中海的大西洋出口处集中。同时，它还没有忘记寻找一位叫里夫·巴顿的姑娘。她曾在马岛住过很长时间，手头有岛上所有无线电爱好者的名字。这些英国籍的居民可以提供可靠、准确的情报……

由谁来率领这支万里远征的特遣舰队呢？撒切尔夫人在一个人的名字下划了粗粗一杠——49岁的海军少将约翰·伍德沃德，绰号"海狼"。

朴次茅斯港卷起的巨浪

1982年4月5日上午9时30分。

英国南部的朴次茅斯军港，随着"呜——"的一阵汽笛长鸣，即将远征马尔维纳斯群岛的特遣舰队正式拔锚起航。

舰队中，最引人瞩目的是1.95万吨级的"无敌"号和2.8万吨级的"赫姆斯"号航空母舰，它们率领4艘满载着坦克和步兵的登陆舰、5艘配备对空"海标枪"导弹的驱逐舰、7艘护卫舰和10艘支援补给舰。随行的还有27条民船作后勤补给、运输和医疗之用。查尔斯王子和戴安娜王妃上一年度蜜月用的英国皇家游船"不列颠尼亚"号也被征作医疗船。浩浩荡荡的舰队，集中了英国2/3的海军力量。

撒切尔夫人在电视荧屏上观看了这壮丽的场面，她情不自禁地喃喃自语道："大不列颠！英雄的大不列颠！特遣舰队集结速度之快，将永垂英国的军史！"

是的，任何一个盎格鲁－撒克逊民族的成员看到这场面，都会激动万分。短短三天时间，英国竟聚集起如此强大的力量，就像天上突然降下的一样。

各式各样的舰只上，都整整齐齐地列队站着身穿崭新军服的水兵们，一色的白；那点缀在其间的绿色贝雷帽，是海军陆战队——"哥曼德"特种作战部队队员；那身着一身黑色服装的是绰号"红色恶魔"的特别空勤团队员。他们正在向站立在旗舰——"无敌"号航空母舰舰桥上的伍德沃德少将致敬。历史又一次把"哥曼德"和"红色恶魔"推上了战争舞台。他们将在英国夺回马岛的军事行动中扮演主要角色，成为英军远征军的一支突击先锋。

此时此刻，岸边的军乐队奏着爱国歌曲，掩盖了送行妻儿们的哭声……他们依依不舍，不知还能否再见到自己的亲人。

英国女王伊丽莎白的次子安德鲁王子，是个直升机飞行员，这次也自告奋勇，随军出征。

这支舰队全速驶过英吉利海峡，进入大西洋。在直布里陀海峡，它还要同从世界各地赶来的舰只会合，驶向1.3万千米外的目的地。整个航程需要两周以上时间。

特遣舰队起航的第二天，就遇上个云开日丽的日子。舰队司令伍德沃德马上下令：从今天起，连续不断地进行模拟攻击演习！

顿时，平静的大西洋沸腾起来了。"鹞"式垂直起降飞机。发出震耳欲聋的轰鸣声，从"赫姆斯"号航空母舰腾空起飞，它们的机翼下方挂着各式各样的炸弹，足足有好几吨重，远远看去，好像老鹰从地上抓起的一堆树枝。

它们在空中盘旋，一旦找到"目标"，立即进攻，它们在空中迅速变换队形，贴着海面飞行，像给舰队罩上一个钢铁的屏障。不一会儿，又一种身涂绿色伪装的直升机起飞了，它们忽地远去，又忽地飞回，对着军舰做模拟射击。

"鹞"式垂直起降飞机

这种飞机被登陆队员戏称为"丛林人"，是地面战斗员的保护神。就在"丛林人"起飞的当口，登陆突击队员迅速登上小艇，快速向"目的地"冲击。

浩瀚无际的大洋上，喊杀声惊天动地。

"赫姆斯"号航空母舰舰长林·米德尔上校将一具防毒面具戴上。谁知道阿根廷人会不会施放毒气呢？他下达了命令，在演习期间，全舰的人必须戴上防毒面具。

伍德沃德乘直升机从一艘军舰飞到另一艘军舰，最后又回到"无敌"号航空母舰上。他身穿洁白的海军礼服，兀傲地站在舰桥上，检阅这盛况空前的实战演习。此时此刻，他脑海里，想得更远更远……皇家海军的成员，有不少来自富家子弟。和平岁月，不打仗，危险少，而薪俸又高，有不少人是通过各种关系"挤进"皇家海军的。这次，是要动真刀真枪了。伍德沃德少将的目的就是要通过演习，让这些人有个心理上的准备。

伍德沃德看到自己的舰队威武雄壮地行驶在大西洋上，电视上最近几乎天天播出他的形象，心里非常高兴。他14岁就加入皇家海军，今年已快到50岁了。他20岁时就研究潜艇，后来成为有名的专家。他出任过"谢菲尔德"号驱逐舰舰长和"不懈"号潜艇艇长，后来在国防部被提升为海军少将。

但是，亲自指挥这样大规模的海空战役还是第一次。不过，这一点不影响他浑身的傲气。出发前，他曾口出狂言，要把福克兰作为一顿"丰盛的晚餐"，而现在，他正考虑在"晚餐"前，应有什么"开胃酒"。一位参谋来报："舰队离南乔治亚岛只有48小时航程了。"

伍德沃德顿时眼神里露出杀机，他命令：“分出两艘航空母舰，组成快速特遣舰队，直驶南乔治亚岛！”说到这里，他停住了。

参谋小心翼翼地问：“其他舰只呢？”

伍德沃德傲慢他说：“当然，直驶福克兰！”

冰山天降神兵

阿根廷指挥官艾尔弗雷多·阿斯蒂兹上尉正指挥着191名官兵屯守在南乔治亚岛上。由于气候太寒冷，不少人裹着毯子站岗。

南乔治亚岛位于南大西洋南部，马岛以东1300千米。这个小岛最长处只有168千米，岛上3/4的土地长年被冰雪覆盖。它虽然是大英帝国一个直属的殖民地，但习惯上，治理该岛的行政长官往往是英国南极考察队格里特维青基地的负责人。不仅如此，他还是邮政局长、税务局长、港务总监……因为南乔治亚岛离英国本土太远，为了方便起见，一有情况就向马岛的斯坦利汇报。

阿根廷在收复马岛后不久，便派出军队占领了南乔治亚岛。4月7日，阿根廷政府宣布南乔治亚岛同马岛和桑威奇群岛组成阿根廷的第二十四个省。

南乔治亚岛靠近通往南极的通道，战略位置十分重要。伍德沃德决心把它作为整个战斗行动的第一仗。

4月23日夜，伸手不见五指。在风浪骤起的南大西洋上，突然出现一艘小艇。这是英军的“双子座”式橡皮艇，艇上坐的是特别空勤团D营的山地作战小支队和英国皇家海军陆战队的特别舟艇中队的特种突击队员。他们是几天前乘直升机从1500米的高空空投下来，落到洋面上后迅速钻进早已等待在那里的英国潜艇。此夜，他们又从海底钻出，带着一门迫击炮和手提发报机，划着小艇紧急登岸，爬上南乔治亚岛。

这支别动队共有12人，他们属于英格兰南海岸普尔的一支特种部队，那支部队总共不过300人，但队员却是百里挑一，射击、游泳、潜水、跳伞、布雷、机要通讯、格斗暗杀无一不熟谙。

他们悄悄爬到守岛阿军的基地附近，摸情了情况，立即与大本营联系，发出了情报暗号："旗舰、旗舰，这里只有44个敌人。另有一个迫击炮班……"

这一切都是在阿根廷人的眼皮底下发生的，这一切又发生得如此隐秘，阿根廷人毫无所知。然而，意外的事件发生了。

就在特空队员和"哥曼德"突击队员悄悄登上南乔治亚岛的第二天上午，皇家海军直升机驾驶员彼得·里德尔奉命执行海上巡逻侦察时，于10点30分，发现有一条类似蓝鲸的黑色物体正在湛蓝色的海水里游弋，探索仪上的显示灯闪亮起来，是阿根廷潜艇！

来自皇家海军的情报进一步证实，里德尔发现的那个海底怪物正是阿根廷"圣菲"号潜艇，正在给南乔治亚岛的格里特韦肯港运送40名阿根廷海军陆战队员和军事给养。特空队突击小队长戴维·肯特意识到，必须马上除掉"圣菲"号潜艇，否则，它将给英军夺取格里特韦肯港造成极大威胁。

"圣菲"号潜艇的厄运到了。当它接近格里特韦肯港浮出水面正准备抛锚时，遭到了英军突如其来的猛烈攻击，一枚枚深水炸弹和反舰导弹在"圣菲"号潜艇周围爆炸，一梭梭机枪子弹喷吐着火舌射向这个海底怪物……

阿根廷人万万没想到英国佬的足迹已经踏上了南乔治亚岛，更没想到英国佬的"嗅觉"如此灵敏，能够在这里发现它的潜艇。所以，"圣菲"号潜涎在没有任何舰只护卫的情况下，只有被动挨打。顿时"圣菲"号潜艇变成一片火海，冒出滚滚浓烟，潜艇人员和潜艇搭载的40名海军陆战队员仓皇逃向海岸。遭到重创的"圣菲"号潜艇迅速搁浅。

英军"安特里姆"号驱逐舰的舰桥上，此次突击行动的总指挥，舰长布赖恩·扬上校密切注视着南乔治亚岛上刚刚发生的一切。

尽管重创了阿根廷"圣菲"号潜艇是英军的意外收获，但从反面来讲，此次行动也暴露了英军准备收复南乔治亚岛的企图。所以，这位思维敏锐的指挥官马上意识到，必须在阿军醒悟过来未做好战斗准备之前迅速采取行动，一举攻占该岛。

布赖恩迅速与先期到达岛上的特工队员取得了联系，并发布了登陆攻击令。"快上，小伙子们……"他对着话筒高叫着。

军舰上的炮火发出震耳欲聋的响声，舰载飞机一波又一波地对滩头阵地发起攻击。在滚滚的硝烟中，一批批直升机从海平线上飞来，到了海岸线后，便悬停在空中，40名突击队员迅速从悬梯上降下，立即成散兵队形向前推进。

阿根廷守军指挥官艾尔弗雷多·阿斯蒂兹上尉现在高兴了，他命令部下不要开火，因为他知道，前几天布下的地雷马上就要爆炸了，这些英国佬顷刻之间就要魂飞魄散了……

可是很奇怪，地雷就像吃了安眠药一样，毫无动静！

原来，英军的特工队员个个都有着高超的探雷和排雷技巧，在攻击部队到来之前，他们早就在进攻的道路上排除了地雷。其余地区的地雷也因猛烈的炮火而被摧毁了不少。

突击队猛攻而上，迅速接近阿根廷守军的指挥所。阿根廷人被猛烈的射击压得抬不起头来。阿军指挥官阿斯蒂兹上尉觉得抵抗已毫无意义，便亮出了白旗，率领部下投降。

只有少数强硬分子，钻进白皑皑的雪山中，继续抵抗。但英军也不追捕他们，因为他们知道，在零下40多度的气温下，不需两天，那些裹着毯子的军人就会"自动"解除自己的武装。

南乔治亚岛夺回了，伍德沃德少将举起香槟酒踌躇满志地向凯旋的特战突击队员们说："干杯吧，小伙子们！南乔治亚岛是我们最好的开胃酒………"

余兴之际，他下令所有舰只继续向福克兰群岛进发。

奇兵夜袭佩布尔

英军特遣舰队司令官伍德沃德这几天情绪一直不好，自喝过南乔治亚岛的"开胃酒"和品尝了击沉阿根廷"贝尔格拉诺将军"号巡洋舰的"甜果"之后，他着实高兴了几天。但没想到英军"谢菲尔德"号驱逐舰几天前居然撞在阿军"飞鱼"导弹的弹头上，这噩耗始终在他的头脑里回旋，如同被充满恶臭的苍蝇叮了一口那样难受。

对于不可一世的日不落帝国来说，胜利似乎永远应该属于他们。伍德沃德深知，英国人是好胜的，如果不再打几个漂亮仗，社会舆论立即就会出现一片谴责声，他的日子就不好过了。而这几天的战斗又是如此的不顺利！

天无绝人之路，"活泼"号护卫舰向伍德沃德报告了一个着实令他振奋的"特别消息"。

这几天英国天天向马岛首府斯坦利港进行炮击、轰炸。有一次，"活泼"号护卫舰冒险钻进福克兰海峡，对圣格洛斯湾地区进行火力侦察。偶然间发现，大福克兰群岛的佩布尔岛上一个简易机场上，黑压压停了一排飞机……

伍德沃德听了这个消息，大喜过望，当即找来他的几个幕僚，并召集舰队所属各舰舰长到"无敌"号航空母舰旗舰上来，在作战室内研究一个新的作战计划。

5月11日夜，几个英军特别空勤团的特攻队员悄悄地登上了佩布尔岛。他们贴着冰冷的土地匍匐前进。阿根廷守军丝毫没有发现他们的行踪。

不过，他们也没有发动任何攻击。悄悄而来，又悄悄而去。

原来，他们是在执行一项战前侦察任务：搞清阿军在佩布尔岛的兵力防卫部署，为英军夜袭佩布尔岛提供情报。这正是伍德沃德为缓解几天来因战事不顺所造成的苦闷而采取的一次新的作战行动。

担任侦察的特攻队员发现，在佩布尔岛上有六座阿军雷达站，简易机场上有十多架"普卡拉"式强击机，这种小型飞机虽然对英国军舰暂时构不成威胁，但对今后的地面战斗危害极大。阿军在岛上虽存守卫，但兵力非常薄弱。

三天以后，即5月14日深夜，在黢黑的夜幕笼罩下，一艘英军驱逐舰悄悄开进了福克兰海峡，把炮口对准佩布尔岛，并开启舰上的电子设备。顿时，驻岛阿军的雷达屏幕上便一片灰白，什么也看不清了。

这时，三架直升机从舰上起飞，飞到距佩布尔岛最近的马岛西部上空时，便原地盘旋，放下软梯，从飞机上空投下50名承担此次突袭任务的空中特种部队队员和海军陆战队队员。担任这次攻击任务的特别空勤团特种作战突击队指挥官是戴维·肯特，经过战火的洗礼，这位出身军人世家的年轻军官已深得伍德沃德的信任和器重。

肯特将特空队分成两个中队，一中队继续担负侦察监视，二中队做好袭击进攻的准备。当然，二中队理所当然地由他指挥，但为了不挫伤早已摩拳擦掌的一中队队员的积极性，他允许一中队在完成侦察任务的前提下，可以进行小型的袭扰性战斗。

同时，肯特又将担负袭击的二中队分成主力和前锋，并分率八名战士组成侦察与接应两个小组。

按计划，突击队员将在夜幕掩护下，先由直升机把他们送到马岛的西部，然后乘橡皮舟越过宽800码的海峡，登上佩布尔岛。英军选择的第一个袭击目标是该岛上阿军的军用简易机场。

然而，事与愿违。海面上风浪很大，涌浪一个接着一个，自动充气橡皮舟显得单薄而危险。即便是突击队闯过这一关，也会丧失战斗力，只能挨打。

肯特决定再等一天，令队员们在石缝和岩隙下等待时机。

二十多个小时过去了，海浪没减小，风却有所收敛。不能再等了，一等就又是一天，因为，为了保证战斗顺利而有效地进行，只能在夜间行动。肯特终于下达了下水的命令。

天气很糟，乌云密布，使得天与水黑得浑然一体。这种恶劣的天气条件大大增加了特空队行动的难度和危险性；但从另一方面讲，这又为特空队行动提供了极有利的掩护作用。

肯特率领他的队员们奋力将橡皮舟划到了对岸，登上了佩布尔岛。

上岸后，为了隐蔽行踪，肯特命令队员们沉掉充气橡皮舟。随后，他们摸上了高地，开辟了可以俯瞰阿军掩蔽部和机场的观察哨。除留下哨兵外，他带其余队员隐蔽在高地一侧的一块洼地里。白天养精蓄锐，以便夜间动手。

对肯特他们来说，这一夜何等漫长，真可谓度日如年。15日夜终于来临了。肯特率队员们赶到选好的与主力部队会合的地点，标出机降区，以便直升机机降，运来其他特空队队员。

这是一片较为平坦的开阔地，前方的山坳正好可以遮住机场方向的视线，他们只要绕过山坳就可以很快接近机场。

直升机终于来了，因为顶风和夜暗原因来晚了半个小时。肯特看看夜光表，可供安全作战所用的夜暗时间只剩下30分钟了。

时间就是胜利，时间就是生命！肯特立即率部奔袭机场。

机场静悄悄。肯特指挥十二个特别空中勤务团小组，按每组四人分散寻找自己的目标，将爆炸火焰弹安放于停在跑道上的"普卡拉"式攻击机下，并定好爆炸时间。

紧随肯特的一名皇家海军射击校正军官也开始了工

马岛战争中的英国特种兵

作，指挥英军"安特里姆"号驱逐舰上的4.5英寸舰炮炮击驻扎在机场周围的阿军阵地。

与此同时，肯特又率一个组由两个组掩护袭击弹药和燃料库。不一会儿，肯特与战友轻而易举地消灭了守库的阿军，顺利将炸药安放在库里。

警卫机场的阿军从睡梦中醒来，试图增援弹药库，但进入了早已埋伏好的英军掩护组的埋伏圈，英军机枪和火箭筒齐射，不少阿军士兵被击毙。

此时此刻，肯特预定好的电子表"嘀嘀"地响了起来，15分钟时间已到。

他发出撤退的信号，各组沿来路回撤。

当肯特率部下撤回直升机旁时，机场上传来震耳欲聋的爆炸声。第一架"普卡拉"式攻击机被炸飞上了天，紧接着燃料库爆炸了，巨大的红色火焰团直冲夜空，把整个佩布尔岛的夜空映得通红。随着一声声惊天动地的巨响，佩布尔机场阿军的11架"普卡拉"式攻击机全部变成了一堆废铁。

直到这时，阿恨廷军队才如梦初醒，拉响了警报……

"孩子们！"这是伍德沃德在兴高采烈地呼唤他的特攻队员："你们迅速返回，帝国正要给你们戴上最大的勋章，另外再交给勇士们一项更富有想象力的任务……"

是啊，更艰巨、更困难的任务正等待着特战队员们去完成。

知己知彼

南乔治亚岛在马岛以东 1287 千米处，英国重新收复该岛后，伍德沃德的特遣舰队就有了一个靠近战场的陆上基地，一个继续扩大战果的立足点。

5 月 19 日，英国伦敦唐宁街 10 号彻夜灯火通明，首相撒切尔夫人一夜未眠，她在做一个重大的决定。

这天晚上，经受了一天颠簸的英军特遣舰队旗舰"无敌"号航空母舰上的官兵聚集在收音机旁收听英国 BBC 广播，突然扬声器里传来一个男播音员雄壮的声音："大家注意，大家注意：今天上午，战时内阁举行紧急会议，决定在近日向福克兰发起登陆攻击……"水兵们听着这一振奋人心的消息，发出一阵阵欢呼声。

伍德沃德将军此时说不清是高兴还是沮丧，高兴的是登陆的决定终于做出了，他大显身手的时候到了；沮丧的是，英国政府那些可爱的大臣们如此不懂得保守军事机密的重要性，居然把决定登陆的消息公布于众，这可能对登陆作战产生不利影响。

他站在舰舱里特地准备的 1：30 万比例的地图面前，仔细思索着如何实施登陆计划。

伍德沃德不会忘记的是，就在阿根廷派兵进击马岛之时，岛上一个名叫鲍博的英籍居民，用自制的发报机，向英国本土发出紧急情况。这给伍德沃德一个灵感，他派出了好几位英籍和阿根廷籍人，联络了马岛上一些亲英的居民，用业余发报机源源不断地提供情报。其中一位叫米勒的英籍女教员，从东福克兰岛发来的情报最为重要。

这些人除提供军事情报外，还不约而同地提供了一个相同的信息，就

是阿根廷人的士气正在下降！

阿军自4月2日占领马岛以来，已经在光秃秃的地面上露营了两个多月。

马岛地处南纬52度，每年5、6月份，南半球进入冬季，它附近海域气温一般在零度左右，士兵们在寒风中苦苦熬煎，原有的爱国热情已大大低落了。

当然，对伍德沃德来说，这条情报并非太重要。他还有两个特殊的获得情报的重要渠道——来自特战部队的情报。

马岛战争之初，战时内阁赋予特战部队——特别空勤团支队和海军陆战队特别舟艇部队的任务是侦察，可是战斗一打起来，这些特种部队都成了进攻的中坚力量。这使伍德沃德深感忧虑。他并不是担心这支部队的作战能力，他担心的是在全局作战中，不能没有特空队的先遣侦察。

知己知彼，方能百战百胜。只有通过侦察、获得作战必不可少的第一手情报，才是致胜的法宝。

伍德沃德认为，要充分发挥特种部队的效能，就要实施快速高效的情报侦察，达到高强度的情报透视力，使敌人处于己方掌握之中。他研究过许多战例，如美国、利比亚冲突中，利比亚总统卡扎菲的恐怖计划一出笼就被美方获取了确凿证据，立即组织了打击行动。

归属将军使用的情报手段还包括美国的卫星情报，但因为当地大部分时间都有浓云笼罩，卫星照片除了云层之外，提供不了什么具体情况，再加上舰队已迫近海岸，从接收和处理卫星情报到把情报转来所花费的时间太长，以致这些情报失去时效而变得毫无价值。

所以，伍德沃德一直认为，利用特战部队进行侦察是获取敌人最直接、最真实情报的最有效手段。

因而，还在一个多月前，也就是英国特遣舰队刚刚抵达马岛之时，伍德沃德就派英陆军的"特别空勤部队"和海军陆战队的"特别舟艇勤务突击队"的数百名队员乘着橡皮艇或由直升机空降，神不知，鬼不觉地潜入马岛。特战队员分成几个小组投入活动。他们有的潜到丛林中，有的干脆就住在英籍居民家中。一到晚上，就穿起迷彩服，侦察岛上的地形、路

二战之后显神威

在丛林中执任务的 SAS 队员

线、阿军的兵力部署和军事设施。他们已经摸清，马岛上的阿军兵分三路把守，首府斯坦利港驻守兵力为 7000 人，占全岛守军的三分之二以上，达尔文港和福克斯湾次之，其余地方只有小股部队……

特战部队准确、及时而有效的情报为英军选择登陆地点提供最可靠的依据。

就在英国 BBC 广播公司宣布英国将向福克兰发动登陆攻击的当晚，伍德沃德召集特遣舰队高级军事官员讨论登陆地点。

众多的将军都把注意力集中在马岛首府斯但利港，斯坦利是马岛的政治、行政、经济、文化中心，居住着全岛 1/2 的人口。一旦收复，就意味着英军已经重新夺回了马岛，将在政治、外交上产生重大影响。斯坦利港附近地势平坦，海滩又宽又大，便于大部队尤其是掌握重武器的部队展开作战。另外，阿根廷驻军大部分就在这里，就地歼灭有利于迅速扩大战果。前一阶段，英军的各种作战演习，基本上也是以斯坦利港为地形背景模拟的。

大家把眼光投向伍德沃德，可是伍德沃德却把目光盯上了马尔维纳斯群岛西北部的圣卡洛斯港。

与会的将军以为自己听错了。圣卡洛斯港？区区小地方，地形复杂，航道狭窄，运送部队都非常困难。大家怀疑面前这位红发将军是不是糊涂了。

"就在这里。"伍德沃德坚走地指了指地图说："我的耳目——特别空勤支队及皇家海军陆战队特别舟艇部队的小伙子们已经为我们提供了有关福克兰群岛敌军军事部署的确凿可靠的情报。你们想到了吗？在斯坦利港，阿根廷守军有 7000 人，而我们一次登陆行动，可以上岛多少人呢？

不足 1000 人，用 1000 人对付 7000 人，能取得胜利吗？所以，必须选在一个确有把握的地点，这只能是圣卡洛斯港！那里有多少阿根廷人呢？50人。我们派五个营去，就足够在女王的福克兰岛占下一个立足之地。"

伍德沃德对这个计划考虑许久，早已胸有成竹。他甚至已经想到，如果登陆后阿根廷人反扑，圣卡洛斯港附近正好有几座山头，可作防御之用；山头之间有一块平坦的空地，可以立即修个简易机场，运送援兵。

在座的指挥官们无不对伍德沃德将军的远见卓识感到钦佩，而这位红发将军在得意之余，仍清醒地意识到，这项英明决断并非他本人的发明创造或毫无根据的异想天开，他首先想到的是他的神通广大、英勇无畏的特战队员们。如果这次战役能够成功，最有资格佩带军功章的当数马岛之战的突击先锋——特别空勤团和皇家海军陆战队"哥曼德"特别舟艇部队的勇士们。

"牧羊人"的奇袭

也许为了弥补前一天新闻广播的唐突，5 月 20 日，英国副国防大臣库珀在伦敦召开了新闻发布会。有记者问，英国军队什么时候发起登陆攻击时，库珀耸了耸肩膀说："新闻记者先生们都是急性子，我们军人要有耐心。"

这时，他故意小声他说："今晚，我们军舰上的小伙子可要睡个好觉！"

这真是声东击西，欲擒故纵。恰恰就在这天晚上，英军特遣舰队的士兵们却谁也没有睡觉，一支由 40 艘军舰组成的庞大舰群，在黑暗中悄悄驶近圣卡洛斯港。

这时，有一支"牧羊人"部队率先投入战斗。这是伍德沃德先前派出的负责侦察敌情

激烈的马岛战争

的特战队员。白天，他们趁着阿根廷人听信英国广播的英军暂时不会进攻的消息，思想上懈怠之机，化装成牧羊人，悄悄接近圣卡洛斯港的阿军阵地。一到晚上，他们就换上迷彩服，面部涂得像鬼一样，在阿军阵地边鬼哭狼嚎，诱使阿根廷人离开阵地去看个究竟。而当阿军士兵脱离阵地之时，一个个就成了"牧羊人"的俘虏。这里驻扎的50名守军，居然被抓走了9个。

午夜时分，"牧羊人"部队发起攻击，他们到处打枪放火，甚至还引爆了燃料罐和弹药库，弄得岛上鸡犬不宁。

就在"牧羊人"部队开展牵制性进攻时，载着两栖登陆部队的英国舰只，偷偷地驶过狭窄的马尔维纳斯海峡，阿根廷军队竟丝毫没有察觉。

在阿根廷人的眼里，登陆作战一定是在宽阔的海面上，战舰如云，飞艇如波，登陆舰只在飞机和海面舰只炮火的保护下，成群结队地蜂拥着抢渡滩头。这时，飞弹如雨，曳光划空，浩浩荡荡的海军陆战队和强大的守滩部队拼死搏杀……在第二次世界大战中，美英法联军诺曼底登陆就是这种情景。

但是，伍德沃德导演的登陆行动却完全不是这样了。在南乔治亚岛登陆不是这样，这次在圣卡洛斯港登陆也不是这样。他一反常规，"不与敌人做典型的军事演习式的打法"，既没有把登陆地点选在开阔的海难，也没有大张旗鼓地使用航空兵和舰炮进行掩护，而是首先派出特种部队，深入敌营，进行侦察骚扰活动，里应外合，进行出其不意的奇袭，阿根廷人做梦也没想到这点。直到战后，阿根廷人还抱怨英国人打仗不"正规"。

漆黑的夜，伸手不见五指，一只由三个突击营组成的登陆支队，划着橡皮艇，飞快登上海滩。与此同时，"海王"式、"小羚羊"式直升机运载的两个伞兵营，也摸黑降到了圣卡洛斯港的阿根廷守军敌后。

为了迷惑敌人，英军在圣卡洛斯港采取登陆行动的时候，派出两艘航空母舰"无敌"号和"赫尔姆斯"号接近斯坦利港和达尔文港，并起飞"鹞"式飞机进行袭击，给阿根廷人以错觉。英军的旗舰都对着斯坦利港，其主攻方向当然是在这里。阿根廷守军集中精力对付斯坦利港和达尔文港的"险情"，却把圣卡洛斯的防御放松。殊不知，这两艘航空母舰是

红魔"哥曼德"——英国特种部队

HONGMO GEMANDE YINGGUOTEZHONGBUDUI

在作佯攻。

无线电保持静默。

驻扎在圣卡洛斯港的阿军士兵不知详情，放心地裹着毯子睡觉。当他们一觉醒来时，发现周围布满了英军的登陆部队。

从夜半第一艘登陆舰登陆后，不到四个小时，英军就在滩头建立了一条宽4千米，并有足够纵深的阵地。成千上万名英军陆续登陆，装甲车、坦克、雷达、导弹也相继上岸。一条钢板组成的飞机跑道也立即铺成，直升机带来了武器弹药……

据西方通讯社报道，这次登陆行动是英国"自1956年苏伊士运河战争以来最大的一次登陆行动"，动用了100多艘舰只和2.5万名作战人员。但如此大规模的行动竟是悄悄开始的。

整个登陆行动几乎未遇到任何抵抗。在突击队的枪炮声中，阿根廷守军仓皇逃跑，有几个刚刚睡醒的阿军士兵懵懵懂懂地跑错了方向，竟向英军进击的地方"逃去"，立即被英军缴了械。

登陆部队站稳脚跟以后，马不停蹄地向纵深进击。在附近的一个小镇上，有两支阿军的支队。一支代号叫做"鹰"，另一支叫"猫"。

"鹰"支队首先发现英军的攻击，立即向"猫"通报，但几分钟以后，通信中断了。英军强大的炮火已将阿根廷人的通讯设施全部摧毁。"鹰"和"猫"支队无计可施，只好束手就擒。

这次英军火力急袭，平均30秒钟内发射100发炮弹。自从马岛战争以来，英军特遣舰队已经进行了1000次这样的急射，创下了第二次世界大战以来英军炮击密度的新记录。

阿根廷人不知英国人从哪里来，也不知道来了多少人。有一支只有20人的英军特战突击队，在进攻圣卡洛斯港附近的战略要地范宁角时，与阿军700多人的队伍相遇。英军用所有的武器向阿军射击，一下子把阿军打得晕头转向，阿军不知敌人到底来了多少，以为遭到了伏击，马上转头撤退，扔下了数十具尸体。

此时，一架"普卡拉"式轰炸机向英军俯冲过来，试图阻止英军前进。

突然，一枚"轻剑"式地对空导弹呼啸着上天，击中阿军的"普卡拉"式轰炸机，阿军的企图破灭了。战斗就这样戏剧性地结束了。俯视圣卡洛斯港的高地范宁角，落入了英国之手。

5月21日上午10时，英军控制的陆地已经扩大到150平方千米。三名穿着斑驳作战服的皇家海军陆战队的士兵，手擎英国米字国旗，飞奔来到圣卡洛斯港的中心，在雄壮的大不列颠王国国歌——《神佑国王》的歌声中，将它缓缓升起。从此时此刻开始，英国国旗重新在距其本土万里之遥的南大西洋马尔维纳斯群岛上空高高飘扬。伍德沃德命令立即将这一消息电传到伦敦。

当天下午，英国国防大臣诺特以胜利者的姿态出现在电视屏幕上。他以庄严而浓重的英格兰语调宣布："今天上午，大英帝国的旗帜已经高高飘扬在福克兰群岛上空………"

彻底攻占马岛

英军如此顺利地占领和控制了圣卡洛斯港，震惊了阿根廷最高军事统帅部。总统加尔铁里大为恼火，他发誓要竭尽全力进行报复。

5月25日，是阿根廷的国庆日，阿根廷人却是在战火中度过的。172年前的这一天，阿根廷爆发"五月革命"，迫使殖民统治者下台。今天，阿根廷人又在为祖国而战。

英国人却不能理解这一点。伍德沃德认为，阿根廷人不可能在这一天发起大的作战行动，因而也未命令部队进入一级戒备。

也许，这是在马岛战争中令伍德沃德将军终生遗憾的过失和疏忽。就在这一天，阿根廷空军向英军特遣舰队发动了出乎意料的猛烈攻击。在这次攻击中，英军损失了"考文垂"号驱逐舰和"大西洋运输者"号运兵船两艘大型舰只，许多英军士兵在尚未醒来之时，便被从云缝里钻出的阿军"天鹰"式攻击机炸死在自己松软的鸭绒被里。

英国人惊呼，这是"黑色的星期五"！

然而，5月25日的惨败，并没有使英国人回心转意，而是更触动了老牌帝国那不可损伤的骄傲神经。国防大臣诺特宣布，虽然5月21日以来，英国"羚羊"号、"热心"号和"考文垂"号驱逐舰以及"大西洋运输者"号运兵船先后被击沉，英军遭受巨大的伤亡，但是，英国决不停止在福克兰群岛的战事，一定要血战到底。

新的增兵计划悄悄地在进行："安德罗米达"号、"狄多"号、"佩内洛普"号、"智慧女神"号、"复仇者"号、"战斧"号等 10 艘驱逐舰、护卫舰浩浩荡荡向南大西洋进发……

不仅如此，一艘 6.7 万吨级的豪华游轮"伊丽莎白女王二世"号在短期内经过改装，也为战事服务。当它从英格兰南安普敦起航驶向英吉利海峡时，英国国防大臣诺特亲自前往送行。这艘船带了数以千吨的武器弹药和食品，仅英军士兵爱吃的巧克力就有 300 万条。

更值一提的是，在这艘"伊丽莎白女王二世"号船上，搭载着一支世界上赫赫有名的部队，整整一个营。它就是被称为特战部队之魂的皇家特别空勤团的"红色恶魔营"。

这是英军为适应现代战争特点而特意训练的一支特种作战部队。许多经历过第二次世界大战的老兵都记得，当年美国人有一支"绿色贝雷帽"部队，常常在孤立无援的情况下，深入敌后，建立奇功。英军受其启发，以皇家空军第 3 伞兵营为基础，建立了该营。这支部队每个人头戴红色贝雷帽，必须具有擒拿格斗、拳术攻守、游泳泅渡、滑雪爬山、伪装潜伏、射击爆破、驾驶报务等各项技能，其现任营长是有名的琼斯中校。

也许是因为身上有其曾祖父——英国皇家骑兵卫队队长的遗传因子的缘故，他一生下来就好像患了多动综合症，少儿时好斗，青年时爱冒险，直到继承父业——成为一名"哥曼德"战士，进入号称"红色恶魔"的特种部队以后，才如鱼得水，真正有了用武之地。

这位体魄强健、思维敏捷、充满活力的年轻人，在丛林战、反游击战、滑雪、登山、潜水、营救人质、语言这些进入特战部队之前的高级技能训练中，几乎不用教官们指点，好像有遗传功能一样，父辈的优秀潜质在他身上得到充分体现，有些作业的难度甚至比教官示范的程度都要高。结业后他仕途风顺，不久便被升为副队长，军衔少校，很快又晋升为中校，成为首屈一指的"红色恶魔营"营长。

但这位年轻的少校也有苦恼：学习再好怎么样，那也只不过是高级的游戏罢了。主要的是实战，实战才能出真本领，实战才能检验能否成为真正的英雄！

此时此刻，站在"伊丽莎白女王二世"号甲板上向送行的亲人们挥手告别的琼斯上校心潮起伏，这场战争也许将实现他亲身经历战争洗礼的夙愿，也许将实现他成为战斗英雄的梦想；他对祖国、对亲人更加依依不舍。因为他深知，战争不是游戏，这是血与火的洗礼，是生与死的考验。

随着一声汽笛长鸣，"伊丽莎白女王二世"号启航。迎着初夏和煦的阳光，乘风破浪，向西挺进。祖国，故土，渐渐从琼斯的视线中消失。

伍德沃德交给琼斯"红色恶魔营"的任务是夺取达尔文港。

达尔文港是马尔维纳斯群岛的第二大港，处于索莱岛的要冲，一旦英军占领了此港，就等于取得了马岛胜利的钥匙。

阿根廷人当然明白这是保卫马尔维纳斯的关键战役，他们竭尽全力组织力量，准备进行殊死抵抗。

5月27日，英军登陆部队在"鹞"式、"海王"式飞机的掩护下，向达尔文港发动立体攻势。双方在达尔文港北部的博迪山区发生激战。阿军用小股部队坚守阵地，阻击了十倍于己的英军。

对达尔文港的攻击仍然是从天色未明的时候开始的。英军这样做，主要是为了在展开攻击前，有限的能见度可以使自己的士兵隐蔽前进，而攻击正式开始后，天越来越明亮，有利于向纵深发展。

英军的前卫部队刚出现，便被阿根廷人发现了，严阵以待的1300多名官兵依托坚固的阵地向英国人开火，有几门20毫米高射炮也摇低炮口，对准海滩射击。不知为什么，今天的英国兵不那么厉害，一阵射击后，他们便丢下几具尸体，溃败而逃。

这些英国人的背后是茫茫大海，他们无路可逃！

阿军指挥官见状，高兴地大喊一声："活捉英国佬！冲啊，弟兄们……"他率先跃出战壕。

阿军士兵纷纷出击，眼看海边的英国兵成了瓮中之鳖。

这时，天空突然出现几架英军直升机，它们越过鏖战着的两军士兵，直插阿根廷人的阵地。直升机上的武装士兵蜂拥而出，不费吹灰之力，就占据了阿军经营多月的阵地。在海滩上佯败的英军士兵，这时又调转身来，对阿军实施夹攻。

阿根廷人这下傻了眼，他们拼死抵抗，但随着伤亡的不断增加，抵抗已成为毫无意义的事。最后，只好痛苦地丢下武器投降。

英国人全部出现了，阿根廷人才发现，英军实际兵力只有以琼斯"红色恶魔营"为主力的400人，他们手里也没有什么重型武器。

战术灵活的400名英军，轻易打败了经验不足的1300名阿根廷军队。

第二天，激战又在绿鹅机场展开。

绿鹅机场是达尔文港的一个简易草地机场。但如果控制了这个机场，便可以从这里采用直升机运兵，掌握战场的主动权。

琼斯中校带领红色恶魔营再次对该机场发起攻击。阿军出动飞机进行扫射。正当此时，只听"轰"地一声，"吹管"式地空导弹发射，随即在蓝天引发了串串火焰。这是英军突击部队在增援"红色恶魔营"的作战行动。

在琼斯中校的带领下，"红色恶魔营"趁敌机被防空火力压制之机发起冲锋。没想到，阿军在阵地纵深部署了暗火力点。一阵机枪扫来，"红色恶魔"们便倒下一批。琼斯中校冒着雨点般的子弹，亲自带队进攻，也被密集的火力压制在地上，动弹不得。

琼斯中校用随身携带的报话机请求海上军舰火力支援。

然后就听到海面上的驱逐舰、护卫舰发出雷鸣般的炮声，绿鹅机场在颤抖，在燃烧。

炮火暂停后，琼斯中校看到敌方升起一面白旗，这明显是从一位被炸死的士兵身上扯下的衬衣碎块，白色中有红色的血迹。

"哈哈！"琼斯中校高声大笑，难道世界上还有什么军队能够抵挡皇家海军的立体火力！

他站起身来，大叫一声："弟兄们，上啊……"

然而就在这时，狡猾的敌人突然用机枪扫射起来，琼斯中校身体颤抖了一下，挣扎了许久许久，终于倒在了这块有争议的土地上。连同他倒下

英军登陆马岛

的还有他的副官戴维·伍德。

琼斯中校倒下了，在胜利的曙光已经来临之际，他倒下了。他不能与同伴们一起来分享胜利的果实。

下午2点，阿军司令梅嫩德斯被迫同英军地面部队司令穆尔在一间木屋里进行了谈判。

晚上9点，梅嫩德斯抬起颤抖的手，在投降书上签了字。

第二天上午，英国政府发言人向全世界宣布：福克兰群岛上的阿根廷军队已向英国军队缴械投降，福克兰岛重新回到了英国的手中。

容光焕发的撒切尔夫人又出现在电视屏幕上，欣喜异常地说："伟大的英国现在又重新伟大起来了！"

马岛上空的硝烟散尽了，南大西洋又恢复了往日的容颜。

而在马岛之战中屡建奇功的英国特种部队——"哥曼德"和"特别空勤团"，这一新一老两支特种部队——却长久地留在了人们的记忆中，载入了英国的战争史册。

"在福克兰的进军途中，留下了他们淌血的足迹。"一位英国记者写道。

宝贵的经验

1982年12月，英国国防大臣向议会提交了一份题为《福克兰群岛战役：经验教训》的白皮书，其内容有：

特别空中勤务团和特别舟艇勤务中队在这次战役中起了重要作用。他们在地面部队主力到达之前活动，搜集了必不可少的情报。他们还广泛实施袭击，以迷惑和扰乱阿根廷部队。在协助登陆部队几乎未遇抵抗就在圣卡洛斯港上岸，这种战术获得了显著的成功。后来，他们在主力部队的前方运动，侦察肯特山周围的高地，保障了英军从这里对斯坦利港外围的阿根廷阵地发起了最后的冲击。

特种部队在极其艰难的环境中，经受了技术和战术方面的充分考验。在北约地区内的任何未来战争中，它们均将运用这些技术和战术。我们相信：现行的选拔和训练方法可使特种部队做好充分准备，以满足全面战争可能对他们提出的要术。他们在这次战争中的表现证明了我们所抱的信心是正确的。在同一次巡逻中把搜集情报的技能同实施具有高度破坏力的袭击能力结合起来，就使军事指挥官获得了一种强大而灵活的武器。福克兰群岛的经历证明了这一点，并为今后，特别是在改进装备方面提供了宝贵的经验。

马岛英国阵亡将士纪念碑

综观马岛战争中特种部队的运用，不难看出它的一些特点：

随机应变，灵活机动

特种部队在马岛战争中始终面临气候变化快，任务转化急，敌情不确定等因素。针对复杂多变的情况，英军特种作战行动表现得灵活多样。突出表现在两个方面：一是战斗编组具有很大的灵活性。不论是实施特种侦察，还是进行破袭行动，战斗小组通常 4 ~ 6 人，有时多达 10 ~ 15 人，在执行任务中还可根据情况临时调整，始终保持编组的精干灵活。二是作战方式具有一定的灵活性。作战行动多以分散为主，根据任务需要，也可临时适当集中力量，完成任务后再迅速分散。行动中侦察与破袭结合，行动成功的把握性大。有时根据需要也单独执行某项任务，行动十分诡秘，使对方不易应付。攻击行动一般即使能攻下的目标也多以突然袭击的方式。对无力夺取的目标，则采取监视、袭扰等办法加以牵制，配合主力行动。

协同作战，周密部署

从英军特空团分队袭击阿军佩布尔岛机场看，其组织准备工作是相当周密的。从 5 月 9 日临时受领袭击任务，13 日夜，先遣队赶到预定地点标示出机降区，接应 45 名袭击队员到达机场，随即引导英舰炮击阿军阵地，袭击小组对目标准确安放炸药并全部爆炸，袭击成功后按预定计划安全撤离。可以设想，如果事先没有周密细致的准备，包括战斗编组、兵力部署、组织指挥、与舰艇协同等细致的准备工作，要完成这样一系列任务是不可能的。

从马岛战争中的多次特种战斗行动看，特种部队立足独立完成任务，但在执行特种作战任务时，往往都是由空海军派出直升机和舰艇，"特空团"和"特别舟艇勤务中队"及有关兵种混合编组使用。这就大大提高了协同作战能力。实际上，特别分队的战斗活动是英军诸军兵种协同作战的有机组成部分。

技术精湛，装备精良

特种部队潜入马岛作战，地形生疏，情况复杂，任务艰巨，环境恶劣。不仅要同艰苦的自然环境斗争，更要与凶残的对手较量，特别是要完成特殊作战任务，对岛屿侦察、快速通联、潜水游泳、空降机动、袭扰爆破、野战生存等方面的技术战术水平要求较高。英特别分队的队员是从部队中精选的，身体素质好，基础技能较全面。要求每个队员都必须具备独立生存和独立战斗的能力。为达到这一要求，他们训练极为严格。训练课目着重个人战术、技术和格斗项目，包括游泳潜水、中高空跳伞、马术、射击、各种枪支和冷兵器的使用以及水下爆破、岸上侦察、快速通讯等，而且要求在恶劣的条件下能熟练地运用。

另外，英军特别分队除配有精良武器、夜视器材和其他必要装备和器材外，每小组还配有高频发报机。据说，有的小组装备了美国电台，可以通过美国卫星直接与伦敦沟通联系。人的因素固然重要，但武器装备作战效能不容忽视。在这点上不能自欺欺人。传统的行动方式，辅以精良的武

器装备更能使特种部队如虎添翼，创造出奇迹。

指挥得当，行动快捷

突击作战对特种部（分）队指挥员提出极高的要求。从夜袭佩布尔岛机场就可充分认识指挥员的核心作用。对东西两岛组织侦察的分散展开与接应收拢，对侦察任务与破袭作战任务快速转化，对破袭战斗的周密准备、越峡入岛、侦察引导、破袭实施及各种情况的处置，无不闪烁着指挥员高超的组织指挥艺术。这主要体现在指挥的情报意识、周密计划、指挥控制、善于谋略、果断行事等方面。

行动快捷，是马岛特种作战的显著特点，也是行动成功的关键所在。为达成行动的突然性，他们善于利用夜暗或不良气候，充分利用地形地物潜入对方防区执行任务。如对东、西两岛进行侦察时，队员利用瓢泼大雨和伸手不见五指的夜暗条件，乘直升机抵达预定地点着陆，然后渗入到敌人阵地内或阵地附近进行侦察，使对方难以察觉，有的侦察小组在敌阵地内潜伏达二十多天。对缺乏夜战经验的阿军来说，特别分队运用这种夜暗潜入的方法，都获得了成功。每次特种作战部队行动，不是从空中，就是从水上渗入，有时空中和水上同时行动，增加了行动快捷和隐蔽性，确实在敌方意想不到的时间、地点，实施快捷的打击。此次战斗组织指挥果断，方案直接简练，行动速战速决。

二战之后显神威

有备无患，临机处置

渗入敌方纵深实施特种作战，情况复杂多变，偶然因素较多。作为指挥员在强调临机处置的同时，应善于预测情况，制定应急预备方案。只有这样，才能掌握主动权。凡事预则立、不预遇废，准备工作越充分，完成任务的把握也就越大。夜袭佩布尔岛机场战斗，如果指挥员重视做好这项工作，其先遣队就不至于推迟一天渡峡入岛，其后续主力也不至于晚半个小时机降，而差点贻误破袭良机。这可能就是夜袭佩布尔岛行动中的小小遗憾。

马岛战争是特定条件下有限的现代海上岛屿争夺战，渗入岛屿侦察，夜袭佩布尔岛机场战斗，作为特种作战的成功范例，能给我们许多启迪，但绝对不能照搬硬套。未来战争中特种作战行动没有固定模式，只要符合上级意图，符合当时所处战场的客观实际情况，就应大胆地去组织实施，大胆地去冒险。特种作战在现代战争中作用日益突出，但反特种作战问题也将会引起人们的高度关注，可以预测未来特种作战环境将是异常残酷和激烈的。

沙漠风暴

1990 年 8 月 2 日，伊拉克军队入侵科威特，推翻科威特政府并宣布吞并科威特。发动这场战争的是伊拉克总统萨达姆，他把科威特当成自己的庄园，趁着夜色将坦克开进这个富有却弱小无力的阿拉伯邻国。

老布什看望士兵

自伊拉克占领科威特后，美国总统老乔治·布什意识到局势相当严峻，从而发起了"沙漠盾牌行动"，阻止伊拉克进一步入侵沙特阿拉伯。8 月 7 日，美国军队开赴沙特阿拉伯。1991 年 1 月 17 日英国、法国、埃及、加拿大、沙特阿拉伯、澳大利亚等三十多个国家也群起而攻之，很快以美国为首、人数达八十多万的多国部队驶抵海湾，在世界上经历了一次为战争而进行的最大规模的特种部队的集结，拉开了低垂在阿拉伯地区上一幅黑色的帷幕，一场"沙漠风暴"骤然刮起。

海湾战争在某种意义上说是一场特殊的战争，多国部队在作战武器装备方面占据明显的优势。同时，敌对双方以及多国部队内部存在着复杂而又敏感的民族和宗教矛盾。多国部队虽然组成了一个国际联盟，但这个联盟极其松散，只要阿拉伯国家的"死敌"——以色列参战，联盟就会自行瓦解，战争的结局也就难以预料了。

在位于佛罗里达坦帕丽的特种作战司令部的指挥下，美国派出了人数最多的特种部队，英国占第二位，法国派出了由外籍军团和第6伞兵师组成的较大规模分遣队，澳大利亚和新西兰也派出了澳大利亚和新西兰联合特别空勤团中队。

认识到特种部队在1982年马岛战争中所起的关键作用，英国几乎将整个特别空勤团正规团派到了该地区，兵力达到700余人，它由A中队、B中队、D中队、再加上R中队的15名后备志愿者组成。G中队承担另一项行动——在英国本土的反恐任务，没有部署到海湾。为了支持特种空军后备部队的活动，皇家海军陆战队和登陆别动队的成员以及皇家空军特种作战空勤组也被派遣到海湾。很明显，对英国来说，这是一次大规模的军事行动。

人体盾牌

正当多国部队在沙特阿拉伯集结，准备参加即将开始的战斗时，一个严肃的、令人不安的事态摆在了人们的面前。担心西方会做出反应，萨达姆·侯赛因正忙于将战争爆发时俘获的人质安置到可能的军事目标周围。实际上，他要将这些人变成他的"人体盾牌"。

美国将军多国部队总司令施瓦茨科普夫和彼得·比尼爱尔领导的英国部队毫不犹豫地计划援救自己国家人质的行动。这时他们遇到了一个主要的障碍：人质分散监禁在许

施瓦茨科普夫将军

多地区。也就是说，由于技术上的原因，几乎不可能采取协调统一的行动，同时对所有扣押人质的地区发起进攻。鉴于此，多国部队的首领们很快意识到，即使有些人质可以被特别空勤团和其他部队救出，有理由相信：其他一些人质则会因报复而被杀害，采取这种救援行动确实风险太

大。正当特别空勤团思考其他方案时，人质危机又突然得到了解决。萨达姆在全世界巨大的政治压力下，决定以一种友好的姿态释放所有人质。这只不过是萨达姆在这次战争期间所玩的多次智力游戏中的第一次，而对特别空勤团来说，他们则可以松一口气了，可以继续盘算其他任务，以便尽快结束海湾战争。

渗透到伊拉克

海湾英军总司令彼得·德·比尼爱尔将军是一名特别空勤团的老兵，他深知这一部队的价值。正是他使多国部队司令诺曼·施瓦茨科普夫将军相信，只要允许特别空勤团在伊拉克前沿阵地的后方活动，特别空勤团便能在这场战斗中发挥举足轻重的作用。当人们第一次向他介绍特别空勤团在敌人防线后方的活动计划时，施瓦茨科普夫还半信半疑，但该团历史上的累累战绩给他留下了深刻的印象，最后他同意于1991年1月20日在伊拉克部署两个中队。

米兰反坦克导弹

特别空勤团迅速渗透到伊拉克领土。部署几小时后，他们便驾车在敌人防线后方四处游荡，寻找可以下手的目标。他们的行动在许多方面同他们的前辈，第二次世界大战时期的远程沙漠飞行大队一模一样。A中队和D中队又进一步分成几个机动作战纵队，每个纵队配有8辆架着勃朗宁0.5英寸重机枪的110多用途越野车。除了主要的火力装备外，他们还携带有一些其他武器，例如通用机枪、掷弹筒和米兰反坦克导弹。米兰反坦克导弹的热像瞄准器能使战士在漆黑的晚上使8千米距离的目标生成图像，而有线制导导弹车身的射程只有2000米左右。

纵队的配备

每个纵队同时还有一辆"尤尼莫格"通用车辆，可以装载远程作战所需的额外储备品，特别是燃料、口粮、弹药、车辆备件以及核、生物和化学装备。此外，每个纵队还配有机动轻型摩托车，可到前线和部队侧翼进行侦察。来到伊拉克之前，特别空勤团曾在阿拉伯联合酋长国训练，为对付即将到来的战争培训军事业务技能。通过训练，他们决定淘汰需要经常大修的车辆。这种类似沙漠汽车的车辆可在崎岖的地面快速发射猛烈的火力，但是他们不及110多用途越野车那样稳定，装载设备后，还常常会因重心偏移而出现故障。

一般来说，每个机动纵队分配有30名特别空勤团士兵，每人都有自己的武器，大多数人使用M16冲锋枪，配有M203掷弹筒，还有一支个人自卫使用的小手枪。如此强大的火力配备真是令人望而生畏。在导航导向方面，特别空勤团配备有全球定位系统（GPS）、罗盘，有时甚至是六分仪，同时还携带有安全的、最先进的通信系统，确保他们及时准确地接收命令，并将有关情报发回指挥中心。

六分仪

在一个地区，每个纵队都有自己的责任区，有些责任区甚至延伸到敌后400千米的地带。特别空勤团通常在夜间活动，利用黑暗作为掩护，因为伊拉克部队很少拥有夜视设备。到了白天，特别空勤团就呆在随机找到的掩体内，在如此贫瘠的地区，不管是干河谷还是低凹地都行。伊拉克的西部地形主要是干河谷交错的熔岩层，这种地形虽给机动纵队造成困难，但它也同样束缚了伊拉克人的行动。

· 在每次行动中，为了防止遭遇敌人的埋伏，特别空勤团总是尽量拉开车子之间的距离，有时一排车辆前后的距离可长达 1 千米左右，这样伊拉克人不可能在一次进攻中袭击他们所有的人。与伊拉克人相比，特别空勤团具有主动优势，所有活动的日程均由他们决定，伊拉克战士对特别空勤团在何时何地发起进攻一点也摸不着头脑。

判断错误

嘎斯—69 车

有一次，伊拉克炮兵旅的一支侦察部队意外地进入了特别空勤团的阵地，将他们误认为友军的部队后，士兵们就在特别空勤团阵地的旁边将苏制嘎斯—69 卡车停了下来，一名手拿地图册的伊拉克军官下车后向特别空勤团战士走来。当他走近一看，马上意识到犯了错误。他正要掏出手枪时，特别空勤团巡逻人员不得不被迫开枪。随后一阵激烈的交火，全部伊拉克战士都被打死。

特别空勤团各队的最大麻烦是天气而并非对手。由于情报未能预先通告该地区的严寒气候，特别空勤团士兵仅携带了单薄的伪装服，根本不适用于这样的环境。作为一种权宜之计，他们只能在当地市场购买些阿拉伯毛毯做的上衣、手套和当地的头饰，然后由皇家空军的奇努克直升机通过例行补给将这些物品空投分发给每个战士。

当特别空勤团仍旧在伊拉克后方地区活动时，他们又被赋予了几项重要任务。利雅得的军事参谋人员急需了解伊拉克地面能否承受坦克和重型车辆的重量。因此，在地面战正式开始前完成了这项任务，他们的调查结论为多国部队制订作战方案起到了不可估量的作用。

捣毁通信网络

任务日趋繁重，特别空勤团很快意识到：伊拉克的战争机器的唯一致命弱点是通讯网络。该网络由埋在地底下的光纤线组成。虽说这些光纤电缆不易从空中发现，但地面上一个小支队就能轻而易举地将他们摧毁。特别空勤团分两步来破坏敌人的网络：士兵们首先亲手安放炸弹将某一点电缆炸断，然后再在电缆上或周围放上饵雷，迫使伊拉克人修理，小支队花费宝贵的时间寻找着每一隐藏的装置。由于时间要素对多国部队太宝贵了，可以说赢得了时间就是赢得了胜利。如果特别空勤团能做到让伊拉克部队弄不清战争的发展趋势或真正了解到事态发展的时间越晚，就越容易确保英国的普通军事力量投入战斗后的安全。

有一次，特别空勤团接到炸毁位于伊拉克防线后方纵深地区的一个通信塔的任务。他们夜间出发，应用安装在车辆上的重型武器成功地捣毁了敌人的塔楼和其他支撑设备。当时参加这次行动的进攻人员也觉得十分奇怪，在交火时敌人反击的火力为何那么弱小，后来才真相大白，原来伊拉克战

海湾战争中的特种兵

士还以为是遭到了空袭，立即跪倒在钢筋水泥掩体中躲了起来。确实，经常会发生这种情况，因为这时候伊拉克人根本不知道特别空勤团有如此强的机动能力，也从未想到他们会渗透到如此纵深的地方进行活动。

事实上，特别空勤团在伊拉克防线后方制造了不计其数的混乱，迫使伊拉克指挥官不得不将前线的部分兵力撤出，重新部署到后方兵力配备薄弱的地区。特别空勤团切断敌人道路，转移敌人目标的战术显然得到了丰厚的回报，再加上导航、指引空袭目标，特别空勤团确实给了敌人致命的一击。

萨达姆手中的王牌

从 1991 年 1 月 24 日，特别空勤团的任务突然有了变化，负责摧毁伊

二战之后显神威

拉克的"飞毛腿"导弹发射基地。从此开始，他们一直在执行这一新的作战任务，直至战争结束。这突如其来的变化主要是因为伊拉克于1991年1月18日用"飞毛腿"导弹进攻了以色列。在多国部队看来，事态已很清楚，如果继续用这样的武器攻击以色列，必然就要冒以色列也卷入这场战争的危险，从而导致绝大多数阿拉伯国家退出多国部队。

伊拉克与多国部队的武器装备相比，真是小巫见大巫。美国以如此多的兵力和先进武器反击伊拉克的入侵，尽管像用宰牛刀杀鸡，但心中仍然忐忑不安。因为萨达姆手中握有一个"王牌"——"飞毛腿"导弹，一旦他"疯狂"起来，很可能孤注一掷。那样，整个战局将变得复杂而不可捉摸。

萨达姆

伊拉克对这一点非常清楚，在海湾战争一开始就接二连三地向以色列发动了"飞毛腿"导弹袭击，企图把以色列拖进战争，从而达到分裂多国部队的目的。

海湾战争爆发前，联军就已发现伊拉克在其本国西部沙漠地区部署了许多"飞毛腿"导弹发射架，目标对准以色列。伊拉克并不隐瞒它此举的用意，曾公开声称只要它遭到联军攻击，就用"飞毛腿"导弹袭击以色列，目的是将以色列拖入战争，从而使联军阻止它入侵科威特的军事行动，变为阿以之间的又一次直接军事对抗。

海湾战争正式打响之前，联军指挥部已经做了充分准备，掌握了全部伊拉克军事目标，特别是那些对准以色列的"飞毛腿"导弹固定发射架，都已标上了作战地图，列入被打击对象。空袭作战计划也早已制定完毕，并反复充实完善。

海湾战争开始后数小时，联军已经成功地发动了302次空袭，轰炸了伊拉克的158个军事目标。联军指挥官们相信，对伊拉克的大规模密集轰炸，已经摧毁了萨达姆的大部分通讯指挥中心，以及伊拉克可能向以色列发动进攻的所有"飞毛腿"导弹固定发射架，因此以色列不会就此卷入这场战争。

多国部队很快就发现对空袭成果估价太高了。很快，伊拉克作出强硬反应，向以色列一连发射八枚"飞毛腿"导弹，其中两枚射到海法港，四枚击中了特拉维夫。如果以色列真的介入这场战争，后果将不堪设想。联军指挥部几乎肯定，特拉维夫会向伊拉克的西部沙漠发动突然的地面进攻，消灭威胁它本土安全的"飞毛腿"导弹，它甚至有可能借此机会再次打击伊拉克的核能力。这样约旦很可能将因此站到伊拉克一边，公开和以色列开战，而伊朗也将发现自己很难再保持它的中立立场了。假如这一切都变成事实，联军的处境将变得十分困难。

其实在以色列遭到伊拉克导弹袭击的同时，设在沙特阿拉伯首都利雅得的联军指挥部本身，当时也处于伊拉克的导弹威胁之下。战争开始的第三天，伊拉克方面共向沙特阿拉伯发射了六枚"飞毛腿"导弹。而担任截击任务的驻沙特联军导弹部队总共发射了 36 枚"爱国者"导弹。当时整个利雅得天空爆炸声不断，碎片纷飞，令人毛骨悚然。每发射一枚"爱国者"导弹的费用是 80 万英镑，不难算出联军方面仅这一天耗用"爱国者"导弹的费用就

"爱国者"导弹发射瞬间

数千万英镑。此外，"爱国者"导弹还有一个缺点，那就是它截击的是进攻导弹的弹体，而不是摧毁弹头。因此落下来的攻击弹头仍然有破坏能力。

联军将全部空袭力量的 40％集中到伊拉克的西部地区，击毁不少导弹发射架，但伊拉克仍有一定数量的可移动式导弹发射架完好无损。它不仅给联军方面造成了人员和物质损失，更严重的是对人们的精神打击。

1月22日，伊拉克发射的"飞毛腿"导弹再次突破了特拉维夫的防空网，这已是以色列本土至少第七次遭到伊拉克的导弹袭击了。因此，不管联军方面对以色列作出了怎样的承诺，只要"飞毛腿"导弹还在飞向以色列，它参战的倒计时数就在向零接近。

三招对付"飞毛腿"

施瓦茨科普夫将军意识到"飞毛腿"攻击的含意，立即命令尽最大努力破坏伊拉克的"飞毛腿"导弹及其发射场地。西方情报早已了解到伊拉克拥有大量的这种"地对地"导弹，在1988年攻打伊朗时就发射了200多枚。他们还知道，在20世纪80年代早期，伊拉克从前苏联得到了800多枚"飞毛腿"导弹，后来有相当数量的"飞毛腿"经改装后可携带化学武器弹头。而且他们还知道萨达姆还掌握着向以色列以及在有效射程之内的其他国家发射"飞毛腿"导弹的方法和途径。据估计，伊拉克拥有28个固定的发射场地和大约36个机动发射架，这种机动发射架安装在大型的八轮卡车上，需要有一系列的支撑设施才能发射。后来人们发现，"飞毛腿"从空中极难发现，即使成功地发现了，然后集结空袭力量所需的时间也太长。事实上，在很多情况下，当攻击飞机到达时，"飞毛腿"早已逃之夭夭了。

特别空勤团清楚地知道，对于多国部队来说，"飞毛腿"已成为这场战争的关键问题，必须将其摧毁，才能确保赢得对伊拉克战争的胜利。特

"飞毛腿"导弹

别空勤团设计三招对付"飞毛腿"：首先，他们将对道路进行观察巡逻，随时报告"飞毛腿"的行踪；其次，在可能的情况下，使用机动纵队在战争开始阶段已取得了极大的成功向"飞毛腿"护送队发起攻击；最后一种方法是加强破坏伊拉克的地下通信网络，这是巴格达向"飞毛腿"下

达指令的主要方式。道路观察巡逻由 B 中队承担，由三个 8 人一组的小支队执行，对伊拉克境内从幼发拉底河谷到约旦边境的三条主要补给线路进行严密观察。这三个小支队分别向北部、中部和南部做道路观察，由皇家空军用奇努克直升机于 1 月 22 日插入到伊拉克西部。

直到这时，特别空勤团一切进展顺利。后来，有些不太走运，经常遇到麻烦。三个道路观察小支队正式部署前，由于其他中队人员为了备战摧毁"飞毛腿"的战斗，拿走了绝大部分储备物品，他们遇到了执行任务所需装备不足的问题，结果 B 中队缺少好几件主要物资，例如 M203 掷弹筒所需的榴弹炮。此外，地图也成了问题。情报部门的地图是飞行员使用的航行图，它只是以很小的比例绘出基本的地形特征，对于执行任务的战士来说，它就如同废纸一张。

道路观察

特别空勤团的声誉表明，他们执行任务决不是半途而废的懦夫，尽管出师不利，他们还是硬着头皮决心完成道路观察任务。在飞往各自空投点的途中，B 中队的人员在一个美国前哨基地降落，准备带上更多供皇家空军奇努克直升机使用的燃料。在地面上，当美国地面人员为直升机加油时，他们又东拼西凑弄到了一些弹药和粮食，可供执行任务时使用。虽说他们与美国人是盟军，但他们从不向美国人透露最终的目的地。实际上，特别空勤团的

高度戒备的 SAS 队员

每个小支队都是独自活动，从不相互谈及何时或何地空投到地面，这是一种严格的保密行动和标准的作战程序。只有任务的设计者才知道每个小支

队的具体活动。

插入到伊拉克后方不久，更糟糕的事情发生了。白天，小支队实际上几乎没有可供休息的掩体，指定的活动区域到处都是伊拉克士兵，有些地方还有平民，美国特种部队也对这里的地形特征极不适应。有一次，A 小队在遭到敌人密集火力的攻击下总算是有惊无险地得以撤离。

对于南部和中部道路观察小支队来说，地面的形势一刻也不能允许他们从事秘密活动，随时都有遭受损失的风险。经过仔细考虑各种选择方案后，他们决定放弃计划而返回基地。利用送他们来的飞机再将一个小支队送回，另一个小支队则是一直徒步步行 200 千米后方才回到沙特阿拉伯。

"暴徒＝0" 支队

毋庸讳言，有不少人对两项流产的任务直皱眉头。一个小支队的组长事实上被谴责为胆小鬼，另一位因当时指引了对两个伊拉克机动雷达系统实施空袭而受到赞许。当另一小支队的命运弄清楚之后，大家认为他们的负责人的决策是正确的，因为负责人的首要责任是对他们的下属士兵负责，而后才是对任务负责。

后来留在敌后的那个小支队的事迹则成了现代战争的传奇故事。当时，北部道路观察小支队——代号为"暴徒＝0"——决定留在伊拉克，尽最大的努力在当时的环境下完成任务。他们开始活动后，没过几小时就遇到了十分棘手的问题。士兵们很快发现自己就睡在一个伊拉克营地的旁边，更不巧的是，他们突然陷入了每个人都不愿看到的最可怕的一幕，一个伊拉克小孩看到了他们。他们面临艰难的抉择：要么打死小孩，就地逃生，要么让他活着，从而面临伊拉克军立即警觉到他们存在的后果。特别空勤团战士都是一些受人尊敬的人，绝不对平民发起战争，他们立即做出抉择，碰碰运气，立即逃跑。永远都记住这样的格言："打了就跑，换来战斗的明天。"

真是火烧眉毛，伊拉克人紧紧地跟在后面，特别空勤团没有其他选择，只能尽量拉大与伊拉克巡逻队的距离，逃避被俘的结局。鉴于有直升飞机撤离的希望渺茫，他们决定奔向叙利亚，可能还有一丝幸存的希望。

在安德鲁·麦纳伯军士的领导下，士兵们疯狂地奔跑，将伊拉克人甩在后面。然而，只要知道多国部队空军当时具有绝对优势，伊拉克不可能派出直升机来搜索他们，特别空勤团士兵也许应该得到一丝安慰。当他们跨过阿拉伯沙漠后，命运安排了一个可怕的插曲，战士们经受了大雨夹雪和狂风沙暴等严峻考验。即使穿着棉衣，也不一定能抵挡如此的严寒，由于战士们要抛弃所有的物品袋以便轻装上阵，加快进行步伐，这些士兵身上仅仅穿着单薄的伪装服。

为了增加幸存的机会，小支队再进一步细分为两个小组。他们竭尽全力，几乎是精疲力尽。一名叫文斯·菲利普的军士不幸掉队离开了小组，最后因体温过低而死亡。当时小支队的其他成员想方设法寻找他，均未成功。由于他们陷入狂风大作、严寒刺骨的雨夹雪天气，寻找到掉队战友的希望几乎等于零。真是屋漏又逢连夜雨，他们发现自己被伊拉克士兵包围，一名士兵被迫投降，另一名士兵好不容易逃脱。他日夜兼程，步行200千米到了叙利亚边境。在他跨过这段历程的最后两天里，他身上携带的水用光了，但他仍然坚持继续向前，从来就没有想到要放弃。

与此同时，该小支队的其他五名成员好不容易到了约旦边界一个叫做阿尔奎姆的城镇，又遇到了倒霉的事情。一路不停地与敌人周旋，他们又突然遇到了一大群伊拉克士兵，立刻出现一片混乱。虽然伊拉克人在人数上占绝对优势，他们顽强地与敌人打了一系列的追击战，尽力摆脱敌人，并使敌人遭受惨重的伤亡。当伞兵罗伯特·康熙尼欧掩护小支队撤退时，他被敌人打死。过了没多久，另外两名士兵因弹药耗尽而被俘。神奇的是，剩下来的两名成员逃脱了敌人的追捕，躲藏到一个小棚屋之中。后来又是厄运临头，一名叫做拉恩的一等兵因精疲力尽而倒下。另一名战士试图逃跑，当快跑到边境时也被敌人俘虏。最后一名战士的被俘宣告了"暴徒=0"小支队的终结。

从技术角度而言，虽然这次任务没有达到目的，但他搅乱了整个伊拉克部队，造成敌兵的恐慌。而且执行任务的特别空勤团战士前后共打死250名敌人，并使伊拉克几百名士兵负伤。这项任务的后期影响便是使得更多的伊拉克部队不得不从前线撤退下来，继续搜查在他们的后方活动的

二战之后显神威

特别空勤团剩余的小支队。

激烈地战斗

察觉到伊拉克巡逻队正在四处寻找他们，特别空勤团战士不得不时时提高警惕。无论什么时候停下来加油或补充武器弹药时，他们都要利用车辆组成一个防卫圈，防止敌人的进攻。有一次，一个机动纵队遭受伊拉克一支大部队攻击时这种方法就十分奏效。当时发生了一场恶战，在猛烈的机枪火力下，最后伊拉克人遭受重大伤亡，损失了多辆装甲车后而撤退。

A－10 飞机

特别空勤团的巡逻活动主要集中在阿鲁特巴哈镇附近的阿米季干河周围，这是一个集贸活动非常兴盛的地方。一次，D 中队的一个机动中队在该地区发现了一个拥有 14 辆车的伊拉克"飞毛腿"护送队。指挥员立即请求空袭，从高处他们看到了美国 F－15 和 A－10 飞机用火箭、炸弹和机关枪对护送队的袭击。护送队被炸得七零八落，好几辆车毁坏得惨不忍睹。奇怪的是，还有好几辆车和相当数量的人员幸存下来，使得特别空勤团地面部队不得不继续参与战斗。他们运用重机枪和米兰反坦克火箭逐个地瞄准剩余的车辆射击。然而这时伊拉克人已进入掩体，顽强地进行抵抗。特别空勤团不得不再次请求空袭，在撤离前将整个护送队歼灭。

伊拉克人的日子似乎越来越困难了，他们必须使用越来越多的部队保护"飞毛腿"护送队，这样反过来又使得护送队的目标越加庞大。不断地用空袭与地面进攻相结合的战术使伊拉克人遭到惨重的损失，整个局面渐渐地开始转向对多国部队有利。

斩腿迫其无法"飞"

在英国空军别动队越过边界后不久的 1991 年 1 月 22 日，伊拉克发射的又一枚"飞毛腿"导弹突破了特拉维夫的空防网，这已是以色列本土至少第七次遭到伊拉克的导弹袭击了。

当时英军别动队各行动小组分散活动的伊拉克西部地区，面积达数万平方千米。他们很快就搞清楚哪里是后来被称为"飞毛腿谷地"或"飞毛腿南库"的地区。联军指挥部在空袭开始后不久就认识到，单靠飞机轰炸是很难对付伊拉克的可移动"飞毛腿"导弹发射台的。

在伊拉克境内作战的英国特种兵

联军指挥部及时调整敌后特种别动队的具体任务，要他们尽快制止"飞毛腿"导弹对以色列的攻击。但是别动队任务调整的开始阶段情况并没大好转，伊拉克的"飞毛腿"导弹依然不断从西部沙漠飞起，政治危机仍然一触即发。

为了不让"飞毛腿"导弹移动发射架逃掉，派往敌后的英国空军别动队员们增加了自己肩上的担子，开始用带去的反坦克火箭直接攻击发射架。此外，他们也用炸药包摧毁了许多伊军的微波通讯塔和隐蔽的通联所。有一次他们还俘获了一名伊军炮兵的尉级军官。他身上带的详细的作战地图，为联军最后迫使伊拉克屈服的军事行动提供了许多重要情报。

由于当时设在利雅得的联军指挥部不便大加宣扬英军特种部队的战绩，也由于伊拉克的"飞毛腿"导弹还在发动攻击，于是美国人也决定向伊拉克境内派出他们的别动队。

二战之后显神威

1991 年 1 月 29 日，指挥美国敌后别动队的华殷·杜望将军飞到利雅得，十分认真地听取了英国别动队在伊拉克西部沙漠地区穿插活动的成功经验。同时，英国人也将那里的地形、气候等自然环境和伊拉克军队的活动规律向这位美国将军作了介绍，并对美军别动队到那里的的行动提出了建议。英国人指出，为了避免发生误会，防止自己人打起来，美英两家的特种部队应在不同的地区活动，以巴格达通往约旦首都安曼的公路为界，南面由英军负责，路北为美军的活动范围，后来联军把美军特种活动的那片地区称为"飞毛腿大街"，或叫"飞毛腿北库"。最后，双方领导人还制定了两国别动队军官间的联系方式，以便必要时进行相互的合作与援助。

在一般情况下，伊拉克的"飞毛腿"导弹都是利用命名为 M. S. R 的主要公路和通道移动的。因此，联军特种别动队监视伊军导弹部队的行动，利用自已的交通工具跟踪追击并不太困难。在通联工作改进以后，别动队员们不但自已能用火箭筒准确、迅速、突然地摧毁它们，而且他们可随时呼唤联军轰炸机群突然出现在伊拉克导弹部队的上空。于是，战略形势发生了很大改观，伊拉克的机动导弹部队再也不敢大模大样地在公路上调动了。英国别动队在美国别动队的配合下，成功地迫使巴格达设在西部沙漠地区的"飞毛腿"导弹部队逐渐向伊拉克东部腹地后退，最终退到了袭击以色列的有效射程以外。

战争结束后，联军虽然在那片地区还发现有少量可供发射的"飞毛腿"导弹，但是实际上自 1 月 26 日以后开始，伊拉克方面就再也没有一次成功的导弹袭击纪录了。到联军开始发动空袭的第五周，伊拉克的"飞毛腿"导弹就完全被斩断，"飞"不起来了。伊拉克人估计联军在那片西部沙漠地区活动的兵力，居然是实际兵力的十倍，于是他们害怕了，伊拉克的"飞毛腿"导弹终于从海湾战争"舞台"上消失了。

联军对特种部队的运用十分慎重，插入敌后实施侦察和破袭行动，英军空军别动队当时是首例。他们敢于进入敌后沙漠，在残酷恶劣的自然环境中，面对伊拉克采用各种极端手段打击进入其领土活动敌人的巨大危险，这充分展示了他们的勇敢和胆略。

在深入伊军纵深实施侦察时，特种作战别动队员能够采用各种作战手段，积极主动地开展侦察活动，他们有时化装成当地老百姓，单独或以小支队为单位潜入到敌重要设施、道路附近，侦察敌人的部署和活动，并利用随身携带的大功率图像和数字传输设备向联军总部发送实时的情报。特别是在搜索机动式"飞毛腿"导弹发射架方面，表现得尤为突出。由于可移动式"飞毛腿"导弹发射架难以用空中高科技装备发现，英空军特别行动队首先承担了搜索剩余"飞毛腿"的任务。他们从空中或地面渗入敌后，实施徒步侦察，运用各种手段，积极主动地完成艰巨任务，从而大大减轻这种武器对多国部队以及对以色列的威胁。

英军特别行动队开往海湾地区后，就在沙特阿拉伯进行了沙漠腹地独立作战演习和其他准备工作，派往多国部队的英国彼得·德拉比利将军直接参与并指挥了特种部队的敌后行动，制定周密行动方案，组织临战训练，与美军空中战略控制中心配合，利用直升机顺利完成潜入敌后任务，为敌后特种作战奠定了良好基础。

总而言之，海湾战争期间，以美、英为主的联军特种部队广泛使用于战争各个阶段和主要环节，担负纵深侦察、目标引导、战场救援、行刺暗杀、心理战、破袭伊军重要目标等特殊任务，起到了其他部队和高技术兵器不能起到的作用，有效地保障和配合了正面部队的作战行动。美军中央总部司令施瓦茨科普夫称："特种部队是多国部队眼睛，是刺入伊军精锐部队身体的硬刺。"特别是在搜寻"飞毛腿"导弹发射装置，减少因受到伊拉克导弹袭击而出现的复杂局面中，扮演了十分重要的角色。

 "毛松香"行动

引蛇出洞

2000年5月6日，塞拉利昂共和国叛乱分子向首都弗里敦进军，严重威胁到英国、英联邦和欧洲公民的生命安全，迫使英国果断地采取了行动。对于英国部队来说，这是自1982年马岛战争以来最大的一次单独行动，陆、海、空三军共有 4500 余名军队人员参与了这次行动。

SAS 队员执行特别任务中

英军的潜在敌人是当地武装组织"革命统一战线"，这是一群杀人不眨眼的刽子手，他们以奸淫妇女和残害儿童，甚至是砍断他们的四肢取乐。尽管"革命统一战线"在人数上占了上风，但英军还要与一些闹独立的民兵组织进行较量，臭名昭著的"西区流氓"就是一例。"西区流氓"是个怪诞的集团，其成员经常穿着奇装异服，常常戴女人的假发在公众面前游行。他们是前"革命统一阵线"的成员和一些塞拉利昂军人组成的一伙杂七杂八的人，不是整天喝个不停的醉鬼就是病危吸毒人员。人们常常以"有名的斗士"取笑他们，不过他们也是真正有危险的人。在塞拉利昂境内，也有联合国部队的身影，但这几乎是无济于事。他们很少冒险走出主要的城市区域，担心受到攻击。然而，当英国人来到之后，局势将会骤然改变，叛乱分子也十分明白这一点。

首先到达塞拉利昂的英国部队是著名的"探路先锋"的成员和来自第一伞兵兵团的两个连官兵。5 月 7 日飞抵隆吉机场后，几小时内便完成了机场周围的安全设防，并派出巡逻队说服民众，请弗里敦市民相信今后再也不会受到叛乱分子的攻击。

第一伞兵团到达之前，塞拉利昂已接待了另外的非官方访问者，这些人便是特别空勤团的成员。他们肩负收集叛乱分子情报的任务，为第一伞兵团侦察适合的防卫阵地。开始时，特别空勤团使用在当地征用的丰田面包车作为交通工具，执行联络任务和后勤保障服务。然而，随着他们行动的增多和公开，他们便开始驾驶沙漠巡逻车，即 110 多用途越野车四处行驶。车上装有通用机枪和重机枪，个别车上还配备有掷弹筒。

特别空勤团在大白天公开巡逻，毫不掩饰自己的身份或行动的目的。人们很快就明白了，他们的这种策略是专门做给叛乱分子看的，刺激他们采取行动，后来确实收到了事半功倍的效果。特别空勤团作战的一项重要手法，也就是他们的拿手戏，即赢得当地民众支

英国"平茨高尔"越野车

持的"争取民心"活动又得到应用。在塞拉利昂，当地人都鄙视叛乱分子，热烈欢迎英国部队。不久，特别空勤团便从当地普通百姓中了解到"西区流氓"公开吹嘘要攻打英国部队，但始终未透露具体的攻击目标。

布置陷阱

为了给"西区流氓"设下陷阱，特别空勤团开始对叛乱分子经常的出没地区，特别是马西亚克周围地区进行强制性的巡逻。在这些地区，叛乱分子设有路障，抢夺过往的车辆。偶尔"西区流氓"也用金钱或酒类物品来堵受害者的口实，但在绝大多数场合下，这些流氓常常是以抢劫和屠杀无辜来寻欢作乐。

战斗中的 SAS 队员

为了加大对叛乱分子的压力，第一伞兵团和"开路先锋"的人员故意在某些特定区域增加巡逻的次数，而有意忽视另外一些区域，意图是让"西区流氓"不知不觉地进入他们指定的陷阱地带。英军曾将一个地区的灌木和作物统统清除，这样很远的地方一眼便可看见道路上的检查点，给人一种这地方是一个薄弱环

节的印象。然而，就在不远的背后，在看不到的掩藏地点，却是密密麻麻的机枪火力网和迫击炮坑道。

原本这一安排是针对"西区流氓"的，可后来却使"革命统一战线"上了钩，后者在弗里敦机场东郊16千米的隆吉洛向"开路先锋"巡逻队发起了进攻。在开始阶段，双方交战激烈，叛乱分子伤亡惨重，形势对"革命统一战线"越来越不利。当"开路先锋"士兵跳出掩蔽地时，奇努克直飞机载来的增援部队正好到达，机枪和迫击炮一齐向叛乱分子扫射过去。

强大的火力粉碎了叛乱分子的进攻，他们纷纷向灌木丛中逃去。就在逃跑的叛乱分子的上方，好几架全副武装的奇努克直升机正等待着他们。又是一阵轻、重机枪的射击，进攻部队几乎被全歼。不仅如此，"革命统一战线"的领导人福戴·桑柯赫在弗里敦被特种空军部队活捉，作为保护性监护而拘留。正当英国部队取得了胜利的消息不胫而走的时候，也传来了在联合国部队工作的一位尼日利亚战士和六名塞拉利昂政府军士兵不幸牺牲的消息，他们的牺牲与这次进攻无关，他们是被"革命统一战线"杀害的。

在后来相当长一段时间内，塞拉利昂相安无事。偶尔叛军也向联合国维和部队发起进攻，但却无济于事。两个星期后，第一伞兵团撤离，由皇家海军陆战队换防，后者保持了原先的局面，维持了相对平静的态势。然而对于特别空勤团来说，士兵们一如既往，继续对沿海地区进行巡逻，试图将叛乱分子进一步逼进内地偏僻地区，以免除对当地人的威胁。

策划救援计划

正当英国人感觉一切良好之时，灾难又突然降临。2000年8月25日，皇家爱尔兰团的11人巡逻队与塞拉利昂的战友一起闯进了"西区流氓"盘踞的一个地点，被后者俘虏。英国人犹闻晴天霹雳，特别空勤团22团立即奉令侦察叛乱分子的基地，并构筑观察哨。英国政府决定玩一场耐心游戏，在策划救援计划的同时，静观事态的发展。

英国人与"西区流氓"取得了联系后，开始了对话，并同意进行友好协商。了解叛乱分子容易冲动的秉性，英国人尽力不做任何带有敌意的事情。开始时，叛乱分子的意见还比较适度，他们要求提供他们和人质所需的食品和饮料，一旦这些要求得到满足后，他们的狂妄和胃口便一发不可收拾。

英国人决定采取顺从的态度，尽力忍耐，只是要求"西区流氓"宽容地，人道地对待被俘的战士。当"西区流氓"与英国谈判人员建立起信任后，英国人提出了释放部分战士作为一种友好的姿态。2000 年 8 月 30 日，皇家爱尔兰兵团的五名成员毫无伤痕地被释放。就俘虏的待遇问题与叛乱分子的谈判仍在进行，特别空勤团向叛乱分子所在的盖里巴纳村庄基地附近派出了更多的伞兵。经过进一步地侦察，特别空勤团了解到叛乱分子在扣留人质地方 300 千米处还有另一个基地，住于盖里巴纳正南面一个叫做马格巴里的村庄，这两个基地可以相互提供火力支援。对特别空勤团更为不利的是，这两个基地中间被罗克尔河隔开，该河流成为"西区流氓"用来运送补给品和非法所得物的主要交通路线。

正当特别空勤团的计划人员拟订救援策略时，自称为准将的"西区流氓"头目福戴·柯洛伊向塞拉利昂军提出释放一名叫做"炸弹浪"准将或"头目"准将的政治要求。此外，他还要求为此人提供离开塞拉利昂的安全路线，供他去国外接受教育，并要求得到一个安装在尾部的救生艇马达。

截止到目前，英国人对"西区流氓"一直采取了忍耐克制的态度。现在，他们终于意识到是需要解决的时候了。"西区流氓"近来不断地公开炫耀可以模拟处决英军战士的能力，虽然特别空勤团战士久经风雨，但由于为人质的安全担心，他们请求立即采取行动救援人质。

当英国政府正在想下一步采取的步骤时，一项紧急事态的发展给特别空勤团带来了机遇。一架联合国的直升机因迷失航线意外地飞到了"西区流氓"基地的上空，叛乱分子以为即将遭到攻击，急忙将囚犯拖到露天，扬言要击毙他们。幸亏英国谈判人员成功地说服叛乱分子，纯属一次误会，别无他图，人质才幸免于难。考虑到类似事件的发生，下一次就不一定会如此幸运，英国政府批准了此项救援任务，代号为"毛松香行动"。

二战之后显神威

人质全部获救

时间成了关键。英国新闻媒体公开猜测将立即开展人质救援行动，随后宣布第一伞兵团即将返回塞拉利昂的消息也进一步证实了这一观点。清楚地知道"西区流氓"定期收听英国广播公司的国际新闻，倘若他们从空中电信中嗅出一点异常味道，很可能会立即枪杀人质。"毛松香行动"计划者决定于 2000 年 9 月 10 日发起陆，海，空三军的联合行动。

当地时间 6 点 16 分，特别空勤团登陆小队和皇家海军陆战队的登陆别动队人员封锁了罗克尔克里克河。与此同时，联合国约丹营的人员占领了马西亚卡重要公路，防止人质救援期间"西区流氓"的部队逃跑。当所有警卫人员全部就位后，三架载着士兵的奇努克直升机开始了对马格巴里和盖里巴纳的攻击，另外两架小型的大山猎直升机提供了火力支援。

行动发起的时机是关键。最理想的时机是应有足够的光线供直升机看清目标，但光线又不足以供叛乱分子看清他们。此外，飞机的速度也是至关重要。人质被统一扣留在一个地方，也就是说，俘房者可以在很短的时间内将他们全部枪杀。但从救援人员的角度而言，关在一起也便于他们尽快找到目标。

当直升机下降接近地面时，"西区流氓"的人员利用所有的武器，包括从皇家爱尔兰团车辆上缴获的重机枪一起向直升机射击。当第一伞兵团成员的奇努克直升机到达地面发起攻击时，特别空勤团以密切协同的方式向看守人质的叛乱分子开了火。

虽然遭受到突然袭击，但"西区流氓"镇定下来后立即进入了自己的两个营地防御阵地。这时战局进展出现意外，当伞兵部队向前移动时，由于地形缘故，他们的攻击突然受阻，停止不前。这时他们正在穿越罗克尔克里克附近的一个地区。从空中看，这地区就像是覆盖着长长杂草的一片平坦的田野。事实上，这是一块稻田，伞兵们正吃力地通过水浮齐胸部的一片汪洋。看到他们如此尴尬的困境，"西区流氓"使用所有的重武器向他们瞄准射击。伞兵们承受了重大的损失，可喜的是还没有人失去生命。

看到如此场面后，特别空勤团将火力全部指向"西区流氓"，皇家空军奇努克直升机飞行员冒着生命危险向叛乱分子的阵地迎面飞来，抢救负伤的战士。当他们正在顽强地抢救伤员时，参与这次行动的其他直升机集中火力向叛乱分子的主要防御阵地射击，以便压倒敌人的火力。

几分钟后，第一伞兵团的官兵集合好了队伍，奋力向"西区流氓"在马格巴里的主要阵地发起了进攻。这时，特别空勤团也对盖里巴纳发起了攻击，迅速占领了关押人质的大楼。经过短暂的交火，叛乱分子不是被打死就是被打伤，全队人员未受任何损失而获救。

"西区流氓"在与英国人的一仗中付出了沉重的代价。根据核实的统计数据，"西区流氓"死亡人数25人。后来的调查结果显示，他们的死亡人数远远多于这个数字。现在，"西区流氓"成了塞拉利昂一支一蹶不振的部队，后来再也没有从这场毁灭性的战争中恢复过来。当然，英国人的胜利也是有代价的，开始对盖里巴纳发起进攻时，特别空勤团22团的投弹手布拉德·提力昂军士身负重伤，尽管大家想尽一切办法抢救他的生命，在到停泊在弗里敦的皇家海军辅助船"帕尔齐法尔"之前，他仍旧不幸去世。此外，第一伞兵团也有12名战士负伤。

"毛松香行动"成为如何在困难、复杂环境下完成人质救援行动的范例。这是一次计划周全，实施得当的行动。它应归功于英国特别空勤团战前收集了敌人的大量情报，战中的勇敢和随机应变能力。

二战之后显神威